数字蘖变

数字经济时代价值投资
与资本市场重构

王世渝 等◎著

中国出版集团
中 译 出 版 社

图书在版编目（CIP）数据
数字蘖变：数字经济时代价值投资与资本市场重构 / 王世渝等著 . -- 北京 : 中译出版社 , 2024. 8. -- ISBN 978-7-5001-8018-0
Ⅰ . F279.246-39
中国国家版本馆 CIP 数据核字第 20249LR596 号

数字蘖变：数字经济时代价值投资与资本市场重构
SHUZI NIEBIAN: SHUZI JINGJI SHIDAI JIAZHI TOUZI YU ZIBEN SHICHANG CHONGGOU

著　　者：王世渝　等
策划编辑：于　宇　田玉肖
责任编辑：于　宇
文字编辑：田玉肖
营销编辑：马　萱　钟筱童

出版发行：中译出版社
地　　址：北京市西城区新街口外大街 28 号 102 号楼 4 层
电　　话：（010）68002494（编辑部）
邮　　编：100088
电子邮箱：book@ctph.com.cn
网　　址：http://www.ctph.com.cn

印　　刷：中煤（北京）印务有限公司
经　　销：新华书店
规　　格：710 mm × 1000 mm　1/16
印　　张：27.25
字　　数：327 千字
版　　次：2024 年 8 月第 1 版
印　　次：2024 年 8 月第 1 次印刷

ISBN 978-7-5001-8018-0　　　　定价：89.00 元

前　言

2023 年 12 月 29 日，也是 2023 年的最后一个交易日，上证指数收于 2 974.93 点，最终没能站上 3 000 点。2023 年的这个句号给中国资本市场留下深深的遗憾和沉重的思考。

2023 年 7 月 24 日，中央政治局指出要“活跃资本市场，提振股市信心”。中国股市围绕上证指数 3 000 点发起了一轮又一轮的大讨论。最终也没有因为讨论和各种手段改变股票市场的基本态势，股市指数甚至跌至 3 000 点以下，并没有配合我们的政策、措施和情绪。

作为中国资本市场最早的参与者之一，走过三十多年的风雨，我没有跟随这个舆论旋涡，去讨论中国股票市场离奇的“3 000 点”现象，而是在经济形态迭代的前夜，潜心研究和思考经济形态迭代带给资本市场的颠覆性变化，寻求数字经济形态下资本市场发展和投资的新规律。

资本市场是工业革命的产物，伴随着工业经济形态发展壮大。资本市场诞生几百年，在全球范围形成了庞大的资本金融生态，这个生态的核心概括起来不外乎三个核心节点：“公司—资本—股票”、资本的左面是公司与资本的右面是股票。资本居中，成为资本市场的核心要素，虽然也被称为股票市场，但股票不过就是资本的符号而已。“公司—资本—股票”形成一个完整的内在逻辑体系，这是对资本市场的高度概括。

资本市场是资本主义市场经济发达繁荣的根本，也是几百年来工业经济时代最大的成就。

1602年成立的荷兰东印度公司被普遍认为是世界上最早的股份制公司，也被认为是世界上最早的股票交易公司，最早将公司资产股份化，也就是资本化。那个时候，工业革命还没开始。商业和贸易的繁荣不仅诞生了现代银行业的早期形态，还诞生了股票交易市场，被称为资本主义萌芽。从早期的荷兰萌芽、欧洲盛行、纽约发达到今天形成全球庞大的资本市场体系已经400多年。股票虽不是诞生于工业化时期，但是股票成就了工业化。同样，工业化让股票市场繁荣与兴旺。股票仅仅是资本市场的特殊商品，而股票交易背后那个庞大的资本市场，才是海平面下那座巨大的冰山。

同样，资本就像杠铃，左面的股份公司覆盖了全世界巨大的产业链、供应链构成的产业和金融资产；资本成为公司所有生产要素的总和与核心要素、配置公司资源的纽带、决定分配命运的魔棒；资本右面的股票连接着百万亿美元级资金规模以及分布在全球的数以亿计的机构和个人投资者。

资本市场诞生几百年来，虽然经过大起大落，但是不论是市场规模还是制度、方法与秩序，都在不断发展、演进，成为支撑今天全球经济的重要力量。通常，全球的财富价值不是用货币量价值去衡量，而是用资本价值去衡量。货币量越大越恐怖，资本量越大越开心，虽然不同的人关心资本市场内容有所不同：有人关心股票价格，关心自己买的股票是不是赚钱；有人关心公司经营，关心公司股票价格有没有反映公司价值；有人关心公司业绩，能不能给投资者带来价值；有人关心股票指数，通过指数关心宏观经济，等等。很难想象，如果突然哪天全世界的资本市场消失了，世界会是个什么样子。资本市场会消失吗？一定会的。

在资本市场相关的三个核心节点上，最左面的公司是资本市场的基础，也是资本市场的基石。公司的价值决定了资本的价值，资本的价值决定了股票的价格。三者之间的良性互动建立了资本市场的秩序和方法，促进了资本市场的发展，也促进了经济的发展，构成了工业经济的基本形态。

过去100年间，在这三者之间的关系方面诞生了一个伟大且经久不衰的理论和方法，这就是价值投资。我们耳熟能详的价值投资之父本杰明·格雷厄姆（Benjamin Graham）、价值投资传承者沃伦·巴菲特（Warren Buffett）和查理·芒格（Charlie Munger），他们的一言一行、一举一动都是全世界关注的焦点。巴菲特和芒格管理的伯克希尔·哈撒韦公司是世界前十大企业，同时他们所经营的资本牵动着成千上万投资者的神经。他们每年在美国中西部小镇奥马哈举行的股东年会，吸引着数万人前去一睹“股神”风采。

价值投资的核心就是通过研究公司价值来建立对资本价值的认知，从而确定股票价格，形成对股票买入和卖出的决策。

格雷厄姆生于19世纪末，早已离世；查理·芒格最终没有迎来他的百岁生日，于2023年11月28日在睡梦中悄然离去。90多岁的沃伦·巴菲特即将辞去伯克希尔·哈撒韦公司CEO，价值投资创始人和最伟大的传承者相继退出历史舞台。但是，价值投资不会终结。

由于资本市场诞生于西方资本主义私有化市场经济体系，是私有制和资本主义制度的产物，中国在发展社会主义市场经济进程中，极富创意地设立资本市场，本身就是一个创举。由于在经济高速发展进程中，创建于社会主义市场经济体制内的资本市场与资本主义市场经济的很多根本性矛盾在发展中被弱化了，一旦结束高速增长，再加上百年大变局所带来的全球性经济、政治关系的重构，这些本质性矛盾就会凸显。我们目前处在千年难遇的工业经济形态向数字经济形态迭代的关键时期，工业经济生产方式正在被数字化生产方式重构，中国股市长期徘徊于3 000点的指数纠结就是这些深层次矛盾的集中反映。

作为一个新的经济形态，数字经济将改变工业经济形态供应、生产、分配、消费的方式和进程，我们不禁要发出几个世纪之问：

数字经济到底如何定义，数字经济和工业经济之间到底是什么关系？

工业经济形态下诞生的“公司—资本—股票”在数字经济形态下会是什么？

诞生于工业经济时代的价值投资理论和方法还能在数字经济时代延续吗？

诞生于工业经济时代的价值投资对公司的理解、评价、估值还能够精准地评价数字经济时代的公司吗？

和工业经济形态同步诞生、同步发展、同步繁荣的资本市场进入数字经济时代还能生存吗？

带着这样的问题，我们利用三十多年参与中国资本市场创建和投资银行的职业经验，用了四年时间对数字经济形态进行全面学习、思考和研究，对数字经济时代各行各业价值创造方式进行探索。同时，我们用了两年多时间对中国数千家上市公司进行评价分析，提出了数字经济时代价值投资理论和方法，即在传承和遵循工业经济时代价值投资理论的基础上，探讨数字经济时代公司价值创造的规律和方法、资本市场运营方法以及股票市场的投资秩序和方法。我们还分别从“公司 × 数字化”“资本 × 数字资产”“股票 ×ETF”三个维度进行了分析、创新，创建了数字经济时代“上市公司数字化价值投资体系”（DVI），并通过DVI分析和预测公司与数字化、资本与数字资产、股票与 ETF（Exchange Traded Fund，交易型开放式指数基金）可能给整个资本市场带来的演变。尽管这项浩大的工程刚刚开始，但是我们已经看见了变革的曙光，仿佛看到了一个在数字经济形态下完全被颠覆和重构的资本市场。

这个时候，特别像我三十年前的经历。

1991 年，我在计划经济和市场经济交错之间最迷茫的时候，从重庆下海到了海南。老板递给我一本书，名叫《1990 年深圳证券年报》。他告诉我："从今天开始，你就在我的办公室研究这本书，搞明白之后，我们也发行股票上市。"

此前几个月，我还在重庆作为计划经济时期的理论教员，讲授《政治经济学》，批判股票和资本主义。几个月后，我突然需要进行一次人生的反转，要从事和股票相关的工作。批判与建设这两个截然不同的价值观瞬间转换，颠覆了我的三观。老板还告诉我，如果做好了，可能成为我一辈子的职业。没想到一语中的。

此后，从海口顺风出租汽车有限公司开始，我进入了我生命历程中的第一家有限公司。三十多年来，我深度参与了海南顺丰股份有限公司创办、股票发行和上市；参与了吉林轻工公司创办改制、股票发行和上市；参与了长顺集团创办、长春白山航空股份有限公司创办、长春北方五环股份有限公司创办和上市；参与了厦门国泰股份有限公司并购重组等工作。到 1995 年底，从海南顺丰延伸出来的"顺丰系"控股了三个半上市公司。如果按照公司市值来解读，"顺丰系"几乎是当年中国的第一资本系。我成为这个"系"的缔造者之一。

1996 年，我作为联合创始人创办了万盟投资管理有限公司这个精品投资银行，主导或者参与了四川新希望、海南寰岛、中体产业等多家企业重组并购和上市工作；2001 年我进入"德隆系"，深入研究战略投资、产业整合，设计了金融混业经营平台。从 2008 年开始，我从事“全球并购、中国整合”业务至 2018 年。几十年来，我建立了对于公司、资本市场、股票从理论到实践，从中国到全球的深度认知；基本熟悉了资本的本质、资本市场发展历史和现状；懂得了全球资本市场的规则、秩序、方法。

三十年前，我在计划经济环境里以极大的心理落差参与资本市场的创建，内心跌宕起伏，曾经憧憬过资本市场带给中国经济的未来和希望，而三十年后，在深深地为中国资本市场发展遭遇瓶颈而百般困惑的时候，我突然又看到了未来二三十年比三十年前更加灿烂的光芒。

其实光芒已经在那里，往往需要你处在混沌之中才能看见。2019 年，在经历三十年资本市场历程，而且期间从事了 10 年全球并购之后，我意识到中国与全球化的关系即将发生巨变。中国发展模式即将遭遇前所未有的困局之后，我写了《第三次全球化浪潮》一书，企图在全球化思维中，找到破解中国困局的答案。在写作过程中，我突然意识到百年大变局的来临。一个让我为之激荡的概念——数字经济——在脑海里频繁出现。疫情防控期间，我阅读了大量数字科技和数字化方面的图书，拜访多位数字科技专家。经过反复思考，我在全球范围第一个提出“数字经济驱动的全球化”，随后将写作中的《第三次全球化浪潮》（下册），直接改名为《数字经济驱动的全球化》，于 2020 年出版。受到巴菲特 2021 年股东大会演讲的启发，我于 2021 年设计了数字经济时代中国产业数字化价值创造解决方案——基于数字智能的产业数字化价值创造模式（D12 模式）。在这个模式的推进过程中，我认为，既然数字经济时代通过各种数字化解决方案，企业创造价值的方法会发生巨大的变化，那么对于这些价值创造的主体，我们也需要重新讨论和评价其价值，寻求它们在数字经济时代创造价值的规律。

我们将传承和创新工业经济时代的价值投资理论和方法，创建数字经济时代的价值投资理论和方法。

我关注着各种将数字经济与资本市场关联的研究分析，没有发现任何内容和我所关注的相同，包括中国上市公司协会发布的《上市公司数字化白皮书》。其间比较相似、也非常有影响力的一个研究成果是中国知名投资银行中国国际金融有限公司首席经济学家彭文生先生主编的《数字经济——下一个十年》。我非常认真地阅读了彭文生先生的研究成果，但发现，他的成果还是一个投资银行的分析报告，没有从经济形态本质去研究资本市场的变革本质。

在这一点上，我发现中国在数字经济定义上有一个矛盾。一方面，从 2016 年 G20 杭州峰会首次提出数字经济的定义以来，工信部、国家统计局都提出了不一样的关于数字经济的定义，但是基本方向都是从数字科技的经济化角度定义数字经济；另一方面，国务院在《“十四五”数字经济发展规划纲要》第一句话就提出“数字经济是继农业经济、工业经济之后的主要经济形态”。按照这个定义，应当从经济形态，也就是从经济学的角度定义数字经济。但是很遗憾，我们没有看到一个对数字经济与工业经济两种经济形态进行全面研究、分析、比较的社会科学成果。

数字经济概念时至今日，极为混沌。

从 2022 年 3 月 9 日起，我开始对 2022 年《年报》披露的上市公司数字化进程进行数字化价值投资研究。2022 年“五一”小长假期间，新冠疫情在北京肆虐，人们几乎足不出户。4 月底，2022 年《年报》全部被披露，我如获至宝。我没有更多的研究思路，就是从早到晚看《年报》，阅读《年报》数量超过 1 500 份，阅读所有上市公司《年报》

上关于数字经济、数字化、数字化转型的内容。我在资本市场三十多年加起来所看的《年报》没有这一个月看得多。到了晚上，我看任何东西都是模糊的，可谓是“老眼昏花”。我们的视角不是从数字科技这一个角度研究上市公司数字化进程，而是从上市公司的角度，研究分析其数字化进程以及各种各样的数字化案例和解决方案。

在疫情封控状况下，我在每一份几百页的《年报》里，阅读着我的快乐，发现着我的兴奋，对资本市场有了新的理解。

终于，在大量的阅读中，结合上市公司数字化的普遍性、规律性、创新性，我看到了上市公司数字化进程中价值创造方式的趋势，看到了可能带来的投资与投资者关系的数字化，看到了资本市场数字化的未来，找到了我对数字经济与资本市场关系的最大的兴奋点。我深刻认识到，400 多年来创建和形成的资本市场将会迎来一次刚刚开始的、持续的颠覆和创新，资本市场的规则将会因数字化而变革，资本市场的秩序将会因数字化而重建，资本市场的方法也将会五花八门。二十年、三十年之后资本市场会是什么样子，我们已经有些难以预测。

如果按照目前官方的数字经济定义，很难说清楚数字经济与资本市场的关系，或者只能看到数字科技、数字产业化领域上市公司的一些特点和规律。最近，美国投资家亚当·西赛尔（Adam Seessel）的著作《价值投资 3.0》就是因为没有从数字经济整体研究上市公司，所以只是很局限地看到数字科技上市公司价值投资的一些规律，不能反映整个资本市场价值投资全貌。

第一，如何理解数字经济？

中国最早定义数字经济是在 2016 年 G20 杭州峰会。G20 杭州峰会通过的《二十国集团数字经济发展与合作倡议》指出：“数字经济是指以使用数字化的知识和信息为关键生产要素、以现代信息网络为重要载体、以信息通信技术的有效使用为效率提升和经济结构优化的重要推动力的一系列经济活动。”

这个定义很显然是从数字科技的角度，将数字科技的经济特性定义为数字经济，是数字科技的产业化、商业化、经济化。这个定义不是经济学定义，不是从经济形态的角度定义数字经济。如果仅仅从这个角度理解数字经济，数字经济时代的资本市场也许就是在形式上、效率上、运作方式上会发生不小变化，但不是本质性的变化，包括证券公司的数字化、律师服务数字化、审计评估业务数字化、审核监管数字化、投资交易数字化、研究分析数字化等。目前整个资本市场对数字经济的解读基本停留在这个基调上。

到了 2022 年 1 月 12 日，国务院发布《“十四五”数字经济发展规划》，第一句话就是“数字经济是继农业经济、工业经济之后的主要经济形态”。这个定义第一次将数字经济作为经济形态与农业经济、工业经济并列。这是一个颠覆性认知，这个认知的背后需要强大的经济理论作为支撑。

但遗憾的是，中国主要从事数字经济活动的都是数字科技和数字产业领域的机构与专家，从事经济和金融活动的机构与个人还没有真正从经济学角度认识数字经济。由于认识和理解的角度差异，我对数字经济时代资本市场的理解几乎是另一番场景。正是基于这样一个完全不同的角度，我也才能够从经济学的角度去研究数字经济时代的资本市场，这是我们整个评价体系的底层逻辑。

如果从数字科技的经济化去解读数字经济这个概念，得到的知识体系、理论体系、思路、市场、商业模式、盈利模式是一个内容，而从经济学的角度研究和解读经济数字化的同样的内容，结果和结论完全不一样。也许由于我的知识结构、专业结构、经历和经验，我几乎是从经济学角度思考和创新经济数字化的极少数专业人士之一。所以，如果从经济学的角度去理解、定义数字经济，再根据经济学的定义去理解数字经济时代的资本市场，那一定是一番全新的景象。

这就出现一个巨大的命题：数字经济时代上市公司价值创造方式怎样？数字经济时代价值投资怎样？数字经济时代的资本市场会是什么样的？运行了两百多年的资本市场规则会不会改写？运行了一百多年的资本市场秩序将怎样持续？风靡了将近一百年的价值投资理论和方法会不会有什么变化？

第二，从数字经济的角度解读价值投资。

价值投资是工业经济时代最著名的资本市场投资理论和方法，风靡近百年长盛不衰。我们既然认为数字经济是对工业经济的迭代，那么诞生于工业经济时代的价值投资是否也存在迭代的机会呢？当然会，这就为我们提出数字经济时代价值投资理论和方法的创新奠定了逻辑基础。

自 1934 年本杰明·格雷厄姆创立价值投资理论以来，价值投资成为工业经济时代风靡全球的股票市场投资理论。但是，数字经济时代资本市场的主要交易标的上市公司形态和价值创造方式发生变化之后，工业经济时代的价值投资逻辑已经不适合于数字经济时代价值评价逻辑，数字经济时代价值投资如何发展呢？

比如说，数字经济时代出现的很多上市公司类型在工业经济时代就没有，是数字经济时代的新物种，用工业经济时代的价值投资逻辑就没有办法评价数字经济时代出现的这些公司。比如，著名的“股神”巴菲特管理的伯克希尔·哈撒韦公司过去三十年的投资案例中几乎就没有代表信息化、数字化、智能化时代的著名公司，它只是投中了苹果公司，而像亚马逊、谷歌、Meta、特斯拉这类数字经济时代的上市公司就很难符合工业化价值投资逻辑。

第三，从数字经济的角度解读资本市场的秩序重构。

我们进一步发现，资本市场从创建到今天，从早期的无序到今天形成完整的秩序和规则，经历了工业经济时代几百年的时间，非常严密而有序。既然数字经济形态出现了，数字经济形态将形成工业经济的迭代，那么数字经济时代的资本市场秩序是不是也存在重构的可能呢？答案也是一样的，这个世界没有一成不变的规则和秩序。那么数字经济时代的资本市场秩序和规则是什么呢？其实已经出现了重大的秩序变化，我们对这些变化的理解远远不够，需要我们去研究、去观察、去寻求、去创新。

这个秩序的核心变化是什么？工业经济时代上市公司和股票指数、股票指数和投资者之间的关系已经发生巨大变化，为什么会有这些变化呢？也是数字化带来的。

我们看到很多新的现象出现，这两年从全球到中国，ETF 成为一个非常活跃的概念，网上有无数关于 ETF 的解读，我把各种各样的观点几乎穷尽之后，也没有发现一个关于 ETF 的解读和数字经济有关。越来越多的买股票的投资者不愿意买股票而都选择买基金，而且主要是买公开发行、交易、流通的股票指数基金 ETF，这和数字经济有什么关系吗？从估值体系到投资生态，再到指数体系，上市公司已经经历了三个历史秩序的变化，而第三次升级和迭代进入 ETF 时代和量化交易时代，都是数字科技带来的，都是数字经济给资本市场秩序带来的变化。

第四，用数字科技解读资本市场的同时，用数字科技呈现和重构资本市场。

从数字经济的角度去研究资本市场不仅需要研究和分析数字化给

资本市场带来的最重要的要素——对上市公司价值创造方式和评价方式进行创新，同样需要用数字科技去呈现数字化给上市公司、投资者、资本市场带来的数字化场景，以及重构数字化资本市场的秩序和规则，包括投资银行、投资交易、法律和审计以及证券市场监管。

第五，资本市场未来还会存在吗？

我们认为，资本市场可能会在数字经济时代消亡。资本市场的交易会逐渐被数字资产交易市场取代。

由于数据要素资产化将让数据成为生产要素之一，进入资产负债表，数据资产将成为资本的一部分，也构成数据生产和资本之间的特殊关系。那么，数据资产和资本的长期关系是什么呢？

2023 年引起资本市场高度关注的一个现象是，两位资本市场出身的资深投资银行家李小加、张高波在澳门创建澳门滴灌通交易所，资本市场资深人士创建了看似和资本市场无关的交易平台，这个交易平台交易的是直接把现金投资给小微企业的门店现金流，每天参与现金分红。从交易逻辑上来看，无异于农耕文明时代村里的伙计要约起来做生意，有人出钱，有人出力，相当于股份公司诞生之前的融资方式。看起来很简单，但这绝不是文明的倒退，而是数字经济时代的新形态，没有数字科技提供保障和数据支撑，这个交易结构在现代社会是不可能成立的。

两位完全成长于资本市场的专家，竟然做出了和资本市场完全背离的创新。滴灌通展现给我们的看起来是现金流交易，但是它完全有可能通过分布式加密互联网平台，将其交易产品设计成为二级市场的数字资产。滴灌通交易所完全有机会成为基于实体资产的数字资产交易所，滴灌通这种模式完全有机会成为资本市场的掘墓人。

“公司 × 数字化”“资本 × 数字资产”“股票 ×ETF”将走向何

方呢?

未来还需要资本市场吗?

基于这样的想法,我们开始了探索创建数字经济时代,以及数字经济形态下资本市场价值投资、资本市场秩序重构和规则创新的漫漫长路。

我终于看到,从数字化价值投资评价体系出发,资本市场“公司—资本—股票”体系在经历“公司 × 数字化”“资本 × 数字资产”“股票 ×ETF”深度融合与重构之后,必然带来一场史无前例的“蘖变”,我们今天所纠结的3 000点的讨论将成为过往,成为历史。

一切过往,皆成序章。

从2022年3月9日开始到2023年,我们在2022年对4 677家上市公司评价分析的基础上,再对2023年公布《年报》的4 953家上市公司进行了第二年的评价分析,并且将评价过程中创建的独一无二的评价方法设计为DVI作为我们的创新成果和持续性评价工具。

本书的主要内容是以我们制作的《2022年上市公司数字化价值投资评价报告》《2023年上市公司数字化价值投资评价报告》为基础,分析评价了数字经济时代上市公司价值创造进程的新动态;结合我们对数字经济时代上市公司价值创造方式、数字经济时代价值投资理论和方法的创新,探讨了数字经济时代从上市公司数字化到资本与数字资产、股票与ETF的发展方向。希望本书对上市公司经营者、资本市场投资者、资本市场研究者、股票投资者以及所有关心资本市场的人士有所启发。

在本书写作过程中,时值中央第一次提出“活跃股票市场,提振股市信心”。全国范围内针对长期徘徊的上证指数3 000点,出现了各种各样的讨论和争议。对于中国资本市场,我们不希望是“橘生淮南则为橘，生于淮北则为枳”，我更寄希望于数字经济形态对资本市场底层逻辑的数字化重构。

回答前面的问题，在数字经济时代，公司将不再是唯一的商业组织；资本也不再是工业经济时代的资本概念，资本会和数字资产融合在一起，资本和数字资产的左边，是数字化股份公司或者数字资产对应的数据要素；资本和数字资产的右边，则是股票与数字化权益以及数字货币等构成的ETF。

从现在开始到二三十年后，也许公司的数字资产比例会大于有形资产比例，数据要素资产可能大于未来的资本，主要的投资行为不再是股票而是ETF，公司也不仅仅是主要的商业组织。

如此发展下去，工业经济时代最重要的生产要素——资本会被取代吗？取代资本的是数据要素吗？如果说资本被取代，那么资本主义呢？如果是数据要素，数据要素又是什么？我们需要通过实践去探索，也需要学习与思考。思考自此，我认为诞生经济学领域大师和巨著的时代已经到来。就像从农业经济进入工业经济时代的亚当·斯密（Adam Smith）的《国富论》和卡尔·马克思（Karl Marx）的《资本论》一样，我们今天面临的已经不是第一次工业革命、第二次工业革命或者第三次工业革命这样对工业革命进行的无止境的讨论了，经济形态的迭代必然迎来经济学理论和管理学理论的迭代，同样会迎来社会形态的迭代，我们呼唤奠定新经济学理论地位的巨著诞生，不管叫《数据论》《数字论》，还是叫《数字经济学》《数字经济论》。如果缺乏这样的理论支持，我们在经济形态的迭代方式上一定会多交很多学费。

王世渝

2024年3月

目 录

第一篇

资本的左面："公司 × 数字化"

第三篇
资本的右面：“股票 ×ETF”

第一篇

资本的左面：“公司 × 数字化”

上市公司是资本市场的基石，没有上市公司，资本市场就不可能成立。上市公司必须是股份有限公司，上市公司的所有资产归全体股东所有，将股东的所有权益界定为资本，资本采用股票的形式在公开股票市场上发行、流通、交易形成股票市场，而股票市场的各种个人与机构投资者，通过股票市场购入公开交易的股票成为股东，参与分享股份公司利润的同时，寻求股票价格涨跌机会，并通过买进卖出获得利益。这个关系可以简单地理解为“公司—资本—股票”三者之间的简单关系。

公司，也就是股份有限公司，诞生于农耕文明向商业文明过渡时期的大航海时代，大量贸易活动让贸易生产从生产中分离出来。构成股份有限公司的股东可以将股份出售，股份成为资本。资本的价值取决于公司资产的价值，也取决于投资者的预期。

工业革命让股份公司从商业化进入工业化，高效率的工业生产创造了巨大的公司价值，也带来了巨大的资本价值。

公司价值创造能力越强，资本价值也就越大，就会吸引更多人投资股份公司。投资人为了获得更多投资价值，必须研究股份公司创造价值的能力和方法。

工业经济历经几百年，形成了非常丰富的创造价值的方法，如何研究这些价值是怎么创造出来的，这就是投资学。价值投资是这个时代最伟大的投资科学和方法。本杰明·格雷厄姆、沃伦·巴菲特、查理·芒格在前后将近一百年的时间里，把他们研究、总结的分析公司价值的方法用于股票市场投资，总结了评价上市公司创造价值的方法和规律，才有了他们在股票市场的成功投资。由于股票的交易具有短期性，与公司经营不直接发生关系，还具有不可预测性以及股票作为证券的金融信用属性，股票价格与股票投资又形成了二级市场的交易逻辑。

既然人类社会已经开始从工业化进入数字化，数字化时代股份公司将和数字科技深度融合，还有本身就是数字科技商业化的公司，那么数字经济时代股份公司创造价值的方法是什么呢？数字经济时代股份公司创造价值的方法和工业经济时代有什么不一样呢？

这就是我们想搞清楚的问题。

第一章
工业化与价值投资

1934年，价值投资之父本杰明·格雷厄姆出版了《证券分析》一书，这本书被称为价值投资方面的第一部经典著作，也成为价值投资理论诞生的标志。

从公司到资本，再到股票，价值投资贯穿了整个资本市场。很多人研究价值投资，驱动因素都是炒股票，而我们在这里研究价值投资主要是为了研究公司这个工业经济时代价值创造的基本组织是如何创造价值的。

第一节　工业化促进资本市场繁荣

人类社会在经历漫长的农耕文明、农业经济时代之后进入工业文明时代。过去的系统性经济形态只有两个：一个是农业经济形态，一个是工业经济形态。

17、18世纪，西方文明在经历黑暗的中世纪之后，通过意大利文艺复兴，确立了以人为中心的社会形态，生产力和科学技术得到快速发展，他们有更多的钱和时间来投资教育。科学家研究新的科学技术，取得了新的突破，即动力和能源上的革命。1698 年，建立资产阶级国家政权之后的英国发明了世界上第一台蒸汽机，蒸汽机是通过煤的燃烧产生蒸汽，形成驱动力来带动机器运行。相比传统的风的力量、人的力量或是马的力量、牛的力量，它带来了巨大的效率提升，这种提升被称为第一次工业革命。

第一次工业革命后，诞生了一种新的经济形态，这就是工业经济。由于动力的提升，如把蒸汽机应用到火车上，那就比马车快了好多倍；把蒸汽机放在轮船上，那轮船就变成蒸汽机轮船，漂洋过海的速度就大大加快了。蒸汽机的发明带来了交通便利，加快了交通速度，同时带来了生产能力的数倍提高，从而促进社会生产从农业生产进入工业生产，工业生产行为和农业生产行为有了巨大变化。

过去纺纱是手工纺纱，有了蒸汽机之后，就可以用蒸汽机来纺纱，效率大大提高了，即使珍妮纺织机也比不过蒸汽纺织机。效率大幅提高之后，大家发现蒸汽机有这么大的作用，于是都去生产、制造蒸汽机，这就形成了真正的工厂，从而形成工业和农业的再次分工。

工业革命的不断发生和突破使得工业经济形态完全区别于农业经济形态。工业经济从生产力、生产工具、生产方式以及整个经济基础都完全区别于农业经济。工业经济创造了人类有史以来最丰富的物质文明和精神文明，彻底改变了人类社会的生产方式和生活方式。和农业经济相比，工业经济创造的财富和农业经济时代创造的财富完全不是一个数量级。工业经济创造的财富足以养活更多的人口，也使得人均寿命大大延长，世界人口从工业革命初期不到 10 亿人口，发展到今天的 75 亿人口。

但是，工业革命的快速发展也给世界带来了新的困惑，比如工业革命和工业经济是以大量消耗地球的自然资源为代价发展的，工业经济发展带来的资源枯竭、生态破坏、分配不公平、发达国家与不发达国家之间的矛盾冲突，导致世界性危机不断产生。工业经济繁荣的背后出现了全球性可持续危机。

工业经济是由科学技术推动的，主要是发明了蒸汽机，提高了劳动生产力，诞生了社会大生产。规模化的、有组织的生产关系出现，单一的生产形式向大机器、大工业方向发展。工业化的微观经济基础开始形成，诞生了现代商业组织——有限责任公司。有限责任公司或者股份有限公司不仅满足了工业化大机器生产对组织的要求，而且实现了投资与经营的分工。经营者不一定有钱，投资者不一定参与经营。

工业经济的诞生和早于工业时代诞生的金融市场找到了结合点。股票市场与工业化大生产方式的公司相结合，使资本市场交易的股票从商业企业、手工作坊企业、贸易企业进化到工业企业，包括西门子公司、杜邦公司、洛克菲勒公司、通用电气公司在内的一些企业通过发行股票上市，获得更多资本来扩大生产规模。同时也给资本市场创造了更多股票供给，吸引更多资金进入股票市场。

大量投资者涌入股票市场之后，股票市场也出现了专业股票投资人帮助那些没有时间和专业经验的人投资股票，投资与经营的分离使得投资成为一种职业，而资本市场的诞生不仅可以让投资者通过资本市场实现投资的退出变现，还可以让他们不参与企业经营分配获得资本市场的投资收益，从而创造了新的价值创造和实现方式。

在资本市场创建之后，尤其是从贸易和商业诞生而来的股票市场在工业化时代升级扩张之后，也逐渐经历了资本市场的从无序到有序，从没有规则到创建规则，吸引了更多的人参与到资本市场投资。

但是，怎么能够通过股票市场投资获得利益呢？股票市场的最大魅力在于通过股票交易可以获得两次分配利益的机会。一个机会是上市公司分红给投资者带来的收益，另一个机会是通过股票价格的落差获得投资收益。但是这个原理充满了不确定性，有的不仅没有获得收益，还因为各种原因出现了投资股票的成本高于股票价格亏损卖出的情形，这就出现了新的学问，投资者到底怎么能够通过科学的投资赚到钱。

这样，关于如何在股票市场赚钱的学问——投资学诞生了。1882年诞生了一家公司，这家公司名叫道琼斯，实际上是三个记者创办的一家传媒公司，他们在创立公司两年之后，通过研究股票市场的规律，第一次发布了一项指数，他们把11种具有代表性的铁路公司的股票集合起来，采用算术平均法计算编辑成一项指数，发表在他们自己编辑出版的《每日通讯》上。根据每天单一股票涨跌把指数涨跌结果发布出来，投送给阅读者，让投资人根据指数的变化数据，去把握股票价格涨跌的规律。道琼斯指数发布时间越长，积累的数据越多，他们发布的指数就越来越多，这就引起更多投资人的关注和研究，渐渐形成了根据指数发展变化趋势和数据去判断股票价格走势的方法。这也是最早的股票投资学问。

到这个时候，资本市场的格局就已经形成了。资本的左面，就是股份制公司，这些公司利用科技和管理源源不断把产品和服务销售给市场，创造的利润源源不断通过公司流向资本拥有者，形成庞大的资本。资本拥有者把增值的资本股份化、股票化发行给资本右面的分散的投资者，投资者通过股票买卖获得利益。这就形成了资本市场的闭环。

第二节 上市公司——价值投资的正反面

一、价值投资的诞生

当大家都通过股票指数以及各种股票投资分析理论研究和分析股票价格以及投资策略的时候，1934 年，一个新的投资理论诞生了，这就是价值投资。

价值投资理念和方法诞生于工业经济时代的第二次工业革命时期。20 世纪初和今天有很多相似之处，类似于今天大家所说的“百年未有之大变局”。这个大变局有几个特点。

（一）科技推进

电力的运用、内燃机的发明、石油的发现与运用大大提高了蒸汽机诞生以来的生产效率，在这些工业领域领先的日本、美国、德国利用第二次工业革命使得经济快速增长。

（二）第二次工业革命诞生

科技的进步首先在能源行业对工业带来颠覆性变化。石油和天然气成为新能源，诞生了很多新兴产业，包括石油、石化、电力、汽车等领域，同时也涌现出一批新的企业，诞生了福特、通用、西门子、西方石油公司这样一些新兴企业。这些企业不仅给投资者创造了更多的投资机会，也让资本市场得到更好的发展，大量资本涌向资本市场，扩大了资本市场容量，股票指数也获得快速增长。

（三）世界经济政治秩序发生重大变化

美国、德国、日本等国纷纷抓住第二次工业革命创造的经济机遇，经济产值获得快速增长，并且向全球扩张，经济总量相继超越世界第一经济强国——英国，最终促使全球经济政治力量发生改变。

（四）苏联诞生

沙俄发生革命，推翻了资产阶级政权，建立了全世界第一个无产阶级政权。新的生产关系和政治制度改变了世界政治秩序，世界形成两大社会阵营。

经历这些大变局之后，美国事实上已经成为世界经济大国，纽约也发展成为世界第一大资本市场，大量的创新从美国诞生，包括资本市场的投资理论和方法。

1934 年，深陷百年大变局的世界，刚刚经历了第一次世界大战，经历了“西班牙流感”，战争和疫情加起来导致死亡人数超过亿计，以及 1929 年的经济大萧条之后全世界陷入生产和生活的困境之中，也就是在这样的背景下，人到中年的华尔街投资人本杰明·格雷厄姆把他的学习笔记和投资经验，在刚刚偿还股市重创的亏损之后，写成了《证券投资》一书，第一次提出了价值投资理论和方法，为价值投资的创立奠定了基础。从价值投资概念的提出到各种分析、观点、操作模式，再到今天已经快一百年了，这期间形成了通过分析、评价公司价值决定股票价格，从而决定买入和卖出的理论和方法。

二、价值投资的发展

本杰明·格雷厄姆、沃伦·巴菲特、查理·芒格成为价值投资的代表人物，包括张磊所创办的高瓴资本和李录创办的喜马拉雅基金，都是通过价值投资理念，发起设立基金，投资于企业少数股权或者直接投资上市公司股票。但是，市场上所有人都忽略了另外一个领域，那就是价值投资这个硬币的另一面。由于股票这一面的价值投资是从事的公开股票市场交易，投资者分布于全世界，所有交易行为都公开透明。同时，价值投资的交易成果又满足了这个世界上所有人对于金钱、财富的贪婪和渴望，所以基本没有多少人知道给价值投资者创造价值的那些公司经营者、管理者的故事与艰辛。

当然，我们对价值投资领域的价值创造者或者公司耳熟能详，包括美国通用电气集团原董事长杰克·韦尔奇（Jack Welch）、福特汽车公司创始人亨利·福特（Henry Ford）、后来的福特汽车公司总裁李·艾科卡（Lee Iacocca）、日本的经营之神松下幸之助、中国台湾积体电路制造公司创始人张忠谋、可口可乐的故事等。但是，关于绝大多数价值投资创造企业，创造这些企业的企业家、科学家、营销专家、管理专家，除了哈佛案例、斯坦福案例这些经典的 MBA 教科书案例之外，非专业人士，甚至很多股票价值投资者也未必清楚。

就像中国最著名的价值投资硬币另一面的强烈追随者、不懈的耕耘者——“德隆系”的唐万新一样，他几乎把毕生才华和勤奋都贡献给了价值投资的另一面。但是，他在中国留下的不是光辉灿烂的名誉，而是“资本大鳄”“枭雄”“庄家”“操纵股市”这样的恶名。

三、价值发现者

我们看看伯克希尔·哈撒韦公司目前的主要持仓股票。巴菲特建立的伯克希尔·哈撒韦公司 2022 年 3 月以来持续加仓西方石油公司股票，累计投资 56.14 亿美元，巴菲特投资之后对外表示：“我读了财报的每一个字，她[1]在以正确的方式管理公司。”这个投资行为和巴菲特的观点就是典型的价值投资逻辑，看中的是这个传统产业企业龙头股的公司价值。所以很多人去研究巴菲特，研究巴菲特怎么投资，而不去研究西方石油公司的 CEO。

除了西方石油公司股票之外，巴菲特排名前十名的重仓股包括：可口可乐、GEICO（政府雇员保险公司）、富国银行、美国运通、美国广播公司、宝洁、华盛顿邮报、苹果、IBM、通用食品。我们看到这十家公司除了苹果之外都是传统产业。

从价值投资来看，巴菲特是按照设定的价值投资原则来选择公司，研究这些公司的商业模式、盈利模式、核心竞争力、公司历史表现、ROE、公司估值、公司风险边际，然后再看股票价格，选择投资时机和投资价格以及卖出策略。与其说是巴菲特在从事价值投资，不如说是巴菲特在研究分析这些公司创造价值的方式，从而获得分享这些公司创造价值的机会。这是硬币的一面。

四、价值创造者

从另一个角度来说，所有被巴菲特从过去到今天所投资，甚至长期投资的公司，才是实际上的价值创造者，包括可口可乐、GEICO、富国银行、美国运通、宝洁、沃尔玛、赛诺菲、美国合众银行、华盛顿邮报等。既然这些公司是价值投资的价值创造者，那么投资、控制、经营这些上市公司的战略投资人、董事会核心成员、企业核心管理者就是战略投资价值的创造者，也应当是价值投资创造者。这就是价值

① 她是指西方石油公司首席执行官维琪·霍鲁布（Vicki Hollub）。

投资这面硬币的另一面。这些公司作为股票价值投资的选择目标一定都有这些企业以及这些企业所在行业的价值投资逻辑和方法，所有这些战略投资者就是全面、系统地掌握了这些战略投资方法之后，才创造了这些公司的价值，也才有了这些上市公司股票的价值投资机会。所以，不是巴菲特的价值投资理念和方法创造了这些公司的价值，而是这些公司价值创造的机会和方法被巴菲特所掌握和理解，他研究了这些价值和股票价格的关系，创造了股票价值投资模式。

我虽然没有研究过巴菲特过去投资过的所有这些公司的价值创造方法，但是我从 2008 年开始从事全球并购业务的经历中，看过几百家发达国家公司的基本情况，基本掌握发达国家企业运作和产业发展的基本方法和规律。

工业经济时代的价值投资之所以诞生和能够持续长久，是因为从 19 世纪到 20 世纪中叶，第二次工业革命的诞生，以及电力、电灯、电机、内燃机、石油、化工、汽车、飞机行业的大规模出现，创造了远远高于第一次工业革命时期的产业形态，这些产业给现代公司创造了持续、长期、稳定、巨大的利益和价值空间，诞生了一大批符合长期价值投资的公司。

第三节 价值投资的主要内容是研究公司

在工业经济时代，产业领域的价值投资或者是价值创造者的价值投资主要有以下工作内容。

1. 行业研究分析。没有行业研究分析，战略投资、价值投资就像盲人、聋哑人。行业研究分析的主要目的就是发现战略投资的价值。

2. 研究行业价值，看看这个行业有没有中国企业和战略投资的行业空间。一家企业做得再好，但是如果其所在地区的行业规模不大，这家企业的投资价值的天花板就不会高。

行业集中度很高，意味着行业整合已经完成，机会不大；或者有的行业在中国很分散，但是被全球巨头控制，还是没有机会。中国作为一个曾经的计划经济国家，市场经济时间很短，很多行业都存在产业重组、战略投资机会。

3. 采用战略投资方式，并购行业龙头企业，成为龙头企业的控制性股东，例如德隆控股新疆屯河、湘火炬、合金投资、天山水泥都是这样的行为，当年德隆的遗产湘火炬、天山水泥、新疆屯河、新疆罗布泊钾盐至今也是央企控股下的优良资产。

4. 利用上市公司优势，大举展开并购。

5. 通过资本的控制力，对并购的目标企业沿着产业链、供应链进行价值重构和整合，创造整合利益，通过全面战略管理体系来维系产业整合的成果，保障战略投资创造的价值。

我们以可口可乐为例，从 20 世纪 80 年代开始，巴菲特就投资可口可乐，到今天，四十多年过去了，可口可乐还是伯克希尔·哈撒韦公司的重仓股。1988 年，巴菲特购买了 5.93 亿美元的可口可乐股票，1989 年增持到 10.24 亿美元。到 1997 年底，巴菲特持有的可口可乐股票市值升至 133 亿美元，十年内赚了 10 倍。不是说巴菲特四十多年前投资可口可乐之后就一直没有退出，而是他不断根据公司价值和股票价格之间的变化买进卖出。从四十年多前到现在，可口可乐的战略投资者、董事会、高级管理人员、企业员工投资经营可口可乐并创造了巨大的价值，这些价值是企业、企业家、员工、市场创造的，他们是可口可乐的产业价值创造者；伯克希尔·哈撒韦公司作为一个财务投资机构，长期研究、跟踪、分析可口可乐公司，发现了可口可乐的价值，通过股票投资给其股东也创造了价值，它是产业价值的发现者，是资本价值的创造者。

价值投资与时间做朋友不是指你买了可口可乐之后就去睡大觉，十年之后再醒过来卖股票，而是要长期关注、研究可口可乐的价值，当股票价格高于公司价值的时候，你可以卖掉股票；当股票价格低于公司价值的时候，你再买进来。不管是满仓、半仓还是空仓，只要可口可乐还是你长期关注的股票，你都需要随时研究可口可乐的动态和价值变化趋势。

这就是工业经济时代价值投资的基本逻辑，也是传统产业整合与价值投资在价值创造和价值发现这个硬币两面之间的关系。

除了以上这些相对宏观的、共同的价值投资方法之外，精细的价值投资者还在多年的实践中形成了以下几个相对微观的原则。

1. 竞争优势原则。每一家成功的公司都有其核心竞争力，核心竞争力构成公司的竞争优势；价值投资者如何分析目标公司的竞争优势是一种非常重要的能力。

2. 现金流原则。现金流原则包括财务报表中非常多的内容，比如现金净流量、公司现金比重、企业未来现金流量贴现值、现金周转速度等。

3. “市场先生”原则。主要研究公司发展的市场周期、股票市场预期等。

4. 安全边际原则。主要关注目标企业的各种风险和业务安全边际，通过对安全边际进行分析来确定企业估值，从而对股票价格做出判断并决定投资买进还是卖出。

5. 集中投资原则。这是针对主动投资者的一个选项。市场有很多股票，不能投资太分散，资金应相对集中于认知范围的公司。要有自己的能力圈。

6. 长期持有原则。与时间做朋友是价值投资原则中的时间价值观。我认为有些人在学习理解的时候可能有些机械。我主张与时间做朋友，但不主张盲目地长期持有。可以长期关注一家公司，但不是持有股票完全不动，也可以在相关观点支持下，低买高卖，即使不持有了，还是持续保持关注。

这些原则主要是价值投资者或者价值投资信仰者根据价值投资多年的规律以及巴菲特等人的思想总结出来的简化原则，有利于价值投资者简单学习和了解。但是，价值投资绝非这么简单，即使遵循这些简单的原理和规则，要做到坚持并且成为一种信仰更加不容易。

价值投资最重要的还是把投资股票理解为对公司的投资，核心是研究公司的价值，也就是怎么给公司估值。对于怎么给公司估值，巴菲特有自己的一些经验。

1. 行业垄断型企业，也就是所谓的头部企业。

2. 公司产品简单、易懂、前景好。

3. 有稳定的经营历史。

4. 管理层理性、忠诚、股东价值最大化。

5. 财务稳健，自由现金流充裕。

6. 经营效率高，收益好。

7. 资本支出少，成本控制力较强。

8. 价格比公司价值偏低。

同样，这些分析也是被完全简化的，这些内容也是被高度提炼出来的。

第四节　价值投资终结了吗

从 20 世纪 30 年代到今天，工业经济时代的价值投资已经快一百年时间，在过去一百年，价值投资成为全球最伟大的投资理论和方法，巴菲特也被称为“股神”。2021 年，价值投资的代表机构伯克希尔・哈撒韦公司创造了 897.95 亿美元的利润，价值投资创造了又一个难以逾越的巅峰。

但是，在 2021 年伯克希尔・哈撒韦公司年度股东大会上，巴菲特讲道：“1990 年，世界 20 强公司名单中没有一家还在今天的世界 20 强名单上，二三十年之后，世界最大的公司和今天相比，也会面目全非。”我们相信，二三十年之后，还会有世界最大的公司排出 20 强名单，如果它们主要不是今天的公司，那么它们今天在哪里？我们能不能把它们发掘出来，推荐给投资人？

为什么会出现这样一种现象呢？主要因为第三次工业革命带来的科技进步改变了第二次工业革命以来的产业运行方式，人类进入工业化与信息化、早期数字化阶段，这个时期改变了传统工业从零开始、从小到大的企业和产业发展规律，很多企业家通过大规模投资创办企业，由于技术的不确定性，企业发展存在巨大风险，但是，一旦成功，企业就会获得快速发展、快速成长、快速垄断的机会。天使投资、风险投资、创业投资应运而生，价值投资逻辑遭遇严峻挑战，市场声音纷纷认为价值投资过时了。

包括只投中苹果公司的伯克希尔・哈撒韦公司，没有一家投资公司投中今天的世界 20 强公司，比如特斯拉、亚马逊、谷歌。因为这些公司创办和成长的规律不符合价值投资评价逻辑。就像特斯拉创始人埃隆·马斯克（Elon Musk）说的那样，早期创办特斯拉的时候，他曾经邀请巴菲特投资，当时的估值只有2亿美元，巴菲特放弃了对特斯拉投资的机会。

为什么呢？主要原因还是在于数字科技正处于从信息化到数字化的进程中，互联网类型的公司不像今天的成熟企业通过数字化来发展，而是将数字科技和互联网与传媒、社交、教育、零售、服务结合，先创建平台，再整合产品和服务。公司上市和融资的时候，完全不能满足价值投资这些基本原则，很多公司上市十多年还没有现金流，也没有净利润，更不用说这些公司的安全边际，甚至连这些公司的基本确定性都没有。

工业经济时代价值投资的基本逻辑包括以下基本内容。

1. 产品（服务）价值，包括这些产品有多少利润，这些产品有多大的市场，这些产品有没有产品同质化的竞争优势。

2. 能不能保证产品价值持续、长久地保持优势，这就要研究该产品和服务的公司，这家公司依靠什么样的人才、团队、管理方法、竞争方式、销售方式来保持产品和服务的优势。

3. 研究全球范围内该产品所处的产业运行状况，以及生产制造这个产品和服务的企业和行业运行状况，找到行业和产业的运行规律，让公司在全球范围具有价值创造的优势。

4. 长期研究、跟踪价值投资目标企业的资产状况、财务状况、现金流、负债率、各种财务指标、未来的增长预测，以及这些元素所创造出来的价值与今天这家公司股票价格的关系。

5. 研究目标企业在全球范围内的产业地位，从产业链、供应链、价值链的角度研究这家公司的重组、并购、整合战略，研究分析这些重大经营活动与资本运营对公司价值和股票价格的影响。

6. 长期关注跟踪公司价值与股票价格之间的关系。

7. 始终关注公司的安全边际，关注公司各种可能的风险因素。

我相信，工业经济时代的价值投资逻辑在相当长的时间内还将继续存在，伯克希尔·哈撒韦公司的价值投资逻辑在相当长的时间节点内依然不会过时，尤其是在发达国家和数字基础设施不发达的发展中国家。发达国家的产业数字化和中国的产业数字化表现方式也是不一样的，所以，我们不能轻易地把中国的产业数字化价值投资评价体系用到发达国家，去否定发达国家的价值投资逻辑。

巴菲特所领导的伯克希尔·哈撒韦公司是全球化的资本平台，主要投资发达国家资本市场，而发达国家的数字化、数字经济和中国有着天然的区别，它们是沿着发达国家从工业化到信息化、数字化一步一个阶梯进化。价值投资评价逻辑也可以沿着这个规律去进化，去与时俱进。

这个观点尤其对于中国来说十分重要。中国是全球最大的制造大国，拥有全球最齐备的产业链，但是，中国还没有完成工业化，在每一个行业的产业集中度都不如发达国家，在全球产业链分布配置状况中，中国还处在中低端水平，这就使得中国还存在 20 年左右的工业化进程，工业经济形态的价值投资机会在中国继续存在。在很大程度上，我们需要把工业化的价值投资评价逻辑和数字化的评价逻辑结合起来，找到其中的融合关系。

我们认为，既然中国已经进入数字经济时代，数字经济时代的企业就应该是数字化企业，那么数字化企业在数字经济时代的价值创造方式是什么呢？数字经济时代数字化企业的价值发现方式又是什么呢？这就是我们创建这个报告和评价体系的初衷。

关键在于数字经济发展走过了早期完全从互联网平台创建和投资这样一个商业模式，综合性、系统性、协同性的数字科技通过与实体经济、实体企业、实体产品的深度融合让数字化平台企业出现了和传统价值投资价值叠加的解构，出现了从不确定到确定的转变，我们完全有机会赋予价值投资全新的内容和元素。未来几十年之内中国将会出现数百家产业数字化平台企业，这些企业将是未来数字经济形态下最庞大的商业组织，它们将支撑起数字经济时代百万亿级的资本市值。而目前，这些公司还在创办过程中，绝大多数公司还没有上市。

价值投资诞生于工业经济时代工业化生产方式的成熟期，最近三十年全球经济处在从工业化向数字化迭代的进程中，所以出现了很多不确定，也让工业化时代的价值投资错失了投资机会，接下来会进入数字化生产方式，价值投资也会进入一个新的确定性阶段，需要产生数字化生产方式下的价值投资理论和方法。

第五节　资本市场秩序

当然，价值投资仅仅是资本市场的投资方法之一。资本市场除了投资方法之外还有资本市场的秩序和规则，规则是不容易变化的，但是，秩序却在不断变化中，因此我们也需要把对资本市场秩序的解读和方法结合起来，才能客观地解读资本市场。西方资本市场自 1884 年创建第一个股票市场指数，后来发展成为道琼斯 30 种工业股票指数以及各种综合指数与成分股指数以来，近 140 年逐渐形成了强大的资本市场投资秩序。

股票指数的创建一方面传递了股票市场的价格涨跌信息，同时作为经济的晴雨表，可以充分反映一个国家的经济状况；另一方面，股票指数的表现规律也让资本市场逐渐发现通过系统化的估值体系进行投资的规律，于是创建了与各种股票指数相关的交易型股票指数基金。随着现代科学发展，尤其是计算机、大数据、人工智能的发展，各种股票指数被开发成为各种量化投资组合产品，这些产品又进一步吸引了市场巨大的机构投资人，各种分散的投资者进一步发现，主动参与投资总是跑不过巨大的机构投资者，于是，各种主动投资越来越少，逐渐参与到机构投资者阵营中，全球主动投资比例逐渐下降，被动投资逐渐增加。被动投资比例超过主动投资比例，达到 50% 以上。世界三大著名指数公司道琼斯指数公司、富时罗素指数公司、MSCI（明晟）公司跟踪、绑定的被动投资资金规模超过 53 万亿美元，合人民币超过 350 万亿元。而以中国中证指数为代表的被动投资规模仅仅为 1 万亿元左右。被动投资规模巨大以及被动投资资金大规模绑定发达国家主要股票指数，给发达国家股票市场的上市公司创造了充沛的资金环境，不仅可以吸引更多优质公司上市，还可以不断吸引全球资本流向发达国家市场，保持发达国家经济的发展和繁荣。

这样一个差距巨大的市场关系对中国资本市场发展极为不利，按照现有市场规则，中国再用一百年时间也难以在被动投资比例和规模上超过发达国家。

我们在研究工业经济时代的价值投资和数字经济时代的价值投资的同时，也应当深度关注和研究工业经济时代资本市场秩序和数字经济时代秩序的变化。

第二章
价值投资的进化

第一节　走向数字化的价值投资

价值投资由著名投资大师本杰明·格雷厄姆创立，由沃伦·巴菲特、查理·芒格丰富和发展，价值投资是过去近 100 年工业经济时代的全球最伟大的投资理论和方法。这个方法最基本的特点就是用投资实业的思维投资股票和证券，通过发掘上市公司创造的产业价值进行持续、长期的投资，从而获得上市公司的资本价值。

价值投资是在工业经济时代被证明的、公认的投资理论和方法。之所以诞生价值投资，主要还是因为全球经济发展在第二次工业革命的推动下，出现了超越第一次工业革命的科技成果，包括电力的应用、石油的应用、内燃机的发明，提高了工业经济的效率，创造了巨大的经济财富，推动了整个工业经济的发展。尤其是在 1929 年世界经济危机爆发之后，资本主义市场经济秩序重建，带来了 20 世纪 30 年代经济的高速发展，创建了活跃至今的一大批以第二次工业革命为代表的优秀企业。这些企业的价值创造方式给资本市场带来了长期价值投资机会，成就了这些企业的同时，也成就了投资这些企业的资本。同时，也完善了资本主义市场经济核心和资本市场秩序。

但是，全球理论出现了经济形态造成的趋势，中国在全球范围内率先宣布数字经济是继农业经济、工业经济之后的主要经济形态。这个观点要特别强调一下，由于中国的经济特点和经济结构，中国的数字经济也区别于其他国家。目前其他国家没有这样的表述，并不表明数字经济在其他国家不重要，而是各国的发展方式不一样。

中国目前处在从工业经济时代向数字经济时代迭代的早期阶段，我们基于数字经济时代产业数字化发展模式创新设计的数字经济时代上市公司数字化价值投资体系（简称 DVI 体系），对截至 2022 年 4 月 30 日披露的 2021 年《年报》4 677 家上市公司以及 2023 年披露的 2022 年《年报》4 953 家上市公司进行研究发现，在工业经济和数字经济两大经济形态进行早期转换过程中，工业经济时代的价值投资逻辑依然存在。同时，随着数字经济的快速发展，出现了与工业经济时代价值投资逻辑完全不一样的价值投资规律，我们称之为数字经济时代的价值投资。

同时，在这样一个百年大变局时代，出现了工业经济时代价值投资向数字经济时代价值投资迭代过渡的历史机遇，两种经济形态的转换和交替有一个 15—20 年的时间窗口，在这个时间窗口中存在两种价值投资逻辑的叠加，形成一个双重价值叠加的投资逻辑。我们认为，这个机会是人类进入工业化时代以来中国证券市场唯一的一次高速度、高成长、高回报、低风险的投资机会。同时，随着工业经济向数字经济迭代的加速，不仅价值投资从理论到方法需要创新，而且出现了公司数字化、资本数字化、投资数字化，工业经济时代的资本市场游戏规则可能会被改写，工业经济时代创建的资本市场秩序也将会被重建，在逐渐出现数字经济时代价值创造方式变革的同时，数字经济时代的价值投资方式也将发生巨变。

数字经济时代数字化价值投资趋势和机会已经出现，数字化价值投资理论和方法也将重建。

我们再来回顾一下巴菲特在2021年5月2日股东大会上的演讲。他指出，过去三十年的世界20强公司中没有一个出现在今天的20强名单上，但同时我们也发现，过去三十年世界最大公司的名单中，巴菲特只投中了其中一家公司，那就是苹果公司。因为苹果公司仍属于给数字经济时代创造终端产品的制造企业，可以通过价值投资分析方法长期分析其价值，但是，像特斯拉、亚马逊、谷歌、Meta等公司都不符合工业经济时代的价值创造逻辑，很难用工业经济时代的价值投资理论去评价。但是我们又发现，当数字科技与实体经济深度融合之后，数字科技企业家创造的不确定性进入数字经济形态的确定性阶段，这个时候，如果充分认识数字科技与实体经济的深度融合规律，我们会发现，数字经济时代的价值投资逻辑又回来了。

数字经济时代的价值投资理论是否存在、是否成立呢？我们认为主要取决于两个因素：一是数字经济形态下，上市公司价值创造的方式要完全不同于工业经济时代；二是数字经济形态下，上市公司价值创造的方式必须是普遍现象，具有普遍性、规律性。如果可以证明这两个因素，那么数字化价值投资可以成立。否则，这个理论不具备成立的基础。

在展开这个评价之前，我们也不知道是否成立，也没有戴着数字经济价值投资的有色眼镜去进行研究分析，一开始仅仅是希望研究上市公司数字化动态和进程。

我们在2022年做出评价的时候，完全不知道上市公司数字化进程进入了什么状态，也不知道几千家上市公司有些什么样的数字化样板，更不知道可以借鉴、可以推广的经验以及可以总结的错误和教训。一开始我们针对单一上市公司分别设计了六分法、三分法的方式进行统计、分析，实际上这是我们对中国上市公司数字化进程所进行的一次逐一解构。我们对 4 677 家在北京、上海、深圳三个证券市场上市的公司进行了递进式评价，统计出中国上市公司数字化进程和基本渗透程度；评价出上市公司数字化价值投资组合综合排名 100 强；评价出具有双重价值叠加属性的上市公司投资组合 10 强；评价出上市公司数字化价值投资未来之星投资组合 10 强。这些数据和评价分析对于了解中国上市公司数字化进程具有指导意义。

我们通过这个评价系统所建立的评价逻辑还可以根据各种主体不同的需要，评价、分析上市公司数字化进程中的各种相关数据。同时，还可以进一步细化评价分析内容和指标，创建面向全社会所有企业的数字化评价认证系统。我们还发现，随着数字化进程加快，还存在多种来自数字技术方向的投资组合逻辑和来自产业数字化领域的投资组合逻辑，这些逻辑会带来和工业经济时代价值投资不一样的价值关联。随着我们对产业数字化价值投资认识和理解的加深，我们会逐渐深化研究这些投资组合的逻辑关系。当我们进行 2023 年的评价时，我们在 2022 年评价的基础上对数字化价值投资、数字经济时代的分类组合、数字经济时代的指数构成以及股票投资逻辑，又有了全新的认识。

19 世纪末 20 世纪初，第二次工业革命掀起第二次全球化浪潮，发生了全球经济政治秩序的百年大变局。德国、美国、日本三个新兴大国相继崛起，超越在全球拥有 3 400 万平方公里殖民地的英国。

1914 年，第一次世界大战爆发，相对的平衡被打破。

1917 年，苏维埃社会主义革命爆发，世界上第一个社会主义国家诞生，苏联成为世界政治秩序力量重构的新物种。

1918 年爆发的西班牙大流感造成数千万人死亡。

1929年10月24日，纽约道琼斯指数一天下跌12.8%，引发了迄今为止人类社会遭遇的规模最大、持续时间最长、影响最深刻的世界经济危机。

百年不遇的世界危难之际，生于伦敦，从小来到纽约成长为投资人的哥伦比亚大学老师本杰明·格雷厄姆于1934年出版《证券分析》一书，奠定了价值投资的理论基础，从而影响证券市场一百年，成为过去一百年最伟大的投资理论和方法。因此，本杰明·格雷厄姆、格雷厄姆的学生沃伦·巴菲特，以及后来的查理·芒格、菲利普·费雪（Philip A. Fisher）等著名投资大师成为过去一百年价值投资的创造者和代表人物。

价值投资理论的诞生有两个重要的背景。一是工业革命从蒸汽机时代进入电气化时代，电力、电灯、电话、电机、内燃机、汽车、石油、无机化工等第二次工业革命给价值投资理论奠定了产业基础，在欧美诞生了美国通用电气、美国电话电报公司、福特汽车、杜邦、西门子等一大批符合价值投资理论的规模大、生产力水平高、生产效率大幅度提高、利润率大幅度提高的大机器工业化企业。这些企业的高速度、高成长、高回报给价值投资者带来了巨大的、持续百年的利益。第二个原因是在投资领域，大量投资者被吸引到股票市场之后，形成了股票投资热。已经创立几十年的道琼斯股票指数发布者提出的根据股票价格数据积累和股票涨跌规律形成的“道氏”理论成为股市主要分析方法。在这样的背景下，格雷厄姆通过自己的投资经历和研究发现，股票指数所涵盖的公司并没有真正体现每个具体的公司股票价格和真实的资产价值的关系，股票价格经常因为各种原因与企业的真实价值背离，应该去发现价格与价值的差额。

2021年，芒格、巴菲特管理的公司伯克希尔·哈撒韦创造了897.95

亿美元的收益，这个业绩说明，价值投资依然是成功的投资理论和方法，虽然当时的世界仍然笼罩在战争的阴云下，随后的第二次世界大战之后才真正为第二次全球化浪潮在全球的兴起奠定了经济政治秩序的基础，创造了人类文明有史以来最繁华、财富巨大增长的时代。

在此，我们由衷地感谢价值投资理论和方法创建者在世界动荡之中带给我们这一伟大的宝贵财富和商业文明。

一百年之后，我们再次深陷百年未见之大变局。现代管理学之父彼得·德鲁克（Peter Drucker）在《动荡时代的管理》一书中写道："动荡时代的危险不是动荡本身，而是延续过去的逻辑。"[①] 所以，当我们深陷又一个百年大变局的重重困难之际，我们没有沉湎于历史的惯性，没有在困局中"躺平"，而是在思考着、设计着、规划着数字化、全球化秩序重构之后的未来。

疫情防控期间，我利用封控在家的闲工夫开始反思资本市场三十年的经历，开始在世界百年大变局再次来临的时候思考全球化的来龙去脉。在研究和思考中我发现，对人类文明发展的进程存在多个观察和分析解读的视角。科技推动工业化变革，改变并推动人类文明进程是主流视角，包括第一次工业革命、第二次工业革命、第三次工业革命等。另一个视角就是经济形态从农业经济、商业经济到工业经济、信息经济。而我在经历了2008—2018年十年时间的全球并购业务之后，发现全球化进程也存在一定规律，全球化的进程也是推进人类文明进程的一个分析角度。于是我尝试性地写作了《第三次全球化浪潮》，在我写作这本书下册的时候，我通过大量的阅读和学习，对数字经济这个概念高度敏感，开始深度思考和研究数字经济。于是，我直

① 彼得·德鲁克.动荡时代的管理［M］.姜文波，译.北京：机械工业出版社，2009.

接将写作中的作品改名为《数字经济驱动的全球化》。我在书中第一次提出推动三次全球化进程的经济力量是三个不同的经济形态：第一次全球化浪潮的驱动力量是殖民经济；第二次全球化浪潮的驱动力量是资本经济；第三次全球化浪潮的驱动力量将会是数字经济。

所以，我对数字经济的理解一开始就是作为一个独立的经济形态的概念去理解的。这个理解和世界各国包括中国的大多数人对数字经济的理解和解读都是不一样的。好在《数字经济驱动的全球化》一书出版两年之后，中国政府也第一次提出“数字经济是继农业经济、工业经济之后的主要经济形态”。这个过程让我倍感欣慰。遗憾的是，目前中国的主流学者或者主流社会科研机构尚未提出关于数字经济理论的更多成果。

第二节　数字化时代的公司价值创造

2022 年 1 月 12 日，中国在全球率先提出“数字经济是继农业经济、工业经济之后的主要经济形态”。这是中国经济在工业化进程中，跨越式发展超越世界很多国家包括发达国家在通信、信息、智能技术上的国家战略的突破，从而在全球范围较快地形成了基于 5G 通信基础的综合性、系统性、协同性的数字技术生态。这些技术生态已经在中国开始全面融入中国的实体经济，形成数字技术生态与实体经济由浅而深的融合关系，形成了不可逆转的数字经济发展趋势，数字经济形态也初现端倪，让中国从知识体系和理论上、学术上都看到了数字经济形态与传统的农业经济、工业经济在知识体系、实践运营、理论体系上的独立性、系统新、科学性、前沿性，看到了数字经济与农业经济、工业经济在供应、生产、分配、消费各环节，以及企业产品、企业经营、产业运行从宏观到微观的联系与区别。产品数字化、企业数字化、产业数字化、资产数字化也在改变着农业经济、工业经济以来价值发现、价值创造、价值实现的方式，甚至改变着我们对于价值本身的理解。

中国的数字经济发展水平到底怎样？数字产业化、产业数字化、资产数字化的具体表现形式到底是什么？数字产业化、产业数字化、资产数字化的商业机会到底在哪里？我们认为，上市公司就是一个巨大的数字经济竞技场，我们可以在这个万马奔腾、奔向数字化的竞技场里，发掘出最快到达终点的脱缰骏马。

我们认为，代表中国企业水平、产业水平、科技水平以及充分体现中国经济质量的上市公司，一定是中国数字技术的密集实践者，一定是中国数字产业化最大的应用场景，一定是中国产业数字化的最大市场，一定是中国数字经济发展水平和发展速度、发展质量的晴雨表。

因而，我们认为，把中国上市公司数字化进程、数字化渗透率、数字化创新、数字技术与实体经济深度融合赋能传统产业转型升级创造的新业态、新模式、新产业作为研究目标，进行全面、系统、持续的研究，创建全面、系统、科学的上市公司数字化评价体系，对于促进、推动中国数字经济健康发展具有重要的战略意义。

我们在传承工业经济时代价值投资理论基础上，没有延续工业经济时代价值投资的逻辑，而是根据数字经济发展趋势和规律、上市公司数字化进程以及数字技术与各行各业的深度融合模式，创新设计了 DVI 体系。2022 年、2023 年连续两年的《上市公司数字化价值投资评价报告》面世。

风靡一百年的工业经济时代的价值投资所依存的底层逻辑将随着数字技术与产业的深度融合而逐渐发生变化。农业产业领域、工业产业领域、服务业等各行各业都会在产品、技术、生产、供应、流通、销售、品牌、人才、商业模式、盈利模式、组织模式、分配方式、金融服务、企业管理、经营决策、公司治理、投资结构等所有要素上与综合性、系统性、协同性的数字技术深度融合，形成全新的企业创办和运行方式以及各行各业的产业数字化运行方式，上市公司的产业价值创造方式必将发生根本性变化。同样，上市公司的资本价值发现方式和实现方式也会呈现出数字化特征。资本市场的股票价值的发现、资本价值的实现方式和传统工业经济时代的价值投资将会发生巨大变化。

我们之所以创建 DVI 体系，首先是因为我本人经历了中国资本市场从创建到今天的全过程，积累了超过三十年的产业、资本市场、金融、全球化领域的实践经验，对价值投资也有深刻的理解和认识。同时，自 2019 年开始，我连续三年对数字经济从历史到现在，从宏观到微观进行了系统、持续的研究和实践。受 2021 年 5 月 2 日伯克希尔·哈撒韦投资公司年度股东大会启发，在系统研究数字技术与传统产业深度融合的基础上，我创新设计了“基于数字智能的产业数字化价值创造模式”（简称 D12 模式）。这个模式在遵循传统企业和产业发展规律的基础上，全面应用以 5G 通信技术为基础的云计算、大数据、数字智能、物联网、工业互联网、产业互联网、区块链、元宇宙等技术与组织创新，综合性、系统性、协同性地与企业和产业融合，通过产品数字化、企业数字化、产业数字化进程，力图通过 12 个相对独立的模块和 10—15 年时间，缔造中国数字经济时代的未来企业和产业形态。

D12 模式成型之后，在不到一年时间内，相继得到精准营养、数字液压、马铃薯、律师行业、出版印刷、混凝土、种猪繁育等多个行业企业的认同并开始陆续导入实验和模拟。D12 模式的核心相当于企业和产业在数字经济时代的价值创造方式，是一套全面、系统的企业数字化、产业数字化价值创造的解决方案。

将 D12 模式的价值创造方法延伸至上市公司，应用 D12 模式作为分析方法，分析所有上市公司数字化与企业和企业价值与股票价值的关系，是一套上市公司数字化价值投资的价值发现方式。我们在全面理解 D12 模式的基础上，以 2022 年 4 677 家上市公司发布的 2021 年《年报》作为基础，结合上市公司相关背景资料分析，创建了以 D12 模式作为核心分析模型的 DVI 体系。通过分析评价，我们得出两个结论。第一，D12 模式作为数字经济时代的企业数字化、产业数字化操作模式，其先进性得到了验证，到目前为止，没有一家上市公司的数字化进程达到了 D12 模式的要求高度；第二，用 D12 模式作为评价体系，发现中国所有上市公司数字化进程中存在的巨大问题。上市公司在数字经济时代的“野蛮生长”和不作为、乱作为都会给企业和投资者造成巨大的代价。

通过大量的分析评价，我们梳理出中国上市公司数字化的基本状况有以下几个特点。

（一）基本概念不清楚

大量上市公司对数字经济、数字化转型停留在基本概念上，对数字经济、产业数字化、企业数字化转型的概念和理论并不清楚，缺乏系统、科学的认识和理解。95% 以上的上市公司没有理解为什么数字经济是继农业经济、工业经济之后的又一个主要经济形态，不清楚数字经济和工业经济、农业经济之间到底是什么关系。

两百多年前的中国就是因为没有理解人类社会已经从农业经济形态进入工业经济形态，从而错失了工业化，遭致百年屈辱。

今天的中国深刻理解了数字经济的重要性，但存在从上到下对数字经济的理解逐级递减。

在大家对数字经济概念不清晰的同时，我们需要根据数字经济的发展，及时调整、更新我们对数字经济概念的理解和认识，形成相对统一的、能够获得市场认知的定义。

（二）起步阶段

上市公司数字化处在起步阶段，数字化对所有上市公司的渗透率仅仅是25%。但是，我们看到仅仅从2020年到2021年，上市公司数字化进程的需求率就增加了32%。随着时间的推移和数字化这个大趋势的发展，中国上市公司数字化进程将会大大加速，上市公司数字化发展水平和质量也会大大提高，从而整体提高中国数字化水平。

但是，起步非常关键，企业数字化、产业数字化的起步错误不仅会给企业造成投资和财产损失，还会把企业战略带进死胡同，导致“人仰马翻”。

作为一个新的经济形态，数字经济目前也处在刚刚形成阶段。工业经济经历了几百年之后才出现一个新的经济形态，这个进程虽然很快，但是要形成数字经济的定义共识，也需要时间。

（三）盲目转型

由于刚刚起步，大量上市公司不清楚数字化和自己的企业以及企业主营业务之间的关系。制造业重点研究智能制造，以为数字化就是智能制造；服务业、消费品行业重点研究数字营销，以为数字化就是新零售；国有控股上市公司更多的是通过解读上级和中央的文件来理解数字化转型。基于此，为了让社会各界准确、真实地了解上市公司数字化进程，有利于推进数字经济发展，我们将长期、持续研究和关注所有上市公司数字化进程，这个《年报》就是我们创建的第一个基础和结构性数据。因而，我们这项研究也和中国上市公司数字化进程处在同一起跑线上。

（四）不懂深度融合

对于丰富的数字技术系统，包括通信、信息技术基础设施、基础软件、云计算、大数据、区块链、物联网、工业互联网、产业互联网、数字孪生、管理软件、AR/VR/MR、边缘计算、App、各种数字终端、Web3、NFT、元宇宙和企业要素以及行业、产业要素、市场环境的关系是什么，很多上市公司是不清楚的，它们更不清楚这些技术相互之间的综合性、系统性、协同性和企业的关系。这也是上市公司数字技术与企业数字化、产业数字化融合的瓶颈。

（五）没有数字化战略

大量上市公司不清楚机械化、自动化、信息化、数字化、智能化相互之间的联系和界限，不清晰数字化和企业所有要素，包括原材料、供应商、物流、供应链、技术、生产、加工、开发者、外包商、银行和金融机构、资产、财务、管理、治理结构、组织结构、经营管理、企业战略、产业整合、产融结合、资本运营之间的深度融合方式是什么。几乎很少有企业将数字化、智能化、企业数据作为企业的核心竞争力。同样，制定企业数字化战略的上市公司不到1%。

（六）缺乏经典案例

我们很少看到能提供高水平的数字化解决方案的企业。在所有《年报》中，只有像美的集团、云南白药、广联达、海康威视等极少数企业在《年报》的“管理层讨论和分析”一节中对企业数字化创新做了最详尽的讨论。相较而言，产业数字化领域的企业对数字化的理解远远落后于数字产业化企业对数字化的理解。像深圳拓邦、北纬科技这样的企业就应当多与产业数字化领域的企业交流，探讨融合。

（七）人才制约

数字化跨界、融合的人才严重不足。数字经济的核心是数字技术与经济的深度融合，而数字技术不是单一的技术，是通信技术、信息技术、互联网技术、数字智能技术的协同，这些技术的综合性、系统性、协同性构成了数字技术系统，把这个系统应用到各行业、各企业，需要跨行业人才的组织与跨专业、跨领域人才的发掘。依靠消费互联网专业人才做产业数字化系统架构必然出现很多战略偏差，反而误导了产业数字化的战略方向。不少企业在融入数字化之后，尚未达到产业和企业与数字化的深度融合就开始将数字技术当作赚钱的工具，这都偏离了企业数字化和产业数字化的主题。

高水平的产业数字化人才稀缺是制约中国实体经济数字化的瓶颈。我们看到在传统产业领域，企业数字化、产业数字化做得最好的几家企业，包括平安银行、云南白药、美的股份都是在管理团队高层任用了高水平数字技术人才。

从农业经济到工业经济的跨越，我们可以想象，你可以让从事农业经济活动的如种庄稼的、放牛羊的人来管理工业企业吗？这就意味着，我们今天所有的传统产业企业创始人和经营者，都是工业经济时代出身的，光靠我们这些人，光靠公司有一个或者有几个帮你维护内网和服务器的电脑工程师或者程序员，是无法领导数字经济时代的企业的。每家上市公司的董事会或者高管里面，如果没有一个既懂得产业又懂得数字化的专家，就相当于这家企业是在用农民管理工业经济时代的企业。

（八）初级阶段

企业和产业数字化也存在阶段性，美的集团、三一重工、海尔集团以及一些成功的企业数字化转型之所以能够有今天的成就，是因为它们已经在数字化领域辛勤耕耘了超过十年时间，投入了巨大的人力、物力。目前，大量企业处在数字化理解、局部数字化或者数字化转型阶段，接下来就会从企业数字化进入产业数字化，然后结合传统产业发展方式创新产业数字化重组和整合模式。经过十年、二十年，才能达到高水平数字化运营阶段。

（九）数字化属性个性化

我们看到，企业的数字化存在一定的属性差异。数字技术领域上市公司天然地对数字化很敏感，都认为数字经济是这类企业的机会和风口；消费品和服务行业由于消费型互联网的成功对数字化比较敏感，数字化程度比较高；而制造业，尤其是供应和市场都不是C端客户的上市公司，数字化程度很低；资源类、矿产、原材料行业领域的数字化程度更低。

（十）数字化的普适性

我们研究发现，几乎所有行业都有上市公司开展数字化，说明数字化完全可以对所有上市公司全面覆盖。理论上，上市公司的数字化渗透率可以达到100%。但是，我们同样可以看到，很多数字化高属性的上市公司，包括建筑工程、汽车制造、医药医疗领域的很多优秀上市公司都在数字化进程中缺乏全面认识。

（十一）金融业数字化滞后

在我们的传统认知中，金融界应该对数字化这样的历史进程反应最敏感，但是我们在对金融上市公司包括银行、证券公司进行研究分析时发现，银行除了购买各种数字技术和软件系统来提高自身的效率、减少人工、防范风险之外，在对公对私业务的数字化创新方面作为不多；证券公司更是没有从数字化的角度研究发掘和保荐客户。证券研究分析机构在所有概念股的设置上，竟然没有数字化概念股，而是细分为人工智能、互联网、大数据。

（十二）5G 是分水岭

我们看到产业数字化上市公司，尤其是直接和支付、企业、产业数字化相关的软件、硬件、解决方案供应商业绩增长很高，数字化价值已经凸显，但是，产业数字化上市公司的数字化进程刚刚开始，除了少数上市公司，绝大多数产业数字化上市公司的价值体现还需要一个过程。这是因为以 5G 作为分水岭，从 4G 到 5G 是数字产业化以及消费、服务、传媒行业数字化高速发展阶段，这个阶段的产业周期很短，很快就到了天花板。产业数字化从 5G 之后才真正开始，产业数字化将会是未来 30 年数字经济的主要支撑，代表了数字经济形态的主流方向和核心内容，具有漫长的产业周期和经济周期。

（十三）生成式 AI 的智能颠覆

2023 年，数字科技领域的一个震撼性与颠覆性的事件就是 ChatGPT 横空出世，由此引发了生成式 AI（AIGC）大模型的大规模竞争。AIGC 将人工智能推向一个新阶段。数字经济时代最大的特点就是综合性、系统性、协同性数字科技领域的每一个里程碑式技术创新都可能给数字经济带来商业逻辑的颠覆性变化，不同的技术带来不同的内容。互联网技术带来商业组织的变革，元宇宙可能带来现实世界和数字世界的关系，而 AIGC 有机会让垂直产业数字化平台和生态成功搭建。2024 年一定是上市公司的 AIGC 从大模型走向垂直应用最重要的一年。

（十四）数据要素资产化的想象空间

在中国数字经济领域，2024年对上市公司来说将是一个里程碑式的一年，从这一年开始，上市公司的数据要素可以通过资产化进程被列入资产负债表，作为数字经济时代最重要的生产要素与资本这个生产要素共同构成上市公司资产的时代到来了，这将进一步改变上市公司的价值创造方式和估值方式。

从2022—2023年连续两年的评价中我们发现，未来的产业数字化生态平台企业很难从现有几千家上市公司里诞生，主要原因是目前这些公司的生产方式都是工业化生产方式，一家企业直接从工业化升级迭代到数字化是非常困难的，不是简单的数字化转型就可以实现的。

第三节　数字化时代的公司价值评价

DVI体系是全球范围第一个针对中国上市公司数字化进程和数字化价值发掘而设计的评价体系。这个评价体系从2022年开始，每年都对中国所有上市公司以及中国在海外市场上市的公司的数字化进程进行全面研究和评价，分析上市公司在数字经济时代通过各种数字化技术与上市公司经营、管理、投资相结合之后，上市公司价值发现、价值创造、价值实现的方式。这个评价体系一改传统的针对上市公司的所有分析评价方法，不仅从行业角度、财务角度、盈利水平、股票价格、科技含量、企业基本面对上市公司进行全面分析和评价，而且按照企业的数字化进行分类，分析企业价值、股票价格的关系，来找到企业数字化价值的内在逻辑。把企业产品、技术、市场、管理、人才、战略都放在数字化背景和数字化进程的关系上进行系统分析和比较，发掘出上市公司通过数字化、智能化给企业成本、企业效率、企业价值重构、数字化产业整合、数字化金融、数字化全球化带来的创新和价值。

通过分析评价达到以下目的，同时也具有重要的社会意义。

（一）帮助上市公司理解数字化

跟踪、分析上市公司数字化进程，评估上市公司在数字化进程中所采用的各种数字化解决方案以及这些方案给上市公司带来的作用和价值。

我们研究分析了目前在深圳、上海、北京三个市场上市的所有公司，从已经开展数字化的 25%（含数字产业化）的企业来看，涉及中国各行各业，涉及每个地区。这也就意味着数字化没有行业限制，没有地区差别。我们的分析可以让尚未开展数字化的所有上市公司借鉴已经开展数字化的公司的数字化战略和方法，促进上市公司相互学习和交流。

从这个意义上来看，数千家上市公司是这个《年报》的第一读者。我们将逐渐建立起所有上市公司数字化进程和数字化档案，分析评价每一家上市公司数字化与上市公司之间的价值关系。

（二）促进数字化健康发展

帮助上市公司理解、分析多种数字化方案的优劣和进程，规避上市公司数字化陷阱，促进上市公司数字化健康发展。

目前，中国上市公司数字化进程处在爆发式增长的初期。2021—2022 年，中国有 32% 的上市公司做出要开展数字化的决策，这种爆发式增长的需求既让人们看到了中国数字经济发展的势头和热度，同时又引来不小的担忧。上市公司的专业人才、专业能力、系统解决方案能够满足上市公司的数字化需求吗？我们能够保证每一家上市公司的数字化解决方案都能够降低成本、提高效率、重构生态，以及创造数字化、智能化价值吗？

（三）帮助投资人了解上市公司数字化

有利于投资者以及资本市场所有参与者了解上市公司数字化与企业价值、股票价值的关系。

中国的机构和个人投资者数量达1.6亿，这些机构投资者和个人股票投资者需要通过专业的研究分析去理解、认知数字经济以及上市公司数字化与上市公司价值创造、上市公司数字化价值发掘的逻辑和原理。

上市公司投资者包括一级市场的战略投资者、财务投资者，也包括直接投资与股票的机构投资者和散户。这些投资者可以从我们的《年报》中读到数字化价值投资的特殊角度，理解上市公司数字化和公司价值与股票价格的关系。

（四）发掘数字化价值投资机会

帮助投资者分析创建上市公司数字化的价值投资方法，发掘上市公司数字化的价值投资机会。尤其是针对传统价值投资理念追随者，可以通过分析报告理解工业经济时代价值投资和数字经济时代价值投资的联系和区别，以及不同的价值投资逻辑。

（五）启发数字技术专家

帮助数字技术和数字产业化专业机构及专业人士通过各种数字化解决方案的创新，研究开发更加丰富多彩的数字技术与应用场景以及综合性解决方案，推动数字产业化的进程。

中国有众多从事云计算、大数据、软件开发、物联网架构、工业互联网创建、人工智能、系统架构、互联网运营的专业人士和专业团队，这些团队和专业人士、科学家可以通过研究报告，解读到上市公司各行各业对数字化的需求和个性化的特点，提高数字化专业机构和专业团队对于产业数字化的理解程度，更有利于参与到产业数字化业务合作。

从数字科技角度分析，目前绝大多数数字科技企业与上市公司的关系都是提供硬件和软件产品，或者作为乙方销售数字化解决方案，几乎没有一家数字科技企业站在企业的角度，和企业投资者或者经营者讨论一同推进企业和产业数字化，将数字科技或者数据要素作为资本资源或者资本资产。

（六）创建数据要素资产化认知体系

上市公司数字化进程与上市公司数据要素息息相关，数据要素将会成为 2023 年《年报》披露的重点，目前所有人关心的重点在于如何将上市公司数据要素通过存储、治理、确权、估值转化为上市公司资产。DVI 体系要通过 2024 年的评价研究每一家上市公司的数据要素潜力，探讨上市公司的数据要素资源挖掘方式，拓展数据要素空间，探讨数据要素系统架构，然后再研究数据要素生成、存储、安全、治理、确权、估值以及资产数字化技巧，列入资产负债表。在此基础上，研究数据要素资产的价值创造、数字资产与公司产品场景、企业场景、供应链场景、产业链场景之间的关系，发挥数字资产的最大价值，创建从数据要素到数字资产管理和数字资产价值创造的运营机制。

（七）创建数字化价值投资理论

创建数字经济时代上市公司数字化价值投资理论和研究分析方法，推进中国数字经济的全面发展。

通过各行业、各地区上市公司数字化进程和渗透率，从数据要素到数字资产发掘与价值创造、价值管理、价值运营机制，可以从宏观分析中国上市公司这个中国经济最主要的群体的数字化需求和水平，从而提高中国数字经济的发展水平，促进数字经济宏观理论和知识体系的创建，有利于各级党政机关和干部引领、指导行业和地方数字经济的发展，有利于提高中国数字经济的发展速度。

（八）发掘数字经济时代最具数字化价值投资目标的上市公司

从连续两年的评价中我们发现，在现有上市公司中，数字产业化上市公司主要是提供数字科技产品和解决方案，其发展规模有一定局限性，而产业数字化企业要发展成为产业数字化平台企业，转型和变革难度太大，而未来的垂直产业领域平台数字化企业，目前还主要走在创业、创新发展的路上，还没有成为上市公司。

（九）实现全社会普遍意义

上市公司数字化进程将会受到数字技术科研机构、从事上市公司研究的学术机构、各种专业智库的高度关注，我们希望能够和国际国内研究机构建立各种学术交流，开展各种科研合作，希望我们的科研成果对国际国内所有科研机构产生积极的作用。我们希望利用上市公司数据要素与数字资产的价值创造、价值管理，提升各行业、各地区数字资产的价值。

第三章
数字经济

我们研究的DVI体系必须是在我们定义的数字经济理论基础之上的，几年来，我们发现关于数字经济的普遍定义和我们关于数字经济的定义有很大的差距，所以我们必须清晰地梳理数字经济的定义。

工业经济时代的价值投资在经历20世纪中后期第三次工业革命冲击之后，度过了一个从第三次工业革命向第四次工业革命的转化期，这个转化期就是电子科技、信息科技、软件技术、生物技术崛起带来的投资和企业、产业发展机会。其间诞生的企业基本不遵循传统工业经济时代企业诞生、生存、发展的逻辑，包括今天的微软、Meta、亚马逊、谷歌以及中国的阿里巴巴、腾讯、京东、美团、字节跳动、拼多多等。

这些都成为数字经济这个新的经济形态诞生的前奏，是数字经济的早期形态。很多人认为，这就是数字经济。就像早期蒸汽机诞生的时候一样，大家也会认为蒸汽机带来的革命就是工业经济。那么到底什么是数字经济呢？

《“十四五”数字经济规划纲要》中第一句话就是：“数字经济是继农业经济、工业经济之后的主要经济形态。”

我们研究数字经济四年多来，发现中国还没有提倡将数字经济作为独立经济形态。这是一个很严峻的问题。我们看到中国政府在数字经济定义上的高屋建瓴，但同时我们又发现，从上到下，在数字经济理论和定义上又没有达到这个定义高度，还是把数字经济当成工业经济运行中的一种经济形式，没有从工业经济向数字经济迭代的共识以及进一步的理论学术研究。国家层面也没有去深刻定义工业化与数字化的分水岭、工业经济与数字经济界限的里程碑，这对于中国发展数字经济是非常不利的。

第一节　数字经济溯源

一、工业革命没有止境

通过工业经济，工业革命不断地处在发展变化过程当中。20 世纪中期，电子工业的发展带来材料的变化、材料的革命。20 世纪 40 年代，世界上出现了一些新的物理学家、科学家，包括德国人约翰 · 冯 · 诺依曼（John von Neumann）、艾伦 · 图灵（Alan Turing），他们提出一些新的计算方法，发明了计算机，提高了计算能力，把新的计算方法同新的计算机器或者早期的计算机结合起来，提高了整个经济活动当中的计算速度。计算速度又从另一个角度提高了整个工业经济形态的效率。

2022 年底，OpenAI 推出的大模型 ChatGPT 将人工智能推向一个新的高峰。

二、计算机的诞生

电子技术的发展带来了工业自动化，工业自动化再次提高工业生产效率，减轻劳动强度。大规模的流水生产作业诞生了。工业革命从机械化时代进入自动化时代。

计算机的发明带来了新的产业形态。第一台计算机诞生于20世纪40年代，之后诞生了大型计算机；到了五六十年代，小型计算机出现；到了20世纪七八十年代，又出现了PC机，即桌面电脑。随着半导体技术的发展和科技的进步，计算机的体积越来越小，后来又开发出更小的芯片，通过芯片就可以在很小单位面积的集成电路上传输更多的数据，包括语言、文字、图像、视频等多种丰富的数据形式。产生更快的计算速度之后，计算机的体积就越来越小。从大型机、小型机到桌面电脑，到了20世纪90年代，有了笔记本电脑，可以看出计算机在不断地进步。计算机的体积越小，其运算速度越快。

三、人工智能的诞生与生成式AI

1956年，在美国的汉诺斯小镇的达特茅斯学院，一场科学家组织召开的会议开了两个多月，这次会议被认为是计算机科学领域的一个里程碑，其中研究讨论的一个主题就是人工智能。这次会议也被很多人定义为数字经济最早的萌芽。

人工智能从最早提出来到今天，经历了早期的机器人时代和计算机诞生之后的机器学习、深度学习、自然语言处理以及多模态转换阶段。由于大数据和互联网以及算力的大幅度提升，2023年出现了人工智能的迭代式创新，那就是来自美国的ChatGPT的横空出世。生成式预训练大模型的诞生，不仅是人工智能技术的产物，也是综合性、系统性、协同性数字科技相互之间算力、算法、大数据融合的产物，这项技术的出现将会大大加快数字经济整体迭代并改变工业化生产方式，提高数字化生产的速度。

四、互联网的发明

到了20世纪七八十年代，科学家发现计算机和计算机可以连接起来，这台计算机的数据和信息可以传输到另一台计算机。于是人们就可以实现信息互通，数据共享，然后又可以把一台计算机和另外一台计算机连接起来，这就形成计算机和计算机的链接，形成新的生产生活信息的交换手段，这就是互联网。20世纪90年代中期，互联网传入中国，数据信息在计算机之间的传输和信息的共享，大大提高了人类沟通、交流的速度。早期计算机发展到互联网这样一个脉络，人类进入了互联网时代。

五、现代通信发展

和数字经济发展历程相关的还有另一个脉络，即人类的通信。从最早的原始社会到奴隶社会，再到封建社会，以及资本主义社会，不同的经济社会时代也有不同的通信方式，科技进步的历程也是通信方式变革的历程。社会形态不断地处在进化过程当中，用不同的通信手段改变着人与人的沟通、交流方式。因为每个人都是一个生物载体，但人与人之间是需要交流的，人与人之间的这种交流叫作信息传递。

不同地方的人，有着不同的交流方式。

古代时期的人们也需要进行交流，尤其是战争期间，人们需要传递信息，在最早的商业流通贸易过程当中，也要交流商业信息，所以信息交换、通信的传输其实从很早就开始了。从烽火台、狼烟到鸡毛信、消息树，这些都是最早期的消息传输的方法，后来由于电子技术的出现，就产生了最早的高效率的信息传输的方法。电报和电话的出现，让人和人在相互不见面的情况下，可以同步获取相互之间的信息，让信息的传输速度大大提高。

后来电话在全世界普及，电话又从有线电话发展成无线电话。无线电话通过全球性的卫星网络来创建无线电话通信体系，被称为 1G、2G、3G，所以 1G、2G、3G 相当于无线通信技术的迭代，1G 是一代，2G 是一代，到了 3G 又是一代，每 1G 的提升，实际就是通信带宽容量的提升，它能够让通信的速度更快，通信质量更高，通信范围更广，传输容量更大，后来无线通信又达到了更高的水平。通信的带宽不断地扩容，通信的速度更快、延时更低，传输的通信数据、传输的容量越来越大的时候就出现了移动通信。然后通信传输的内容不光可以实现音频的传输，还可以传输数据、传输文字，后来还可以传输图片和视频。

六、移动互联网

移动通信到了 4G，容量变得更大，并且有了一个重要的突破。我们把通信称为 CT，互联网叫 IT，那么 CT 和 IT 在十几年前，也就是 2010 年出现了人类通信信息发展的根本性的变革。这次变革使得通信和互联网相融合，即打通了 CT 和 IT，被称为 ICT，又被称为移动互联网。

通信和互联网链接融合形成移动互联网之后，进入互联网的 Web2 时代，移动互联网除了影响生活方式之外，开始深度影响经济的零售服务行为。

现在回过头来总结，早期的互联网就是一个门户网站（Web1），中国的新浪、搜狐、网易都是这类网站，它最大的变化是冲击了我们的传播方式和网络媒体的传播方式。互联网使得我们随时随地能够看到全世界的最新信息。所以互联网那个时候取代传播渠道的作用，就是实现媒体的数字化。这就是我们今天所说的 Web1。

七、电子商务与 Web2

移动通信和互联网联通的最大特点是信息传输不光是在笔记本电脑或者 PC 电脑上，手机上也可以像电脑一样传输信息。当手机上可以传输信息的时候，手机就变成智能终端，这就给电子商务带来了一次革命性的变化。

于是就出现了手机支付，中国就批准了在手机上的支付权。有了支付权，就可以在手机上进行商品的直接交易买卖支付，于是，电子商务诞生。早期只能在互联网上创建电子商务平台的如阿里巴巴这类最典型的公司，获得了高速的成长和发展。任何人只要在有 4G 通信信号的情况下，拿出手机就可以在互联网上购买想要的商品，直接在网络上就可以进行结算，大大提高了电子商务的效率，给人们通过网络买卖商品提供了更大的便利。

即使到这个时候，我们还是把这个时候的经济行为称为互联网经济，或者是“互联网 +”，数字技术给经济行为带来了很大的冲击、很大的变化，对我们的生活方式、一定的生产方式带来很大的影响。

阿里巴巴、腾讯、百度、京东、美团、拼多多都是这个阶段的代表。这批互联网企业，不光影响传统的社交、传统的传媒或娱乐方式，它们对我们的经济行为，尤其是零售行为带来很大冲击，这就是所谓的新零售。互联网在这个时候对经济的影响开始从局部进入全面的商品阶段。但是即使到这个时候，还是称不上数字经济形态。移动互联网对经济尤其是实体经济的影响还主要体现在产品销售、产品购买、消费方式、物流方式、零售金融业务上面，对企业的科研、技术、设计、工艺、供应、生产、制造，尤其是产业关系，还没有带来什么影响。这个时候的互联网也被称为 Web2。

八、消费互联网的天花板

从工业经济时代的价值投资逻辑来看，市场上出现了一个巨大的观点分歧，分歧的主要原因就是美国的亚马逊、Meta、谷歌，中国的阿里巴巴、京东、百度、美团这类公司都不符合工业经济时代的价值投资逻辑。它们中的很多公司直到上市都还没有开始盈利，在早期创建的时候，有很多创业者都在做相同模式的创业，但是最后只有极少数企业成功，而这些成功的企业就具有平台垄断性。它们的逻辑就是大投入、高成长、高回报、高风险，“一战功成万古枯”。针对这个投资趋势的出现，资本市场发出的声音就是“价值投资过时了”。

第二节　数字经济的诞生

互联网对经济的影响和冲击并没有因此而停止脚步。

这一步也是数字经济与互联网经济之间的分水岭，再往下一步，就进入了数字经济时代。

一、数字经济元年

2019 年，通信技术从 4G 发展到 5G 的时候，带来了通信技术的革命性变化，这也是互联网经济与数字经济的分水岭。

从 4G 到 5G 有几个变化。第一个是传输的速度更快了。4G 的平均网速为 100Mbp，而 5G 网络速度是 4G 网络速度的 100 倍。第二个是 5G 的带宽更宽，即容量更大。5G 不是简单地提供了物理带宽，而是提供无所不在的链接，实现万物互联。5G 是一个全新的网络基础设施，能够承载大数据、云计算、人工智能、区块链这样一些数字科技，存储和处理海量数据，创造更加丰富的应用场景。第三个是低延时。5G 的延时是 4G 的十分之一，世界上任何地点的两个端点之间的端到端传输的延时，低到了 1 毫秒，快速度、大容量、低延时的出现，带来更大的应用想象空间。

移动互联网从人和人的链接变成人和物的链接、物和物之间的链接，带来了新的场景、新的体验，我们称之为万物互联。万物互联的时代才是数字经济的元年，即真正意义上的数字经济是从 2019 年开始的。

为什么从 2019 年开始？因为 2019 年中国政府向中国移动、中国电信、中国联通和中国广电集团四个机构颁发了四张 5G 牌照，意味着四大电信基础运营商有了从事 5G 传输的资格，就可以去经营 5G 业务。因此可以把这个时点称为 5G 元年，也是数字经济元年。

二、5G 对于数字经济的意义

中国发展 5G 技术的意义不是简单地从 4G 到 5G，至少包含两个重大因素。第一，中国过去在移动通信领域远远落后于发达国家。1G、2G 都是完全向发达国家学习并引进其技术。到了 3G、4G 时代，中国就从学习、跟随阶段到达了技术同步阶段，到了 5G 时代，由于华为在 5G 技术领域的提前布局和研发（华为在 5G 技术专利方面全球第一），中国第一次在移动通信这个领域处在世界领先地位。第二，5G 已经不是简单的通信和移动通信，万物互联所带来的海量数据和丰富的应用场景开始改变传统的工业经济，改变传统工业经济的生产方式。

之所以把 5G 的商用作为数字经济的元年，是因为没有 5G 就没有真正意义上的数字经济。中国相关机构已经在 6G 的技术上取得突破，再过几年时间 6G 的出现将进一步提高数字科技基础设施的能力。

第三节　数字经济形态

数字经济起源于 20 世纪 50 年代，直到 5G 的大规模应用成为一个标志性事件，我们已经可以预测数字经济将成为一个新的经济形态，但是什么时候形成数字经济形态，成为从工业经济到数字经济形态的迭代，也需要一个过程，这个过程实际上就是工业经济时代的生产方式实现向数字经济时代的生产方式转变，从而形成工业经济形态向数字经济形态的转变，完成这样的转变需要具备以下条件。

一、经济运行规律改变

数字经济形态能不能独立存在，取决于生产、交换、分配、消费这四个环节和农业经济、工业经济有没有本质区别。如果有，数字经济就成立；如果没有，数字经济就不能成为一种独立于农业经济、工业经济形态的新的经济形态。在5G诞生之前，和数字经济、互联网、通信、信息技术、半导体相关的各种新经济的概念出现了，有的叫新经济，有的叫信息经济，有的叫智慧经济，这些都是数字经济诞生前夜大家对经济变革、时代变革的一种预示、一种期待。

二、“0”和“1”的本质

为什么互联网经济、信息经济、新经济、智慧经济最终能够统一到数字经济定义上来，这是因为互联网经济、信息经济、智慧经济都是以计算机为基础的，计算机的基础逻辑就是由“0”和“1”两个数字为基础算法延伸出来的，是所有关于信息、知识、智慧、智能、互联网这些概念在计算机这个核心载体上最精练、最根本的表达。

数字经济横空出世。2016年，在杭州举办的G20峰会上，由习近平总书记代表主办方中国，主持数字经济的课题。通过了《G20数字经济发展与合作倡议》，第一次由中方提出数字经济的概念。

但这个概念的提出仅仅是从数字科技、互联网、数据要素的经济化角度来定义数字经济的，并没有从生产方式、经济学的角度定义数字经济。

三、独立于农业经济、工业经济的形态迭代

2021 年 4 月，中国信通院发布的《中国数字经济发展白皮书》成为中国关于数字经济定义的最新版本，中国信通院的最新定义是："数字经济是以数字化的知识和信息作为关键生产要素，以数字技术为核心驱动力量，以现代信息网络为重要载体，通过数字技术与实体经济深度融合，不断提高经济社会的数字化、网络化、智能水平，加速重构经济发展与治理模式的新型经济形态。"

2022 年 1 月 12 日，国务院印发《"十四五"数字经济发展规划》，开篇提出"数字经济是继农业经济、工业经济之后的主要经济形态"。这是全球范围内第一个主要大国将数字经济与农业经济、工业经济并列作为一个独立的经济形态。这个独立于农业经济、工业经济形态之外的数字经济到底是什么呢？它就是通信技术、互联网技术、计算机技术、人工智能技术发展到今天所形成的综合性、系统性、协同性数字技术生态与工业经济形态全方位深度融合所产生的新的经济形态。

那么问题来了，既然是独立于农业经济和工业经济的主要形态，数字经济就会有和农业经济、工业经济不一样的定义、概念、范围、内容、知识、理论，我们同样需要思考和探索数字经济时代的生产力、生产方式、生产关系，需要研究数字经济时代的供应、生产、销售、分配、消费方式，需要研究数字经济形态企业的创建方式、产业的运行方式。那么，既然价值投资是来自工业经济时代的投资理论和方法，是诞生于工业经济时代产品、企业和产业价值创造和价值发现的方式，同样，数字经济时代由于产品、企业、产业和数字化的融合，改变了工业经济时代产品、企业、产业价值创造和价值发现的方式，那么是

不是就应该创建数字经济时代产业价值创造方式和资本价值发现方式与创造方式呢？

从数字经济形态这些年在全球的发展来看，由于全球经济发展不平衡，世界各国处在不一样的经济发展阶段，存在经济结构的差异化，不同国家的数字经济表现为不一样的方式，不同国家也有不一样的对于数字经济的定义和发展战略。

中国在目前这个阶段发展数字经济也有其特殊性，中国的数字经济不能像过去工业经济发展一样，还可以更多地借鉴发达国家在工业化市场经济中的各种体制机制、先进技术和管理方法。数字经济使中国与世界各国处在同步发展状态，而目前中国的数字经济定义也处在早期，主要定义方向还是从“数字科技到经济的数字化，或者是数字科技的经济化”。但是，作为一个独立于农业经济、工业经济的经济形态，我们对数字经济的定义还需要多一个角度和定义方向，那就是经济的数字化。比如，数字农业和农业数字化就是两个概念。数字农业是指数字科技工作者或者数字科技经营者利用数字科技从事农业产业化生产经营和服务行为，而农业数字化是反过来的，是农业产业和企业经营者利用数字科技来改变自己的生产经营和服务方式。同样，数字化的资本市场和资本市场的数字化也是不一样的，数字化的资本市场是数字科技工作者或者数字科技企业将数字科技软件和硬件应用到资本市场的各个内容和环节，而资本市场的数字化则是资本市场各主体、各环节通过数字科技来改变各内容、各环节的运行方式。

所以，不同的数字经济定义，最后带来的结果是完全不一样的。

那么，从工业经济到数字经济形态迭代的转折点是什么呢？

根据我们最新的思考和研究，我们认为这个转折点取决于什么是这个经济形态的核心价值创造生产要素，这个要素驱动下的经济就是这个经济形态的转折点。

原始狩猎时代，强壮的男性劳动力是核心生产要素，所以确定了男权社会地位。

农业经济时代，土地、劳动力和农具是主要生产要素，而土地是核心要素。“普天之下，莫非王土”，皇帝掌握了土地，就掌握了国家的统治权。

工业经济时代，生产资料、土地、科技汇聚成为资本这些生产要素，而资本可以通过公司组织形成生产关系，使得资本成为核心生产要素，所以有了资本市场、资本主义。掌控了资本的权利就掌控了国家的主导权。资本主义国家的行政权几乎就是资本代理权。

数字经济时代，数字科技、土地、资本、科技、生产资料共同成为生产要素之后，数字科技与所有工业经济生产要素融合产生数据要素以及数据要素资产化、资产数字化形成数字资产，所有这些要素构成数据要素生产力的时候，数据就成为数字经济时代的核心生产力。这就是工业经济向数字经济的迭代。这个迭代基础的形成，必然产生与之相适应的生产关系和经济形态以及社会形态。

第四节　D12模式的启发

从工业经济到数字经济的转折点是从工业化生产方式转向数字化生产方式。从工业化生产方式向数字化生产方式的转变主要体现在两种不同的生产方式所构成的生产力、生产关系的变化。我们看到，中国最近提出新质生产力概念，大大区别于工业化生产方式的生产力。我们也看到数据要素作为生产要素之后所带来的生产关系的变化，从而看到企业创造价值方法的变化，由此让我们想到了企业估值体系的变化。于是我们创建了数字化的评价体系，在对数字经济定义和理论进行全面研究的基础上，于2021年创新设计了D12模式，这个模式的特点是从经济学角度定义的数字经济形态下，各行各业生产、供应、销售、分配方式改变，从而导致价值创造方式的变革。

我们在充分研究工业经济时代生产方式价值创造和价值投资的基础上，结合过去三十年在产业、资本、金融、全球化的知识和经验，把工业经济时代产品、企业、产业运行模式和数字经济时代已经出现和将要出现的包括云计算、大数据、物联网、产业互联网（工业互联网）、数字智能、区块链、元宇宙等构成的综合性、系统性、协同性数字技术生态进行深度融合，创建了一套数字经济时代产业数字化价值创造模式。

一、D12模式的定义与内容

D12模式是指在数字经济时代，在充分遵循工业经济时代价值投资理论的基础上，在企业和产业数字化过程中，全程、全场景应用综合性、系统性、协同性的数字技术和数字智能手段与企业和产业、资本深度融合，创造企业价值最大化、产业价值最大化、投资价值最大化的长期投资模式。

D12模式主要帮助中国传统企业和产业，用10—15年时间，规划设计了12个模块，如果一个企业完成全部模块进程，将有机会成为数字经济时代产业数字化的万亿级市值企业。

D12模式的主要模块具体如下。

价值发掘（D1）：研究目标公司在数字经济形态下的价值空间。

系统架构（D2）：实际上是产业系统架构，把产业规律和数字化系统相结合。

数字转型（D3）：产业系统架构的数字化实施。

公司上市（D4）：资本对接资本市场。

组织创新（D5）：公司组织和数字化组织融合创新。

产业互联（D6）：创建产业互联网生态。

数字整合（D7）：产业整合、资本整合、数字整合相结合。

数字全球（D8）：数字化全球化创新。

数字金融（D9）：数字化平台的金融创新。

平台整合（D10）：产业数字化平台和其他数字化平台的相融合。

数字智能（D11）：数字智能全栈贯通。

数值管理（D12）：数字化时代价值管理。

二、D12 模式的普适性

D12 模式适用于所有产业数字化范围。

D12 模式适用于所有大、中、小型传统企业。

D12 模式可以给所有数字技术平台和企业创造应用场景。

D12 模式可以给所有秉承价值投资理念的投资者创造投资机会，创造投资价值。

D12 模式是企业发展和产业数字化的超级发展速度。

D12 模式将改变分配模式，创造共同富裕新方式。

D12 模式是传统公司组织与数字技术创建的商业组织，是物联网、工业互联网、产业互联网、区块链、Web3、元宇宙之间的相互融合与叠加。

三、D12 模式的价值创造功能

D12 模式是一种模式，也是一种理论和方法。从理论上讲，D12 模式是工业经济进入数字经济时代企业和产业的创办、成长和发展理论，是工业经济时代产业发展理论在数字经济时代的创新。从方法上讲，D12 模式是将工业经济时代企业创建、发展、经营和产业发展、产业形态与数字经济时代深度融合的具体方法，是工业化生产方式向数字化生产方式的转型和演进。

（一）D12 模式的价值评价功能

D12 模式是产业数字化时代的价值创造模式。同样，D12 模式可以创建一套研究分析系统作为硬币的另一面，去发现企业数字化和产业数字化价值，创建企业和产业数字化价值评价系统，这项评价系统可以开发成为产业数字化的认证体系，创建数字化认证标准，可以给数字经济时代上市公司数字化创造一个价值发现方法，给上市公司投资者带来数字经济时代上市公司数字化资本价值创造基础。我们之所以有能力来创建 DVI 体系，就是因为我们开发了 D12 模式。以美的集团为例，它从 2012 年开始逐渐投入巨资打造美的集团数字化体系，历时十年之后，用 D12 模式去评价美的集团，我们可以发现它已经进入 D8 阶段，开始创建产业数字化的美的集团全球数字化业务平台，开创数字化全球整合。但是在整个 D12 模式体系中，它还没有开展 D9、D10、D11、D12 模块，还需要进一步深化 D7 模块。

（二）工业经济时代的价值创造方式

工业经济时代的企业价值创造主要通过公司这个工业经济时代诞生的主要企业组织从事产品生产、企业服务创新、产品生产制造技术、企业品牌、产品和服务品牌、商业模式创新、盈利模式创新、管理成本降低、市场需求把握、市场渠道创建、产品销售和服务、成本控制、提高效率、经营管理、人才引进、公司治理、财务管理、企业战略投资、战略管理、战略并购、资本运营、投资融资、资产管理、产业整合、创建核心竞争力、建立各种风险管控机制、创建各种制度和激励分配机制等非常丰富和复杂的要素来实现。公司是所有这些要素的法律组织载体。

工业经济时代的价值投资者通过对工业经济时代企业所有要素和指标进行研究分析，长期观察跟踪，不断发掘企业价值和股票价格的关系，通过长期投资、买卖交易，从而给股票投资者创造资本价值。

（三）数字经济时代的价值创造方式

数字经济时代，由于以通信技术、信息技术、互联网技术、人工智能技术所构成的云计算、大数据、物联网、区块链、数字孪生、边缘计算、元宇宙等综合性、系统性、协同性数字技术与产品、服务、企业、产业深度融合，使得产品、服务、企业、产业的所有运行要素都将发生各种各样的变化，企业的销售方式、供应方式、分配方式、利润创造方式、产业运行方式也都已经或者将要发生颠覆性变革和创新，形成数字化生产方式。因而，工业经济时代的价值创造和价值发现方式都将发生变化，所以，我们除了创建了数字经济时代的价值创造方式之外，还创造了数字经济时代上市公司数字化价值发现和评价方式。

（四）工业经济生产方式价值创造与数字经济生产方式价值创造的融合与叠加

这个方式既是对巴菲特、芒格、格雷厄姆创造了一百年的价值投资理论的传承，也是对该理论的创新。之所以是传承，是因为我们高度认同价值投资的价值观，认同价值投资百年来始终坚持的价值发现和价值创造的理念，长期研究分析上市公司价值创造的方法和规律，从而寻求公司价值与资本价值、股票价格的关系。同时，我们又发现，数字经济时代上市公司价值创造和工业经济时代完全不一样了，我们需要研究从工业经济时代进入数字经济时代的公司的价值创造方式和规律，研究数字经济时代公司价值与股票价格的关系。如果按照工业经济时代的价值投资理论，伯克希尔・哈撒韦公司目前的 20 个重仓股代表了工业经济时代价值投资目标企业的话，那么数字经济时代这 20 家企业可能只有苹果一家企业可以进入数字经济时代价值投资目标企业名单里。

纵观人类工业史和经济史，从来没有出现过这样的经济发展机会。

很显然，我们发现，工业经济时代的价值投资理论和评价模式已经不能全面覆盖并掌握数字经济时代的价值创造规律，也无法评价数字经济时代的价值创造方式。这也是过去几十年，巴菲特没有投中爆发式增长的数字科技公司的重要原因。

第四章
上市公司的数字化魅力

既然数字经济正在成为主要的经济形态，作为中国经济支柱企业的上市公司必然是数字化的先行者，理论上，中国所有上市公司都处在数字化进程中。上市公司与数字化的关系主要有三个方面：一是从事数字科技产业化的公司成为上市公司，这是工业经济时代没有的新物种，目前已经占到中国上市公司总数的 20%；二是传统产业的数字化转型，这是目前已经上市的公司正在做的事情；三是垂直产业或者产生集群的数字原生平台类企业，这类企业正在快速崛起。

第一节　外部环境的驱使

2020 年 4 月 13 日，国家发改委、中央网信办印发《关于推进“上云用数赋智”行动，培育新经济发展实施方案》的通知。

2020 年 9 月 21 日，国务院国资委颁布《国有企业数字化转型工作的指引》，要求国有企业对数字化转型实行“一把手负责制”。

2021 年 6 月 3 日，国家统计局颁布《数字经济及其核心产业统计分类》，将数字经济分为数字产业化、产业数字化两大内容和数字产品制造、数字产品服务、数字技术应用、数字要素驱动、数字化效率提升五个方面。

2021 年 10 月，习近平总书记主持中央政治局第三十四次集体学习时指出："要站在统筹中华民族伟大复兴战略全局和世界百年未有之大变局的高度，统筹国内国际两个大局、发展安全两件大事，促进数字技术和实体经济深度融合，赋能传统产业转型升级，催生新产业新业态新模式，不断做强做优做大我国数字经济。"

2022 年 1 月 12 日，国务院发布《"十四五"数字经济发展规划》，提出"数字经济是继农业经济、工业经济之后的主要经济形态"，全面制订了中国数字经济发展规划。

2022 年 7 月 25 日，国务院同意创建国务院数字经济部际会议制度，统筹中国数字经济发展，由发改委担任组长，网信办、工信部担任副组长，20 个部委是会议成员。

2023 年，国家数据局成立，统筹中国的数字经济、数字中国、数据要素和数字基础设施建设。

在中央大力推进下，全国各省市相继出台了各地发展数字经济的鼓励支持政策。

除此之外，中国在数字技术基础设施领域的投资速度加快，全国已经建成的 5G 基站已经超过 330 万个，遥遥领先于世界各国。

第二节　数字化的五大数据

我们对 2020 年上市公司《年报》抽查发现，深圳证券交易所 147 家公司中有 73 家上市公司的《年报》中提到数字化，所占比例为

49.7%，但实际上开始数字化的上市公司不到30%。到了2021年，我们第一次抽查415家上市公司披露的《年报》发现，完全和数字化无关的上市公司有117家，占28.1%；已经或者决定要开展数字化、大数据、人工智能的企业已经接近70%。我们预测，到2025年，中国上市公司数字化渗透率将达到90%以上。

至于上市公司数字化进程，我们很难去进行时间上的追溯。同时，由于中国企业开展信息化比较早，从信息化向数字化过渡是一个渐进和平滑的进程。业内普遍认为最早开展数字化的上市公司是海尔集团，它早在2005年开始通过“人单合一”，探索重构客户的个性化需求。三一重工从2004年开始通过OA系统实现办公信息化，开发M2M(远程数据采集与监控平台)、GCP（全球客户门户系统)、ECC（企业控制中心)，推进实现数据统一采集与处理、服务信息在线管理和设备联网，2008年开始，三一重工进行数字化工厂试点。广东美的从2012年开始用了整整10年时间进行数字化转型和创新。但是，真正意义上将“数字技术与实体经济深度融合，赋能传统产业转型升级”，还是从2020年开始，在举国体制的大力推动之下大规模达成共识。

根据我们对截至2022年4月30日公布的4 677家上市公司《年报》的分析，我们可以看到如下数据。

1. 完全没有被数字化渗透的公司（F）目前有2 015家，占上市公司总数的43%；其中深交所845家，占32.5%；上交所1 170家，占上海市场总数的56.7%，占沪深总数的43%左右。

2. 目前提出要开展数字化，并且将数字化作为未来战略规划的企业（E）中，深圳交易所有348家左右，上交所有75家左右，总数为423家，占上市公司总数的9%。也就是说2021年《年报》披露的目前尚未真正开展数字化的上市公司大约为2 438家，占北京、上海、深圳上市公司总数的 52% 左右。

3. 已经局部开展数字化的上市公司（D）有 1 656 家左右，其中深圳交易所有 990 家，上海交易所有 666 家，占上市公司总数的 35%。

4. 开始全面开展数字化转型和数字产业化的上市公司（C）有 583 家左右，其中深交所有 470 家，上交所有 113 家，占上市公司的比重为 12% 左右。

5. 除了数字产业化上市公司之外，根据我们的抽样调研，传统产业领域的上市公司在 2020—2021 年，在《年报》中提出要开展数字化转型或者建立数字化战略的企业增长数超过 30%。

第三节　数字化的七大问题

除了总体上看到中国上市公司数字化进程加快，符合数字经济发展的大趋势之外，我们也看到中国上市公司数字化的能力和方法还是令人担忧的。主要存在以下问题。

1. 尚未真正开展数字化进程的传统产业上市公司在 50% 以上。

我们以一家刚刚发行股票，即将挂牌上市的公司为例，来看看一家完全没有开展数字化的企业是怎样的。这家公司的名称是江西阳光乳业股份有限公司，公司《招股说明书》的主要内容如下。

一、发行人简要情况

（一）概况

公司名称　江西阳光乳业股份有限公司

注册资本　21 196.00 万元

法定代表人　胡霄云

成立日期　2008年12月30日

经营范围　乳制品生产，饮料生产，食品经营（销售预包装食品），牲畜饲养（依法须经批准的项目，经相关部门批准后方可开展经营活动）

公司住所　江西省南昌市青云谱区岱山东路1号

邮政编码　330043

网址　http://www.6103758.com/

电子信箱　741287622@qq.com

（二）主营业务情况

公司专注于乳制品及乳饮料的研发、生产和销售，并以低温乳制品、低温乳饮料为主打产品。公司自设立以来，主营业务未发生重大变化。作为城市型乳企，公司建立了以“送奶上户”为主的销售渠道，通过冷链销售网络将产品每天清晨和/或傍晚送至广大消费者家中，为广大消费者提供新鲜、营养、安全的产品。公司树立了“质量就是生命，生命只有一次”的经营理念，建立了完善的食品质量管理体系，是中国学生饮用奶生产企业，先后通过ISO质量管理体系认证、GMP生产规范认证和HACCP质量管理体系认证，子公司长山牧场为奶牛养殖标准化示范场，并通过了有机牧场认证。公司在历年的食品安全检查中，均未发生过食品安全责任事故。公司拥有“阳光”和“天天阳光”两大核心商标和品牌，先后荣获“江西老字号”“江西农产品百强企业产品品牌”等称号。公司良好的品牌形象已经被当地消费者广泛认可，并辐射湖南、安徽等周边省份市场，近年来保持了稳定的发展。

二、发行人控股股东及实际控制人简介

阳光集团为发行人控股股东，持有发行人 72.75% 股份。阳光集团成立于 1998 年，注册资本 5 247.20 万元，为农业产业化国家重点龙头企业。阳光集团除控股发行人外，目前主要从事实业投资等业务。

…………

（三）主要经营模式

1. 采购模式

公司根据原材料种类及采购特点设置了奶源部和工程采购部，其中奶源部负责生鲜乳的采购，工程采购部负责除生鲜乳之外的其他原辅材料的采购。

2. 生产模式

公司采用以销定产的生产模式。

3. 销售模式

公司产品销售主要以经销模式为主，直销模式为辅，均为买断式销售。

（四）营销信息化规划

公司计划在现有营销网络基础上，升级总部销售管理系统，借助互联网带来的信息集群优势，充分发挥公司销售渠道的客户服务能力，通过方便快捷的配送服务体验，增强终端客户对公司品牌的信赖度、忠诚度，不断提高公司在核心区域的市场占有率。

利用募集资金扩建新的生产基地建设，在扩充现有产能的基础上，打造智能化管理的工厂，实现生产经营管理平台化、精细化、数据化。

> 在组织战略上，公司将继续推进组织扁平化架构，降低内部沟通成本，提高决策效率；充分利用现代化信息管理系统的建设，构建高效率、流程化的组织管理机制，增强全员经营管理意识，进一步推动公司整体管理水平再上一个台阶。

我们从整个招股说明书内容中可以看到，这是一个区域性乳业行业老企业，但是作为一家马上上市的公司，对于数字化完全不敏感。整个供应、生产、管理、销售环节和数字化完全没有关系，在所有董监高成员中，没有一个人有通信、信息、互联网行业的专业背景，所有募集资金投向没有一笔钱的投资与数字化相关。讨论和数字技术有关的几条内容表述极其不专业。

而我们可以看看行业的巨头——伊利和光明是怎么做的。

> **伊利通过数字化驱动全产业链创新助力乳业高质量发展**
>
> 近年来，随着人工智能、大数据、云计算等技术的快速进步，伊利不断加快数字化转型，赋能全链创新，更好地满足大众高品质、多元化的健康需求。
>
> 在伊利上游合作牧场，奶牛一出生就戴上了耳标。耳标自动完整地记录着奶牛每一天的身体健康状况、膳食比例、每日挤奶量等，为每一头奶牛建立了电子健康档案。在经过数字化系统分析后，牧场工作人员通过手机 App 就能了解关键信息，“哪头牛要打针，哪头牛要修蹄，哪头牛要调群，甚至哪头牛心情不好，我们都能实时掌握。”通过应用数字化技术，牧场既节省了人力，又促进了生产效率提升，在实现精细化管理的同时，确保“好牛产好奶”，从源头为每一滴奶的品质保驾护航。

在产业链中游，宁夏伊利工厂是目前全球最大的液态奶生产基地之一，中控室的员工只需在电脑上动动手指，就宛如变魔术一般，让刚刚从牧场收来的生鲜乳，变成纯牛奶、酸奶等乳制品。另外，运送、码放牛奶等重体力活，由30多台机器人完成，而1台机器人能完成相当于80个员工的工作量。实际上，伊利在乳业数字化、智能化的转型道路上已探索多年，在2015年，伊利就凭借“乳品生产智能工厂试点示范项目”，成功入选首批国家智能制造试点示范项目名单。2017年，伊利主导的乳业智能制造标准研究项目获得了国家批准和实施。如今，伊利旗下均是智慧工厂，助力乳业的创新高质量发展。

在消费端，伊利组建了大数据雷达系统，随时倾听消费者的声音、实时洞察消费者需求，借助数字平台，应用自然语言处理技术（NLP）捕获消费者的新需求、新趋势，并通过算法预测未来可能流行的产品口味、营养功能，同时实时关注来自不同地区不同人群对产品的反馈评价，进而优化产品和服务品质。例如本次亮相冬奥赛场的牛油果等口味的冰激凌和高蛋白植物奶，都是伊利应用数字技术，深度了解市场需求而推出的创新产品。数字技术的创新应用，让伊利在研发、生产、流通等环节实现降本增效，也让消费者共享看得见、摸得着的创新成果。

我们再看看光明乳业这个行业巨头的数字化。

光明乳业荣获2021中国数字化创新先锋奖

2019年底，光明乳业正式启动数字化转型，与阿里云展开深度合作，并确立了三期规划路线。第一期是基础构建，以2C的板块为主，大幅提升了“光明随心订”的系统能力。第二期主要以2B的业务为主，实现传统渠道精细化管理、新零售的业务迭代，数据平台的应用迭代等。第三期主要是一二期的持续迭代，同时横向打通牧场、工厂、物流的业务数据，基于数据算法不断调优产销协同。目前，光明乳业在新零售、大数据平台和会员体系建设方面已初现成效。以国内最大的鲜奶配送平台“光明随心订”为例，其App下载总量同比上升11%，平台会员同比增长29.5%，月活跃用户提升13%。不仅如此，“光明随心订”还打通了线上线下业务，引入了更多元的营销方式，并增加了粮、油、果、蔬、肉、酒、小食和鲜花等非乳品，赋能业绩稳步增长。

对于一家刚刚完成募集即将上市交易的公司，阳光乳业还停留在如此传统的经营理念和模式上，怎么和伊利、光明这样的行业巨头竞争？

可我们要知道，4 677家上市公司目前有一半处在这样的水平。

2. 许多上市公司对数字化和企业的关系并不清晰，只是在《年报》中表述了数字化的相关宏观政策解读，企业自身如何开展数字化、什么时候开展数字化尚未有任何计划。

3. 多数上市公司对数字经济、企业数字化转型的基本概念不清楚，对于数字化缺乏系统理解；分不清自动化、信息化、数字化之间的基本关系。

同样以阳光乳业为例，其招股说明书中写道：“打造智能化管理的工厂，实现生产经营管理平台化、精细化、数据化。”这样的表述很显然就是没有把智能制造、智慧工厂和数字化管理这些基础知识和专业搞清楚。

“在组织战略上，公司将继续推进组织扁平化架构，降低内部沟通成本，提升决策效率；充分利用现代化信息管理系统的建设，构建高效率、流程化的组织管理机制，增强全员经营管理意识，进一步推动公司整体管理水平再上一个台阶。”

企业一方面在建立“智能化生产管理”，另一方面又提出建设“现代化信息管理系统”，说明企业在数字化转型方面的知识混乱，把数字化和信息化混为一谈。

4. 绝大多数已经开展数字化的上市公司表现为局部的数字技术应用。

消费行业的企业对数字化的理解主要是体现在对新零售的理解上，把数字化营销作为主要的数字化手段和战略，采用的方法也主要是进入消费互联网平台共享公域流量，或者把抖音、快手、视频直播、小程序作为数字化工具，还没有上升到营销数字化水平。

这类公司在目前开展数字化的上市公司中所占比重最大，超过上市公司总数的 50%。

5. 绝大多数已经开展数字化的上市公司对数字化的理解和战略规划主要局限在企业数字化转型或者智能化的应用，没有深刻认识到数字化对于实体经济产业运行模式的战略性变革和颠覆。

产业高度集中的行业龙头，包括家用电器领域的美的、海尔、格力家电三巨头；乳业行业的蒙牛、伊利、光明；工程机械领域的三一重工、中联重科、徐工机械等，相互之间在自己熟悉的、全产业链的、全供应链的数字化、智能化转型上做文章，虽然已经站在中国产业数字化最顶端，但远远没有从全球化产业化数字整合的角度制定战略。

6. 数字产业化领域的上市公司由于在数字经济内容中处在最前端，对于数字经济的理解敏感且深刻，不管是从事数字基础设施的企业还是从事系统集成的企业以及传统软件企业，具备了全面参与产业数字化的基础条件。但是，它们比较密集在智慧城市、数字化治理相对刚性的市场需求，对于如何开展不同行业、不同产业领域的个性化产业数字化业务缺乏创新的经验和方法。

7. 几乎所有国有控股上市公司都在按部就班地按照中央、国务院、发改委、国资委相关指示精神和文件开展数字化转型，利用国有资本和产业垄断性的优势全面推进数字化，已经不存在“不敢转、不会转”的问题，但是，如何在数字化转型中，不仅做到“要我转”，而且主动、创新地将数字化上升到产业的数字化经营、数字化整合高度，是国有上市公司数字化的未来。

第五章
上市公司的数字化解构

我们发现，大量上市公司已经完全意识到数字经济发展的大趋势，我们也认为数字经济的发展将会推动所有上市公司的数字化进程。上市公司数字化的趋势不可逆转，这也是我们创建这个评价体系的基本出发点。按照上市公司数字化进程来对上市公司进行分类评价主要是研究数字化对于上市公司的渗透率。

上市公司数字化渗透率既是一个定性指标，也是一个定量指标。定性指标主要是指分析和统计上市公司是否已经展开数字化进程的评价，定量指标主要是指上市公司数字化渗透程度以及数字化给上市公司带来的各种数量定义上的变化，从而构成对上市公司所有经营要素和经营指标的影响，尤其是收入增减、成本增减、人员增减、效率升降、利润增减、商业模式、公司战略、组织模式、产业地位、治理结构、收入和分配、财务指标、经营管理、公司资本价值、股票价格等多项要素指标和经营指标的变化。

由于上市公司全面开展数字化主要从 2021 年开始，在 2021 年之前虽然也有不少上市公司开展数字化转型，但是数量和投入以及对于数字化的理解远远不够，也难以构成评价系统的基础数据。

我们对上市公司的评价分析所依据的数据全部来自 2021 年上市公

司披露的《年报》，推荐、评选出来的100家全面数字化优秀企业、最具价值投资上市公司数字化企业名单（10个）以及上市公司数字化价值投资未来之星（10个），除了参考《年报》分析之外，还参考了上市公司相关公开资料和信息，并针对有些上市公司采用电话咨询的方式进行有关采访。

我们在对深圳、上海、北京三个证券交易所4 677家上市公司的《年报》进行分析之后，根据D12模式评价模型的要求，设计了六种分类统计和评价方法，将所有上市公司按照数字化进程分为六类。这个划分就是一个基本定性的划分；在定性划分的基础上，我们做了一定的定量分析。鉴于目前中国上市公司数字化进程刚刚开始，而且数字化无法立竿见影地改变公司的所有数据，而是一个漫长、持续的进程，目前可以给我们创建的评价体系创造的数字化定量数据还非常有限，还需要以年为单位的时间日积月累。2023年的《年报》在定量分析上缺乏基础数据，2023年的分析评价仅仅是建立一个数字模型基础，创建完成之后，我们从2023年开始对所有上市公司数字化进程进行持续跟踪，逐渐完成对所有上市公司数字化评价模型的建立。

第一节　完全没有开展数字化的公司

完全没有开展数字化的上市公司主要是针对所有上市公司2021年《年报》内容对于数字化的描述，这类公司一方面没有在《年报》中提及数字化，另一方面没有将开展的信息化进程列为数字化内容。

在这类上市公司中，深圳证券交易所有845家，占深圳证券交易所所有上市公司（评价数量为 2 613 家）的比例为 30.9%；上海证券交易所有 1 170 家，占上海证券交易所所有上市公司（评价数量为 2 076 家）的比例为 56%。

从总的比例来看，这类公司总数为 2 015 家，所占比重为 43%。这是一个很高的比例，也是一个相对正常的比例，因为真正将数字经济内容划分为数字产业化和产业数字化也才两三年时间。过去十年，数字经济更多表现为数字技术向实体经济的渗透，数字化上市公司主要是数字技术或者是数字产业化领域的上市公司。

当然，从这个比例中我们可以看到以下三个特点。

1. 没有开展数字化的上市公司不一定都是不好的公司。

我们在分析中发现，很多目前还没有开展数字化的公司并不是不具备开展数字化的条件，也许是企业领导还没有意识到数字经济、数字化对于上市公司的作用和意义，或者企业高管里面，也没有懂得数字技术的专业人士。

2. 从事数字技术和数字产业化的企业对于数字化的理解差异很大。

从事数字技术和数字产业化的企业对于数字经济、产业数字化的前景和意义的理解不仅能够使它们宏观把握国际国内大局，把握中央和国家最高决策战略，也能够在操作、实施层面体现出其专业性。

3. 没有实施数字化的上市公司和上市时间没有关系，有些企业上市很久了，是实体经济领域存续多年的公司，但它们依然能够与时俱进，积极开展数字化转型战略。有的企业刚上市不久，但是在招股说明书里面，完全没有提到数字化概念。

以下是我们对青海春天这家上市公司 2021 年《年报》的摘录，可以看到在对企业经营和战略的基本描述中，完全没有数字化的内容。

三、报告期内公司从事的业务情况

（一）主营业务情况

公司主营业务包括两大方面，一是以酒水产品销售为主的酒水快消业务板块，二是以冬虫夏草类产品研发、生产和销售为主的大健康业务板块。

1. 酒水快消品业务板块

报告期内，此板块业务主要销售听花系列高端商务酒，包括52度浓香风格标准装和精品装、53度酱香风格标准装和精品装。公司一贯重视创新研发，通过创新研发持续为消费者提供优质、安全和健康的产品是公司的发展愿景。

2. 大健康业务板块

主要经营的产品为冬虫夏草原草、以冬虫夏草为主要原料的中药产品利肺片的销售。报告期内，除冬虫夏草原草采购销售外，公司根据市场需求，加强了功能主治为驱痨补肺，镇咳化痰，适用于肺痨咳嗽、咯痰、咯血、气虚哮喘、慢性气管炎等症的重要产品利肺片的销售工作，此板块业务实现营业收入9 546.02万元，同比增长6.25%。除上述业务板块外，公司还有广告业务和对外投资业务。

（二）经营模式

1. 酒水快消品业务板块的经营模式

此板块业务的经营模式为“产品设计、研发—采购—产品销售”。

2. 大健康业务板块的经营模式

此板块业务的经营模式为“采购—产品销售”。

> **四、报告期内核心竞争力分析**
>
> 公司的核心竞争力包括：
>
> 1. 稳定团结的核心研发、管理团队；
>
> 2. 健康的财务结构；
>
> 3. 富有经验的营销团队；
>
> 4. 不断完善的内部法人治理体系；
>
> 5. 快消品业务板块已初步构建了听花白酒新价值的品牌优势。

这家企业过去叫贤成股份，2014 年被借壳上市之后，将青海当地的特色产品虫草、特色酒资产置入上市公司。作为一家垂直产业链上市公司，企业有资源优势、区位优势，产品直接面向消费终端，产业链上中下游的控制权都掌握在企业自己手上，非常容易将企业的产品通过数字化、智能化的语言以及数字化的传播方式，直接精准到达消费者手上，通过文字、图片、视频技术和知识图谱让消费者轻松获得真实、可信、可视的产品数据，直接重构并改变产品研发、生产加工、市场渠道、销售消费之间的关系。

这样一家具有地域特色的上市公司，存在巨大的产业数字化空间。不管是产品数字化还是营销数字化、生产加工数字化、供应链数字化，都有太大的空间需要企业全面制定产业数字化的解决方案与战略。

这样的企业和产业从传统价值投资的角度去分析理解也可以成为一个价值投资的目标企业，其产品背靠中国西部地区广袤的地理、气候、资源优势，辐射东部巨大的人口集群，具有充分的竞争优势，如果制定全面的产业数字化解决方案，即使在数字经济时代也可以成为数字化价值投资目标。

但是我们看到，这家企业完全没有对于数字化的敏感性。

第二节　有数字化概念的公司

这类公司是指过去没有开展数字化，在 2021 年《年报》上提出要开始开展数字化转型或者实施数字化战略。这类公司总数为 423 家，占公司总数的 9%；这类企业的主要特点就是充分意识到数字化、数字经济的大趋势，决定从 2021 年或者 2022 年开始数字化，但是，对于如何创建数字化战略，规划设计数字化方案还不完全清楚。这类企业没有数字化的具体内容和数据，也不具备讨论数字化定量分析的条件，因此我们将会从下一个会计年度再去分析这类企业一年之后的数字化进程。在这里我们也列举几家企业来进行简单的分析，看看 E 类上市公司的特点。

我们随机抽取两家 E 类上市公司的 2021 年《年报》，看看这两家上市公司《年报》中的数字化表述。

第一家是中远海能，这是一家由知名央企中国远洋集团控股的远洋能源运输企业。中远海能 2021 年《年报》中关于数字化的表述如下。

第三节　管理层讨论与分析

一、经营情况讨论与分析

2021 年度，国际油运市场持续低迷。

二、报告期内公司所处行业情况

本集团所属行业为原油和成品油、液化天然气、化学品水上运输业。作为传统能源，石油和天然气在全球的能源结构和消费中占有举足轻重的地位，是支撑国民经济和社会发展的重要战略。

我们从企业经营层面没有看到企业关于数字化的描述。在《年报》披露的公司发展战略中看到了下面有关数字化的内容。

（二）公司发展战略

本集团将精准把握航运市场和资本市场的周期走势，实现生产经营和资本运营的“双轮驱动”；数字赋能业务，将利用数据资产加大价值创造；加快“低碳航运”转型，努力打造“可持续发展引领者”的品牌形象。

中远海能把“数字赋能业务，将利用数据资产加大价值创造”作为公司发展战略进行表述，这表明：第一，这家公司目前还没有开展数字化；第二，公司战略已经有了关于数字化的表述，具体什么战略，我们不得而知，需要持续跟踪和观察。

我们再看看星宇股份，其全称是常州星宇车灯股份有限公司。看名称就知道这是一家专业从事汽车车灯生产制造的企业。以下是星宇股份 2021 年《年报》的摘要内容。

第三节　管理层讨论与分析

报告期内，公司重点推进了以下工作。

1. 企业文化建设。

2. 持续打造高效廉洁的组织，不断完善优化组织和制度建设。

3. 新项目及批产项目情况。

2021 年，公司承接 62 个车型的车灯开发项目，批产新车型

42个，优质的新项目为公司未来发展提供了强有力的保障。

4. 加强新技术开发应用，包括：1）基于DMD的智能前照灯模组；2）基于Micro LED的智能前照灯模组；3）HMI手势识别室内灯、Matrix室内灯；4）Smart RGB氛围灯。

5. 加强产能布局、提升智能制造，包括：1）星宇智能制造产业园二期综合工厂、三期物流中心工程已正式投入使用；2）塞尔维亚星宇建设顺利，来自欧洲主机厂的项目将从2022年起陆续进入批产阶段。

三、报告期内公司从事的业务情况

（一）公司主要业务

公司专注于汽车（主要是乘用车）车灯的研发、设计、制造和销售，是我国领先的汽车车灯总成制造商和设计方案提供商之一。

（二）公司经营模式

公司的生产经营活动主要围绕车灯配套项目展开。公司首先需要通过整车制造厂商认证和评审，成为其合格供应商。整车制造商拟开发新的车型时，公司将参与该车型车灯项目的招投标。项目竞得后，公司与整车制造商签订技术开发协议，项目正式启动。项目启动意味着车灯产品的设计开发工作正式开始，通过数模设计、模具开发、样件试制、试验认可、工装样件认可（OTS）、试生产、生产件批准程序（PPAP）等环节，最终实现产品的批量生产。在批量生产过程中，车灯生产和供应将根据整车制造企业的生产和销售情况进行适当调整。

同样，我们在2021年的年度经营内容里没有看到关于数字化的内容。但是，在公司战略披露内容中，看到了公司已经将数字化列为2022年的经营内容。

> （三）经营计划
>
> 2022年是公司第四个五年规划的关键之年，要在不确定环境以及国内外市场竞争日趋激烈的形势下继续谋求稳健、可持续的发展，公司必须夯实基础，并在技术、质量、管理上有新的和质的突破，以变革引领创新，以创新成就未来，打造高品质、高效率、高科技竞争优势，全面增强公司体制，奠定持续成功的基础。公司确定2022年的主题为变革创新年，提出了“满足客户要求、强化零缺陷意识、追求技术突破、重视人才育留、推进数字化变革、打造智慧星宇”的38字方针，将继续推行零缺陷质量文化变革，全员树立客户意识，加强过程思维，强化伙伴协同、实施提前预防、实现价值创造；做文化、转思维、改陋习、补短板、固基础、求发展，打好组织变革和数字化变革两场硬仗。

在这个公司战略中，已经将数字化列为2022年经营计划，而不是未来再去实施，公司数字化战略已经有了明确的时间表，而且将“推进数字化变革，打造智慧星宇”作为公司38字方针内容，把“数字化变革”作为硬仗来打，可以看到企业对数字化的重视程度。我相信，到下一个会计年度，这家公司的数字化就会有更加丰富的内容，我们拭目以待。

以上两类上市公司原则上都属于尚未开展数字化的公司，如果按照上市公司数字化渗透率来理解，这两类公司都不属于渗透率以内的公司。这两类上市公司总数为2 438家，占上市公司总数的比例为

52%，反过来说就是到所有上市公司公布2021年《年报》截止日，中国上市公司数字化渗透率为48%。但是鉴于2021年《年报》披露的拟在2021年之后开始数字化，也可以把这个E类上市公司理解为拟数字化渗透率的公司，如果按照这样的理解，2021年拟数字化渗透率为32%，也可以理解为2021年中国上市公司数字化需求率是32%。这是一个非常可喜的数字。

按照这样的结果，我们发现，一方面，中国上市公司的数字化渗透率还很低；另一方面，由于中国举国体制的推动，上市公司对于数字化的需求出现爆发式增长，相信未来几年，中国上市公司数字化渗透率还将大幅度提高。按照这样的速度，到2025年，中国上市公司数字化渗透率预计可以达到80%以上。

第三节　数字化试水

很多上市公司还没有建立数字化战略，仅仅开始数字化试水，我们将这类公司称为局部数字化上市公司。局部数字化主要是指上市公司在整个企业要素里面，还没有开展全要素数字化，只是在一个或者若干个节点上开始了数字化进程。

由于企业是由若干个企业要素构成，不管是农业行业上市公司还是工业行业上市公司，抑或是服务业上市公司，每家企业都有企业运行的差异性、行业特性、区域特性，但是企业还有很多共性。每家企业最重要的环节就是把产品卖出去，无论是实体产品还是服务产品，都需要销售，没有销售，企业就无法生存。

数字技术其实也是由若干要素构成的，企业只需要通过数字技术帮助销售，就会将企业的销售要素与数字技术领域的营销数字化解决方案结合起来。有的企业管理要素很复杂，管理的节点很多，管理数据量很大，管理场景非常分散，甚至不适合人力资源的现场管理，数字化管理系统软件可以帮助企业大大提高数字化管理水平。

总体来说，这类企业还没有全面掌握数字经济系统理论和知识，对于数字经济已经成为一种主要的经济形态还没有完全理解。对于企业为什么要开展全面数字化、如何开展全面数字化、用什么方式开展全面数字化还缺乏系统的认识。

这类企业总数有 1 656 家，占所有上市公司的比例为 35%。

在 D 类企业中，主要是有以下几种情况。

1. 受几年前消费互联网平台提出的新零售影响，很多上市公司顺其自然地参加了销售端的数字化，通过各种数字化营销手段参与数字化营销，不管是在营销渠道、营销理念创新、营销方式上，还是在客户需求方面，都有很大的创新，整体特点就是从传统工业经济时代以产品为中心、以生产为中心转变成以市场为中心、以客户为中心。

2. 上市公司局部数字化和企业的行业、产业属性、商业模式属性有很大关系。制造业企业侧重于智能制造；消费品生产企业比较注重营销数字化；国有控股上市公司比较重视企业的数字化转型，提倡“上云用数赋智”。

3. 数字产业化领域的上市公司比较注重社会治理领域的数字化市场和业务，尤其是比较一致性地集中在智慧城市大概念领域的同质化竞争。也有不少数字产业化上市公司关注到了企业和产业数字化业务，但是数量偏少，希望通过本报告的数据，能够激发起更多数字产业化上市公司，尤其是规划设计工业互联网、物联网领域的上市公司，高度关注产业数字化进程对于高水平产业系统架构方案的需求。

我们来分析解读一些 D 类上市公司 2021 年《年报》披露的情况。

一、第一个案例：中钢国际工程技术股份有限公司

这是中国中钢集团控股的上市公司。

第三节　管理层讨论与分析

一、报告期内公司所处的行业情况

公司需遵守《深圳证券交易所上市公司自律监管指引第 3 号——行业信息披露》中土木工程建筑业的披露要求。公司所处行业为土木工程建筑行业，主营业务是以工程总承包为主的工业工程与技术服务，主要服务于钢铁行业。

二、报告期内公司从事的主要业务

公司需遵守《深圳证券交易所上市公司自律监管指引第 3 号——行业信息披露》中土木工程建筑业的披露要求。

（一）公司主营业务

公司以技术创新为先导，以节能环保、可持续发展为理念，主营业务为以工程总承包为核心的工业工程、技术开发和工业服务；在节能环保、安全和职业健康、智能制造等领域进行多元化拓展。

（二）报告期内经营情况

2021 年，公司强化目标引领，全力超越自我，各项工作取得新成效。全年实现营业收入 158.62 亿元，同比增长 6.98%；净利润 6.49 亿元，同比增长 7.79%；ROE 为 11.01%。

1. 立足国家“双循环”发展格局，深耕钢铁业务领域。

2. 主动服务国家战略，持续推进产业优化升级和数智化能力建设，助力钢铁行业绿色转型，积极落实“双碳”战略，全面提升低碳冶金综合服务能力，向绿色低碳转型升级，用智能化赋能钢铁行业高质量发展，核心低碳技术相关工程合同实现质和量“双突破”。2021 年研发费用支出 2.74 亿元，同比增长 21.43%；申报专利 29 项，累计有效专利 286 项；全级次国家高新技术企业增至 6 家。公司构建了以高炉低碳化、带式球团、高端长材轧制、直接还原铁、氢冶金、减污降碳协同增效、碳资产管理与咨询为核心的低碳冶金工程技术体系，加快核心技术产品数字化转型。自主研发的“双高速棒材高效高精度控制轧制成套装备及关键技术”和“7.5 米低能耗低排放顶装焦炉的研发与应用”通过了科技成果评价（鉴定），被认定达到国际先进水平；直接还原铁技术（DRI）等共计 4 项核心技术入选中国冶金报社举办的 2021“钢铁产业链绿色低碳好技术”，获得行业专家好评；EPC 总承包的八钢富氢碳循环高炉试验项目、自主研发的烧结智能控制系统等 2 个技术入选“2021 年世界钢铁工业十大技术要闻”；由华中科技大学牵头、中钢安环院参与的《引领典型行业率先碳达峰的质量基础协同控制技术体系研究与应用》项目获得国家科技部专项立项。公司积极推动低碳冶金技术工程化和数字化实践，先后参与了河钢宣钢氢能源开发和利用工程示范项目、新疆八钢富氢碳循环高炉实验项目。

公司积极推动低碳冶金技术工程化和数字化实践，先后参与了河钢宣钢氢能源开发和利用工程示范项目、新疆八钢富氢碳循环高炉实验项目，并圆满完成宝钢湛江钢铁氢技术路径项目可研和初步设计，为钢铁行业绿色低碳转型升级做出了积极探索和实践；中钢天澄承建的新余钢铁大型烧结机头烟气袋式除尘示范工程不仅是公司自主研发技术和装备的首次工程化应用，也是全球首台套示范工程，代表着我国自主技术在大气环保领域取得了又一重大突破；中钢石家庄设计院出色完成量子电炉设计工程，坚持将节能减排、绿色智能、可持续发展的理念贯彻于项目设计全过程，创新废气收集、进一步优化环保效果。烧结智能控制系统、烧结机及环冷机烟气节能环保综合利用、智能化烟气多污染物治理系统、延迟焦化密闭除焦及VOCs治理等一系列自主研发技术和装备已在印尼德信钢铁、新余钢铁、莱芜钢铁等广泛开展工程化应用。公司积极参与低碳标准及技术规范制定，部分专家当选中钢协“钢铁行业低碳工作推进委员会”专家委员会低碳标准专家委员，受托开展《钢铁行业温室气体排放MRV体系研究》等2项重要课题研究；主编的《桥式起重机远程智能运维监测系统技术要求》标准正式发布；主导申报并牵头主编的《细晶粒线棒材控轧控冷技术规范》已获批立项；申报的《带式焙烧机球团智能检测与控制技术规范》等4项国家标准已进入国标委评审阶段。公司还积极参与绿色低碳市场相关咨询服务，中钢安环院受托开展了武汉市低碳城市和气候适应型城市两项试点建设工作专项评估，目前已完成报告并通过专家评审。

3. 健全体制机制，重点领域改革扎实推进。

从《年报》管理层的讨论和分析内容中可以看到，这家企业的主营业务是服务于钢铁行业的工程服务公司，包括钢铁企业工程建筑、钢铁企业设计施工、设备安装以及工程咨询、技术服务等。经营的特点就是轻资产、技术密集、资金密集、行业分散、非标准化、全球化。

从经营中可以看到局部的数字化、智能化的业务内容，尚未从企业全要素、产业全覆盖、服务业务全生命周期去实施数字化渗透。从这个结果来看，这家企业属于D类企业。但是，在公司战略层面提出的2022年的工作计划中，《年报》披露如下。

> 加快数字化转型发展，提升“数智”赋能实效。加快建设工程大数据中心，提升工程项目数据资产管理水平，工程建设、工厂运营数据化服务能力。建立完善工程数据标准管理系统，健全工程主数据标准和数字化交付标准，力争在数字化设计与仿真、工业互联网、实景三维等关键技术上形成突破。

从《年报》的以下内容就可以看出这家公司的数字化战略框架了。

> “加快建设工程大数据中心，提升工程项目数据资产管理水平”。

这相当于企业自己的大数据基础设施建设，相信这家企业从创建以来已经完成了国际国内多个钢铁工程建设项目，这些项目的数据资源需要进行收集、存储、挖掘、分析、重建，形成企业的大数据资源平台。这家企业不仅考虑到了企业的产业数字化，还已经规划到了企业的数字资产，已经在创建企业自己的数字资产平台。

> 提升“工程建设、工厂运营数字化服务能力”。

企业工程大数据中心的建设可以支持“工程建设、工厂运营数字化服务能力”。这说明企业创建大数据中心，不仅可以重新整合过去多年来已经完成项目的大数据，还可以将这些数据作为资源和资产，与业主去探讨建成项目的数字化、智能化管理运营和服务。同时，改变过去的交钥匙工程模式，可以在完成施工的过程中采集所有数据，通过工业互联网、数字智能实现项目建成之后的数字化运营和管理。这就改变了企业的传统运营模式，创造了企业数字化的新价值。

> 力争在数字化设计与仿真、工业互联网、实景三维等关键技术上实现突破。

这表达的就是高水平的产品和服务数字化、智能化的企业战略。工程建设领域的高水平仿真技术、三维图形建构、BIM/CIM 技术从基础软件到应用开发都是工程建设领域数字化、智能化的必然趋势，这家公司从产品、服务、技术、设计、施工、管理、运营已经创建了全要素产业数字化战略，具有典型意义。目前虽然是 D 类企业，但是未来可期。

二、第二个案例：福建榕基软件股份有限公司

> **二、报告期内公司从事的主要业务**
>
> 公司一直专注于行业应用软件研发、系统集成和运维服务，为党政、海关、能源、司法、环保等行业提供信息系统全生命周期、全方位的专业服务。公司是海西软件产业的龙头企业，是国内电子政务和协同管理细分领域的领先服务厂商，为金关工程、天平工程、金环工程、司法行政、智能电网等提供核心技术与服

务，是国内行业信息化、信创工程细分领域领先服务商，智慧政务、协同管理领域先行者，最具竞争力、拥有最多实用化客户的服务商之一。作为“数字中国”建设长期服务商，公司伴随“数字福建”启动，参与了“数字福建”“数字浙江”“数字中原”以及中央和国家部委一系列数字化项目建设，成为国家“金关工程”“金环工程”“天平工程”“司法行政”等国家电子政务工程的重要服务商。报告期内，公司进一步推进软件“行业化、产品化、服务化”经营战略，依托长期积累的品牌、团队、产品、技术等综合优势，积极进行技术创新和商业模式创新，进一步提升公司的核心竞争力，积极培育和拓展信创工程、大数据、物联网、区块链和人工智能等新技术、新业务，为实现公司经营业绩的持续稳健增长提供了有力支撑。

三、核心竞争力分析

公司一直专注于行业应用软件研发、系统集成和运维服务，经过多年的不懈努力，已在客户资源、技术创新、行业经验、企业管理与人力资源、销售和服务网络等方面形成了公司的核心竞争力，成为国内知名的软件产品和服务提供商。

1. 客户资源

经过 29 年的发展和积累，公司客户涵盖党政、海关、能源、司法、环保等行业，拥有了广泛、优质的客户资源，公司客户群整体质量突出。公司始终强调品牌建设，重视客户需求，技术支持和服务到位，客户满意度和忠诚度较高，客户对公司各类产品形成了较强的黏性，稳定客户的保有率不断提高。

2. 技术研发

公司连续 20 年被评为国家规划布局内重点软件企业，拥有国家企业技术中心、省级工程研究中心、省级企业重点实验室、省级新型研发机构、省级软件技术研发中心等高水平科研创新平台，被认定为国家创新型试点企业、福建省创新型企业、福建省科技成果产业化基地、福建省工业和信息化省级龙头企业、福州市软件业龙头企业、福州市民营数字经济示范企业；曾荣获中国优秀计算机信息系统集成企业、中国十大创新软件企业、信息化影响中国贡献企业、推动中国电子政务软件突出贡献奖、全国用户满意企业、福建省战略性新兴产业骨干企业、福建省知识产权优势企业等称号。公司作为中国软件产品开发与销售的先行者之一，建立了以企业技术中心为核心的创新体系，多次承担国家863项目、电子信息产业发展基金、创新基金以及高科技产业化专项基金项目课题，在所处领域拥有多项国内领先的创新技术，已形成较强的核心技术竞争力。公司结合自身条件和外部市场环境，在信创工程、云计算、大数据、移动办公云平台、智慧政务、智慧城市、中小企业信息化等方向上取得了技术创新。截至目前，公司及控股子公司拥有“榕基”品牌的自主知识产权包括59项专利（发明专利33项，实用新型专利20项、外观新型专利6项），575项计算机软件著作权。近年来有多个自主产品被列入国家和省部级创新产品，获得多项国家、省、市科技进步奖和优秀产品等荣誉。

3. 行业经验

公司作为主营业务领域的龙头企业和骨干企业，具备突出的行业业务理解能力，具备较强的综合集成、软件开发、数据服务、安全运维等一体化综合服务能力，承担了政府政务云计算平台、信创工程、金关工程、金环工程、天平工程、信息安全等国家重大信息化项目以及多个行业核心业务支撑系统和关键共性技术平台，具有典型示范和辐射带动作用。

4. 人力优势

人才是软件企业的核心资源之一，是软件企业的第一生产力，是软件企业核心竞争力的主要体现。公司在多年的经营实践中形成了稳定的、受过良好教育又具有行业经验的核心管理团队和优秀的、富有经验的业务、研发技术团队。公司建立了人员招聘体系、职务职责体系、薪酬福利体系、绩效考核体系、研发和创新激励体系等一系列机制，吸引、培养了一支技术水平高、经验丰富、富有团队协作精神，且对公司的企业文化有较高认同感的研发技术团队，为公司规模化发展提供了有力的支撑。

5. 销售和服务网络

公司总部设在福州，在北京、上海、深圳、杭州和郑州设立了五个区域分部，在全国设立了 20 多家子公司。截至报告期末，公司建立了包括客户服务支持系统、客户服务中心、服务管理体系在内的完善的运维服务体系，提高了公司的运维服务能力和服务质量，进一步提高了市场占有率。

这是一家典型的伴随着电子化、信息化、互联网发展起来的系统集成企业，也就是我们所说的数字产业化企业。早期有很多这样的公司，后来因为同质化、集约化、行业整合，只有行业中的精英存活了下来。

不仅是产业数字化领域的企业，其实信息化行业领域的企业也需要从信息化转型到数字化。我们分析上述《年报》披露的状况，认为这家企业属于信息化企业，还处在从信息化向数字化转型的过程中。从《年报》财务收入上可以看到，2020 年系统集成收入占比为 70%，2021 年这项收入占总收入的 69%。

当然，我们同样可以看到这家企业未来在战略发展方向上的变化。

> 2. 公司发展战略
>
> 公司将紧抓软件服务行业信创工程、云计算、物联网、移动互联网、大数据、智慧城市等新一代信息技术对传统行业信息化的升级改造和迁移的发展趋势，继续推动“行业化、产品化、服务化”发展战略，坚持技术创新，带动软件平台化和服务化商业模式创新，培育新的利润增长点，推动公司持续成长，实现规模化、跨越式发展。

通过公司战略的描述，我们看到了该公司对数字经济发展的机遇和挑战的认识，这就是新一代信息技术，我们更愿意将这些技术解读为数字技术，可以理解为是新的数字技术给传统的信息化企业带来了挑战和机遇。一方面，新的数字技术从软件定义到系统架构已经让传统软件信息企业失去了市场和机会，从信息化到数字化也是传统信息软件企业的迭代；另一方面，如果传统软件企业和信息化企业抓住了云计算、大数据、物联网、工业互联网、人工智能、区块链等技术创新，传统软件企业也会迎来爆发式机会。福建榕基提出了“行业化、产品化、服务化”战略调整方向，但是，能否深化行业服务，深耕行业内在需求，创造性地研发出独创性产品，提升客户的黏性、持续性、长久性，需要榕基软件走出自己的路子。

三、第三个案例：加加食品集团股份有限公司

这是一家来自湖南的食品生产领域的中小型企业，主营业务是调

味品。

1. 公司主要业务

加加食品集团股份有限公司成立于1996年，2012年1月在深圳交易所上市，是公司所在地本土首家上市公司，被誉为“中国酱油第一股”。公司创始至今一直致力于酱油的研发、生产和销售，是国内酱油行业中拥有全国性品牌影响力和渠道覆盖度的企业之一。公司主要涉及酱油、植物油、食醋、鸡精、蚝油、料酒、味精等的生产及销售，产品广泛用于日常生活所需食品的烹饪及调味。“加加”酱油和“盘中餐”食用植物油是公司的核心产品，具有广泛的品牌知名度和美誉度，报告期内销售收入占公司收入总额的80%左右，为公司最主要的收入和利润来源。

…………

7. 主要经营模式

（1）采购模式

公司对采购一向有较高的要求，模式不断创新。成立了大宗原料决策委员会和招标工作小组，在主要生产原料采购和工程设备采购上加强了管理；制定了从供应商资质评价、采购流程、招标制度、供应商管理等系统管理体系，配备专业人员，采用公开招募、招标等方式加强供应商的选择；同时启动数字化线上采购，通过与网采平台合作，扩大供应商招募和降低采购成本。

（2）生产模式

公司发酵类产品生产周期较长，工艺流程复杂，为确保产品质量稳定及食品安全，在生产过程中坚持智能化、数据化、自动化、信息化等数据控制管理，实施“产销同步”的原则，以“订单＋安全库存”的模式，根据年度销售计划安排生产；非发酵类调味品生产周期相对较短，根据月、周销售计划制定生产计划和排产。公司有湖南宁乡、河南新郑、四川阆中三大生产基地，依据生产和物流成本最低化原则安排产品就近生产。为确保产品的品质稳定、食品安全，公司于2015年开始工厂智能化建设，2020年通过工信部的验收，是“发酵食品（酱油）数字化工厂”和“湖南省智能制造示范企业”。

（3）销售模式

公司主要采取经销商代理模式，以独家经销制为主，经销商销售采取先款后货的结算方式。在精耕传统渠道的同时，设立了KA、餐饮、电商、新零售和福利物资五个销售渠道，建立“流通渠道下沉、多渠道发展、线上线下融合”的立体式营销格局。

8. 品牌运营情况

公司实施“1+1”品牌战略，“加加”专注于调味品，以酱油为核心，产品涵盖食醋、鸡精、蚝油、料酒、味精等；“盘中餐”专注于植物油，产品主要以纯正花生油、花生调和油、茶籽调和油等包装油为主。

公司坚持“12345”产品战略，以“减盐生抽”战略单品为主要发力点，同时，继续推进“原酿造”“面条鲜”两大单品运作，加大味极鲜、金标生抽、草菇老抽等酱油品类的市场推广，加快食醋、蚝油、料酒、鸡精等行业集中度低、成长性大的产品的市场开拓，推进复合调味料、凉拌汁、酱料、汤料、高鲜鸡精五大类产品的研发和市场布局；盘中餐以“花生油”“花生调和油”“茶油”为重点产品，向中高端食用油市场发展。

这家企业看起来应该比 D 类企业要好，我们可以从企业《年报》的“主要经营模式”部分看到企业关于数字化的内容。

1. 在供应链环节，我们看到了企业对于采购环节的比较复杂的表述，通过网络采购平台，开展了线上采购。这个内容看起来是采用了数字化的供应链创新方式来降低采购成本，但是，这并不是以我为主的供应链数字化管理。对于一家生产多种调味品的企业来说，每年需要采购的原材料很丰富，价格波动比较大，客户数量比较多，财务往来、物流关系、仓储关系是企业成本的重头戏，也是维系企业产品品质的重要环节。这家企业的供应链数字化还有很大的创新空间。

2. 企业生产模式环节中有一个亮点。企业从 2015 年开始研发的“工厂智能化”解决方案得到了上级的嘉奖，但是，企业在表述数字化内容的时候，提出的“坚持智能化、数据化、自动化、信息化等数据控制管理”这样的表达，很难让人理解企业在生产环节的数字化解决方案到底是一个什么样的解决方案，也许是做得好，不会表达；也许是解决方案本身不成系统，表达就会有歧义。未来对企业数字化进行深度量化分析的时候，必须进行深度的调查研究。

3. 从销售环节看，这家企业创建了多渠道线上线下销售模式，但是并没有看到营销数字化的整体解决方案，销售方面和目前食品行业受新零售模式影响比较大，并没有在企业的供应、产品、市场、客户方面实现全面的数字化贯通。

第四节 全面走向数字化

全面数字化上市公司的基本定义是：企业从供应、生产、服务到经营管理、市场营销的全要素开展数字化，从而形成数字化生产方式。不管是生产制造企业还是服务行业企业以及科研企业，不同的产业类型、不同的行业、不同的企业不外乎都包含这样的内容，有的企业产业链长，有的企业产业链短，有的企业要素复杂，有的企业要素简单，企业的基本要素不可能是单一的，与此同时，数据要素投资要形成较大的投资企业，形成数据要素资产。当数据要素资产达到资产总额的30%以上资产规模的时候，可以称之为全面数字化企业。

当然，理解全面数字化也仅仅是一个初期或者初级的理解。全面数字化目前主要是指企业的全要素数字化。全要素数字化不代表全要素深度数字化，需要看数字化渗透的程度有多深。我们以营销数字化为例，产品通过互联网平台实现线上销售也是数字化的营销，通过直播带货卖出去也是数字化营销，通过天猫、京东、美团、快手、抖音、淘宝等平台销售也是数字化营销，但是，这只是数字化营销相对普及的销售模式，而企业创建自己的数字化销售平台，将所有的销售行为都通过自己创建的销售系统卖出去就是完全不一样的数字化营销程度。

这种类型的企业总数有583家左右，占上市公司总数的12%左右。这个数字为什么不能够精确，是因为有的企业虽然在《年报》中披露了要开展全面数字化，但实际上并没有真正开展。由于可供量化分析的数据不够，也不丰富，我们决定采用一定的量化方式对上市公司的全面数字化状况进行基本评价。

在开展全面数字化的公司中，我们通过简单的定量分析，从583家左右的企业中第三轮、第一次筛选出来200家这类企业。通过我们设计的评价模型进行评分，总分值为100分，其中企业基本面价值投资权重占25%，产业数字化价值投资权重占25%，产业数字化企业价值创造能力权重占50%；然后根据这个分值分配权重对200家初选出来的上市公司进行评价，评选出上市公司数字化价值投资 TOP100 名单。评选出来之后，持续跟踪关注这些公司的月度、季度、年度变化。同时，逐渐从 100 家企业扩大到所有 C 类企业，然后再对 D 类、E 类、F 类逐级上升的上市公司建立数字化价值投资评价基础数据。

对于 100 分的权重分配，我们在逐渐对上市公司量化分析中细化基本面的要素指标，比如 2024 年我们将 25 分细化到 5 个 5 分的分值，2025 年我们可能就会细化到 25 个 1 分的分值。

同样，我们会进一步将产业数字化价值分析分解到 50 个 1 分，而 2024 年只分解为 10 个 5 分。

我们的评价系统始终保持数字化价值投资信念，我们的评选方法完全有别于目前市场上的各种对于上市公司的评价分析法，这充分体现我们的独家观点、独家视角、独特的价值观。

我们对这 100 家 C 类以上的企业的推选因素如下。

1. 行业价值分析法。我们推荐的 100 家企业，绝大多数来自在中国或者全球行业达到 10 000 亿元人民币规模以上的企业，它们不是这个行业的细分领域的企业，而是必须具备成为这个行业龙头企业的可能。也许这家企业目前产值、行业排名、公司市值不在行业的前列，比如建筑领域企业，我们不一定推荐中建集团、中交集团等一流企业，我们推荐的企业主要是符合数字化的评价目标；再比如酒业集团，我们推荐的不一定是茅台集团，而是极有可能通过产业数字化发展成为世界级产业数字化酒类企业的企业。

2. 企业基本面价值。我们的上市公司数字化价值投资模式是对巴菲特、芒格的价值投资理论和方法的传承和创新，但是，我们首先是传承。我们推荐的这些目标企业必须符合传统价值投资理念，从传统价值投资的角度再去发掘企业的数字化价值。也就是说，这家企业既需要符合传统价值投资推荐标准，也需要符合数字经济时代的数字化价值投资标准。仅仅符合传统价值投资标准，但是没有从事数字化的企业不在我们的推荐之列；仅仅符合产业数字化价值投资标准，但不符合传统价值投资标准的企业，我们也不推荐。

目前推荐的这 100 家企业，各项基本指标相对正常，各项基本面指标没有明显瑕疵，包括负债率、投资收益率、净资产回报率、净现金流量、企业的成长性、技术含量贡献率等。

3. 挑选过程。所有进入 100 强名单的企业都是我们从 4 677 家上市公司中经过三轮挑选发掘出来的，我们的挑选分析过程没有与任何上市公司进行直接交流，完全出自我们的独立分析。

我们第一轮是对所有上市公司进行数字化分类统计，统计出 A、B、C、D、E、F 六大类。第一轮统计出来之后再重点分析 C 类企业（500 家）左右，这就是我们的第二轮分析。完成第二轮分析之后，我们挑选出 200 家 C 类以上候选企业进入第三轮。我们从 200 家企业中再评选出来 100 家企业，主要是从行业大类来分析的，有很多非常优秀的 C 类产业数字化和数字产业化企业没有进入 C 类企业 100 强名单，不是因为这些企业达不到 100 强的要求，而是因为这类企业所在行业不是未来中国或者全球最大的行业。

4. 我们重点关注每家上市公司的数字化进程和价值。100 家企业中每家上市公司都是全面推进数字化的公司，我们根据每家公司不同的数字化内容进行分析比对之后，将其评选出来。

即使我们按照 75% 的分值加大了数字化对于上市公司数字化价值的判定，但是毕竟中国绝大多数上市公司的数字化进程才刚刚开始，每一家上市公司的数字化进程都需要一定的时间才能逐步完成，每一个数字化解决方案也要和上市公司原有业务系统融合之后才会逐渐传递到企业的所有经营数据，从而形成对企业价值的重构。所以，2022年发布的这100家企业不代表我们只研究这100家，我们的研究会逐渐扩大到C类其他上市公司，2023年就在100家的基础上增加很多家，同时，随着每一家企业的数字化渗透时间、投资力度以及推进力度发生变化，企业的排序也会相应地发生变化。

5. 我们对数字化的理解。数字化是数字经济的核心表现形式，没有数字化就没有数字经济，也没有数字化的价值投资。由于数字化是多维度、多种类的横向和纵向的数字技术与各类企业的深度融合，我们在数字化价值投资评价体系中，会充分尊重各领域数字技术专家的意见和建议，但是，我们更看重的是什么样的数字技术和解决方案会成为创造这家上市公司数字化价值的核心能力，而不会轻易评价数字技术和解决方案本身。

很遗憾的是，我们从已经研究的4 677家上市公司中尚未发现一家真正从数字经济时代产业发展方式的角度制定企业数字化战略的上市公司。至于从巴菲特在2021年股东大会所讲的角度去看，未来20年或者30年之后，来自中国的世界最大企业今天在哪里，还需要我们认真地研究和思考。

6. 我们推举评选出来的企业不是从中国上市公司进程和渗透率的角度进行分析，我们主要是从数字化进程和渗透率的角度选取价值投资的逻辑来研究分析数字经济时代最具投资价值的上市公司，有很多企业没有进入我们的评价名单，并不是因为它们的数字化和产业数字化做得不好，只是它们不符合我们的数字化价值选择取向。

7. 我们从大量的研究分析中看到，中国还有非常多的优秀上市公司具有数字化属性，只是因为数字化进程刚刚开始，这些优秀企业还没有真正懂得如何通过数字化来发展自己，一旦这些上市公司全面理解了数字经济，实现和数字技术的深度融合，就会有巨大的发展空间。同样，这也是中国数字技术专业团队的巨大机会和挑战，看看谁能够真正成为将数字技术与企业需求深度融合的强者。

通过前面这些分析，我们认为，和工业经济时代价值投资相比，数字经济时代的上市公司通过数字化进程，将成为数字化的公司，这是不可逆转的发展趋势，而且随着数字科技的发展、上市公司对数字科技和数字化的理解和认识，以及数字科技机构对企业和产业的深度理解，其数字化程度还会更高。如果上市公司的数字化还局限于降本增效的话，未来还有两个要素将对上市公司估值产生重大影响，那就是产业形态数字化上市公司以及上市公司数字资产价值的发掘和定价。

在我们推进 DVI 体系期间，中共中央、国务院发布的《关于构建数据基础制度更好发挥数据要素作用的意见》（简称“数据二十条”）提出，从 2024 年 1 月 1 日开始，允许企业将数据要素通过数据采集、存储、治理、确权、定价之后，作为数据要素资产进入财务报表。这就意味着，从 2024 年开始，数据要素资产化成为一个常态，公司数字化程度越高，数据要素资产规模越大，公司通过数据要素资产创造的收入和价值也会发生很大的变化。公司资产价值的内涵将改变我们对公司的新的定位，假设当有一天公司的数据要素资产超过现有所有有形资产价值的时候，或者当很多上市公司的数据要素资产都达到这个水平的时候，我们又将如何定义公司呢？上市公司数字化进程通过数字科技与上市公司业务的深度融合以及数据要素资产或者未来资产数字化必将带来上市公司数字化的乘数效应。

鉴于此，DVI 体系将于 2024 年协同相关战略合作伙伴对所有上市公司数据要素资产化进程进行评价，第一次发布《上市公司数据要素资产化价值投资评价报告》，全景展示中国上市公司数据要素价值排行榜。

通过第一篇对资本的左面“公司 × 数字化”的分析，我们可以得出以下几个结论。

第一，通过“公司 × 数字化”进程，上市公司的价值创造方式将发生根本性变化。

第二，通过数字化的融合，数字科技构建的网络形态组织将与公司组织形成数字经济时代的新兴组织生态关系。公司组织拥有数字化组织的同时，数字化组织中也有公司组织作为节点。

第三，在公司组织的所有者要素中，数据要素将成为新的呈几何级数增长的资产，数据要素资产化将重构公司资产结构，创造新的想象空间。

第四，“公司 × 数字化”的综合效应将改变资本的形态，改变资本的本质，弱化资本的地位，构成新的经济制度并影响社会制度。

我们充满期待。

第二篇

上市公司的右面：“资本 × 数字资产”

通过前面五章对上市公司在工业化时期的价值创造及其方法的描述，我们理解了工业化时期价值创造的基本特点，认识到价值投资在工业化时代对上市公司价值创造的规律。同时，通过研究分析数字经济和数字经济时代上市公司数字化进程中的解构，我们看到了数字化和数字化生产方式给上市公司带来的全面数字化变化，以及各上市公司不同的数字化解决方案带来的上市公司数字化价值创造方式的不同，这就让我们认识到，数字经济时代上市公司创造价值的方法正在发生颠覆性、高速度变化，完全采用工业经济时代生产方式环境下形成的价值投资理论和方法已经难以研究分析数字经济时代数字化生产方式环境下的公司价值，公司价值的变化也必然带来公司资产拥有者股东价值的变化，股东价值就是资本。

资本是一个股份公司资产价值的全部体现，资产价值包括股份有限公司旗下或者资产负债表所体现的土地、房屋、生产设备、科技、劳动力这些生产要素。同时，资本还是一个信用载体，是一个可以和公司资产相对独立的价值形态，资本可以通过汇聚、分拆、重组、并购与公司资产形成协同运营关系。资本价值运营好了，可以提高资产价值，但过度运营也会损害公司价值。

数字经济时代通过上市公司数字化运营还可能创造出一个新物种——数据要素资产或者资产数字化构成的数字资产。数字资产将会和资本资产形成二元要素运营价值形态。

从 2024 年开始，中国上市公司资产负债表的资产科目里面，将第一次出现将过去列为存货和无形资产的数据要素，通过数据采集、数据存储、数据治理、数据确权之后，可以登记为数字资产，而且一旦确定为数字资产，数字资产是可以作为生产要素和资本、土地、生产资料、科技成果等参与交易的，由于上市公司主要通过有形资产和无形资产创造产品和服务来获得持续生存和盈利，而其他生产经营要素不是活跃的、可以随时进行出售的生产要素，和数据要素不同，数据要素在数字化进程中，由于很多企业普遍通过企业软件、互联网、各种链接终端、人工智能技术等方式，在不断地生产海量数据，这些数据就有可能成为上市公司的数字资产，这就意味着，上市公司数字资产要素和公司资本之间就会出现一个双重生产要素叠加和融合的关系和机制。一方面，数据要素可以相对独立地存在于企业的各种要素和节点中；另一方面，数据要素开发成为数字资产之后，又增大了资本的价值，数据要素成为资本价值的一部分，同时，数字资产还可以形成独立信用用于抵押、担保、借贷等，数字资产和资本之间将会出现很多全新的融合关系，值得高度关注。

作为中国政府积极推进的数据要素与土地、劳动力、科学技术、资本并列成为生产要素，从 2024 年开始正式生效，数据要素可以通过一系列工作作为数据要素资产进入资产负债表，这在全球范围也是一次创新。那么如何理解这五个生产要素的特点、本质以及这五个生产要素相互之间的关系，也是一个非常需要观察、研究的问题。相对来说，土地、技术、劳动力、资本这四个生产要素都是工业经济时代形成的，是工业化生产方式的生产要素，那么作为新加入生产要素之列的数据要素和其他要素之间是什么关系，有什么区别，我们的认识和理解还不多，还需要在企业数据要素创造、开发、发掘过程中，以及如何实现从数据要素到数据要素资产的进程中，研究数据要素资产量化以及运营、流通、交易，从而寻求数据要素资产和其他要素之间的关系和协同。

本章将会从数据要素的性质和特点与其他要素，尤其是资本要素之间的关系进行探索和思考。

第六章
数字化资本价值

我们在 2022 年的评价中，评选出了上市公司数字化综合价值 100 强。这个名单是我们通过对 4 677 家上市公司进行数字化全面解构之后的一个相对初级的评价，可以被设计为综合指数的成分股，在这个名单基础上可以每年进行调整。这种设计理念运行一段时间实际上是可以取代上证指数或者沪深 300 指数的。这和上证指数、沪深 300 指数的设计理念完全不一样，兼顾了工业经济时代龙头股、绩优股的特点与数字化价值创造的特点。如果按照这个设计理念，上证指数一定不是 3 000 点徘徊状态。作为经济晴雨表，上证指数实际上已经不能代表数字经济发展的趋势。

第一节　数字化价值投资八大发现

从整个评价过程和结果来看，我们可以获得以下几个方面的价值发现。

1. 已经有超过 50% 的上市公司认识到数字经济的重要性，决定要开展数字化转型，制定数字化发展战略。而这个增长幅度从 2020 年到

2021年达到32%。

这说明中国从国家层面推动的数字经济，将数字经济列为农业经济、工业经济之后的主要经济形态得到了全国各行各业的高度认同和积极响应。由于上市公司是中国经济最强大的基础和底盘，是中国经济的“火车头”“晴雨表”，上市公司的数字化进程反映了中国数字经济发展的进程，上市公司数字化的质量也代表着中国数字经济发展的质量。

2. 通过全面、系统地阅读数千家上市公司《年报》，我们看到各种各样的数字化战略、数字化解决方案。

各种数字技术正在通过各种方式与传统产业的产品、企业、产业的所有要素进行深度融合，充分、全面地体现了综合性、系统性、协同性数字技术对传统经济所有要素的强大渗透能力，在改变传统企业产品、企业、产业要素的同时，弥补中国经济整体在没有实现全面的工业化、现代化的情况下，进入数字经济作为主要经济形态的后工业社会的遗憾，这让我们看到了中国经济从发展中国家跨越发达国家，走向数字化、智慧化国家的机会，看到了通过数字经济实现中国经济高质量发展，成为世界经济强国，实现中华民族伟大复兴的美好前景。

3. 通过上市公司，尤其是数字基础设施领域上市公司从通信基础设施到网络基础设施，再到各种基础软件和硬件（包括各种芯片设计、生产），各种链接、感知、传输、终端和数字化应用的全面自主化、信息化、数字化、智能化创新，可以感知到中国在全面面临第二次全球化浪潮的终结所带来的在传统产业领域的转型升级压力之下，从信息化、数字化、智能化的全面突围战略。这些战略已经在上市公司得到全面体现，可以看出中国完全具备通过数字化走向世界的能力，再过几年，中国将完全有能力担当起数字经济驱动第三次全球化浪潮的重任。

4. 通过上市公司数字化价值投资组合综合排名 100 强的发掘过程，我们完全可以自信地宣称，我们不仅可以传承工业经济时代价值投资的理念和逻辑，我们还可以发现和创造数字经济时代价值投资的规律和方法。

5. 我们还惊喜地发现，在工业经济向数字经济转型的过程中，存在着工业经济时代和数字经济时代双重价值叠加的世纪性高速度、高增长、高回报、低风险投资机会。

这是我们在全球范围内第一次提出这个观点，这个观点的一半来自美国的伯克希尔·哈撒韦公司，巴菲特和芒格不止一次针对市场上提出的价值投资过时的观点进行反驳，他们以 2021 年财政年度 897.95 亿美元的投资回报证明了工业经济时代价值投资没有过时的观点。

市场上提出工业经济时代价值投资“过时论”的主要依据是一些新兴科技公司这些年的快速崛起，主要是数字技术产业化领域的一些公司和一些数字原生企业，包括谷歌、亚马逊、特斯拉、小米等，它们是创造了完全不符合工业经济时代的价值投资理论和规则的成功企业，但是，这些成功企业存在着巨大的不确定性，它们的成功建立在难以计数的失败企业的基础之上，“一将功成万骨枯”。这反映了高科技企业高风险、高回报的特性。

我们在评价过程中发现，进入产业数字化时代，符合传统工业经济时代价值投资逻辑观点的优秀传统企业在新一轮数字技术赋能下，开创了产业数字化的新时代，通过将传统企业的所有要素全面融入数字技术生态，这些符合传统产业价值投资逻辑的企业不仅依然保持了传统产业价值投资长期性、低风险、高成长的特性，还因为数字技术的赋能，创造出数字化、智能化所带来的新一轮高速增长的机会，将数字产业化企业的高速度、高回报特性嫁接到了传统产业企业的成熟性、低风险中，于是就出现了高速度、高增长、高回报、低风险特征。

6. 这种数字经济时代双重价值叠加的“三高一低”体现为阶段性、组合特性、创新性。

阶段性主要是指工业经济向数字经济转型的时候存在一个转型周期，这个周期为10—15年。工业经济和数字经济的价值叠加空间在完成这个转型期之后，双重价值叠加机会将消失。比如说，从农业经济进入工业经济的时候，蒸汽机的发明代表了工业经济时代的开始，但是，从蒸汽机发明到工业经济体系形成经历了两百年时间。数字经济最早的技术计算机也已经发明了77年，这才刚刚开始进入数字经济时代。

数字经济时代的来临是由于通信技术进入5G时代。同时，5G通信和大数据、云计算、物联网、数字智能、产业互联网共同构成数字技术生态，这才开启了全面覆盖和改变工业经济时代的所有要素和运行规律，这个阶段在中国开始于2019年，这些数字技术生态与工业经济所有经济要素产生深度融合才构成了数字经济形态，才开始农业经济、工业经济向数字经济的迭代，这个迭代的过程经过10—15年就可能全面完成。

所谓的组合特性主要是指企业和产业数字化进程中的传统产业产业链、供应链、价值链的配置组合逻辑与数字化价值逻辑之间的融合，这个融合规律超越了传统产业价值投资规律。比如说，传统产业领域的汽车制造企业存在一个价值投资组合逻辑，那就是汽车整车龙头企业的供应链上核心零部件供应商的投资价值和整车企业存在供应链关系，整车企业股票价格上涨，核心零部件企业价格也会跟着上涨。中国牛奶市场的大规模崛起诞生了蒙牛、伊利、光明这样的大型企业，牛奶消费市场产业崛起带动了养牛产业的崛起，创造了现代牧业这样的养牛企业的价值投资机会，规模化的养牛造成了牧草饲料的短缺，带来牧草投资机会，这都是传统产业链带来的投资组合逻辑。

这个逻辑存在于所有传统产业领域。但是，产业数字化时代的这个逻辑仅仅表达了产业价值投资这一个内容，数字化的全面赋能创造出来一个全新的逻辑，这个逻辑必须和云计算、物联网、产业互联网、人工智能这些数字技术生态融合，我们既要从传统产业角度去认识产业投资组合逻辑，还需要从云计算和产业的角度、物联网和产业的角度、大数据和产业的角度、人工智能和产业的角度、区块链技术和产业的角度、元宇宙和产业的角度以及每一个数字技术纵深去探讨组合逻辑关系，找到这个融合规律，就发现了这个双重价值叠加的投资组合逻辑，把这样的上市公司发掘出来，对其进行投资就会出现这样的机会。

DVI 体系将针对这样的逻辑展开进一步研究。

7. 从这个 100 强的名单中我们发现，在上市公司数字化进程中，覆盖了传统行业中的各行各业，包括各行业的上游、中游、下游企业，既有实体企业，也有金融企业；既有生产制造企业，也有生产服务型企业。也就是说，任何一个行业、任何一个企业都存在数字化的机会，数字化本身具有行业的普适性，数字化无空白，数字化无死角；原理上，中国所有上市公司都存在数字化的机会。

8. 企业的数字化和数字化转型不仅仅是企业在原有产品和企业要素方面的数字化进程，我们看到一些企业在数字化进程中出现了产品方向、产业方向的变化和转型。

比如神州数码公司，它是一家信息行业 IT 分销的龙头企业，企业规模很大，销售收入很高，但没有核心技术，净利润不高。但是在多年沉寂之后，这家公司最近突然爆发，主要原因就是企业在数字化进程中，找到了数字化给企业带来的第二产品曲线。企业《年报》中这样写道：

> 回顾 2021 年，公司在继续保持分销业务稳定发展的同时，坚定地推进云和信创业务，分销和战略业务均取得可观的成绩，年度总收入首次突破千亿级，成功迈入千亿俱乐部。公司位列 2021 年《财富》中国 500 强第 124 位，这是公司自登陆 A 股以来连续第五年跻身该榜单。除此之外，公司又凭借专业云管理服务能力和卓越的客户服务案例入围了 Forrester 的首份《中国云迁移、现代化和管理服务报告》，云管理服务能力再获重磅认可。另外，公司发布了以云原生和数字原生为核心的新技术战略，将拓展全栈云原生、数字原生解决方案和产品，依托云原生、数字原生战略，助力企业构建价值驱动的敏捷转型的路径，打造以数据为核心的组织业务形式，助力企业数字化转型。并已经成立了云原生交付中心，构建了云原生通用能力聚合平台和云原生应用管理平台两大云原生能力平台。

企业不仅是这样说的，也是这样实践的。从 2020 年到 2021 年，虽然 IT 分销业务依然占据着神州数码 95% 以上的销售比重，但是，云计算和数字化给神州数码带来的增量收入已经达到 38.8 亿元，比 2020 年增长了 45.71%。

第二节　数字化资本价值比较：家电三巨头

家用电器行业是中国市场规模巨大、产业集中度非常高的一个行业，这个行业和每个消费者相关，并连接到每个家庭。如果用华为集团定义的愿景来判断，“要把美好的数字世界连接到每个组织、每个家庭、每个个人”，家用电器全部符合，所以具有非常高的产业数字化属性。在这个行业领域，一定会出现未来世界最大的产业数字化企业。

目前进入数字化价值投资100强名单的有海尔智家、格力电器、美的集团三家企业。

海尔智家是一家全球领先的家电企业，在中国家喻户晓。海尔也是中国传统企业中开展数字化最早的企业之一，孵化了享誉全球的“卡奥斯”产业互联网系统，即使如今将其剥离出去，海尔的数字化基因也已经深深地烙印在海尔的新标识里，其产品已经从洗衣机生产延伸到洗衣工厂和洗衣服务这样的产业跨度里面。如果采用传统产业的经营管理模式，这样的多元化就是很大的禁忌。其《年报》表述如下。

> 2. 家庭衣物洗护方案（衣联网）
>
> （1）洗衣机
>
> 期内，公司洗衣机业务实现收入306.58亿元，同比增长18.0%。中怡康数据显示，国内线下零售额份额达到43.1%，同比提升2.9个百分点；国内线上零售额份额达到40.4%，同比增长0.5个百分点，线上线下份额表现均在行业中持续领先。期内，公司通过持续创新，稳固高端市场地位，特别是通过强化干衣机业

务投入与新产品上市加速干衣机业务发展，培养新的增长点。为解决洗烘组合单独操控不方便、两台机器叠加影响产品外观等用户痛点，公司推出洗+干一体机新品类——卡萨帝中子和美系列，自上市以来，中子和美累计市场份额达96.5%（上干下洗一体机市场）。公司通过全网产品布局、功能迭代及终端形象升级，提高用户转化效率，实现干衣机行业引领，期内，干衣机线下份额跃升至32.9%，较2020年同期增长14.8个百分点，成为行业第一；线上份额跃升至24.5%，较2020年同期提升5.8个百分点。2021年干衣机收入增幅达到203%。期内，海外市场经营虽然面临疫情、海运费上涨、汇率波动等一系列挑战，洗衣机业务坚持高端创牌战略，持续聚焦高端转型，不断优化产品结构，以差异化产品满足海外用户需求。

（2）衣联网

衣联网从为用户提供一台洗衣机，到可以为用户提供衣物洗护存搭购收一体的衣物全生命周期智慧场景解决方案。期内，针对用户衣服洗不净、洗衣液残留、白色衣物发黄等难题，衣联网与洗衣液行业头部资源品牌独家合作，共同打造的墨盒洗衣机集生态、健康、智能、护衣、洁净、靓色多维创新体验于一体，填补了行业空白，开创行业与生态圈新格局，年销量近16万台。

美的集团、海尔智家、格力电器这三家企业相互之间的关系也值得分析和比较，相信对大家非常有借鉴意义。这三家公司有一个共性，都是中国知名的家用电器生产制造企业，都是改革开放之后成长起来的企业。2021年，三家企业在家用电器领域的三大件——冰箱、洗衣机、空调的综合市场占有率超过60%，形成了市场的绝对领导力。三家企业占有的比例分别为：海尔智家占25.2%，美的占11.7%，格力占5%。

以2022年6月29日星期三收盘价为例，我们看看这三家公司目前的资本市场基本数据（见表6-1）。

表6-1 美的集团、海尔智家、格力电器资本市场基本数据

类别	美的集团	海尔智家	格力电器
总股本（亿股）	69.97	94.97	59.14
股票价格（元）	59.30	26.82	33.27
总市值（亿元）	4 149	2 535	1 968
市盈率（%）	14.45	18.01	12.29
2022年Q1总收入（亿元）	909.4	602.5	355.3
营收同比（%）	9.54	10.00	6.02
市净率（%）	3.44	3.02	2.03
毛利率（%）	22.18	28.54	23.65
净资产收益率（%）	5.57	4.28	3.83
负债率（%）	64.97	60.35	69.74
2022年Q1净利润（亿元）	71.78	35.17	40.3
2021年总收入（亿元）	3 434	2 276	1 897
同比增减（%）	20.18	8.50	11.24
2021年净利润（亿元）	285.7	130.7	230.6
同比增减（%）	4.96	47.1	4.01
2020年总收入（亿元）	2 857	2 097	1 705
同比增减（%）	−1.81	4.46	−14.97
2020年净利润（亿元）	272.2	88.83	221.8
同比增减（%）	3.29	8.25	−10.21
2019年总收入（亿元）	2 794	2 008	2 005
同比增减（%）	6.71	9.05	0.24
2019年净利润（亿元）	242.1	82.06	247.0
同比增减（%）	19.68	9.66	−5.75

我们看到这些数据非常有意思，三家公司的总股本加起来是224.08亿股，而美的的股份总额只占了三家总额的31.2%。三家公司目前的总市值为8 652亿元，美的在三家公司总市值中的占比为47.9%，就是说美的用31%的股份拥有了这三家企业约48%的价值。在三家公司的市盈率、毛利率、净利率、负债率这些传统产业财务指标相差不大的情况下，美的集团的公司市值为什么这么高呢？尤其是美的集团和格力电器，为什么总股本仅仅相差10亿股，而格力公司的市值在其他财务指标相差不大的情况下不到美的股票的一半呢？

我们可以毫不隐讳地说，三家公司不一样的经营战略和数字化战略拉开了各自的投资价值差距。我们在给这三家公司的数字化价值投资评价中，打出了三个不一样的分数：海尔智家87分，格力电器72分，美的集团81分。

我们在评选100强企业的时候，只是对企业进行了排序，而没有将其评分公开。通过上面的评分我们可以初步看到这三家家电巨头目前的资本市场的投资趋势和价值与产业数字化的基本关系。从产业数字化双重价值叠加的角度看，处在80分序列以上的海尔和美的之间的分歧不大；从传统产业价值投资的角度看，这三家公司的投资价值也不会有太大的分歧。但是从产业数字化价值投资的角度看，至少会有两个大的方面的争议：第一，为什么格力电器处在70分序列，格力在产业数字化价值投资方面的评分为什么低于海尔和美的；第二，同处在80分序列的海尔和美的都是中国企业产业数字化的佼佼者，为什么得到市场高度认可的美的的评分低于海尔。针对这两个问题，我们通过三家企业披露的《年报》相关内容进行分析和解读。

针对第一个问题，为什么格力的数字化价值投资评分低于海尔和美的，我们来看看格力的2021年《年报》。

> 格力电器是一家多元化、科技型的全球工业集团，旗下拥有格力、TOSOT、晶弘三大消费品牌及凌达、凯邦、新元等工业品牌。消费领域覆盖家用空调、暖通空调、冰箱、洗衣机、热水器、厨房电器、环境电器、通信产品、智能楼宇、智能家居；工业领域覆盖高端装备、精密模具、冷冻冷藏设备、电机、压缩机、电容、半导体器件、精密铸造、基础材料、工业储能、再生资源，产品远销180多个国家及地区，致力于为全球消费者提供优质的产品，创造美好生活。

《年报》中的这一段让我们了解到，格力电器已经从一个家用电器生产制造企业升级到一个“多元化、科技型全球工业集团”。如果在传统工业经济时代，这样一个综合性、多元化的科技集团以资本作为纽带，以跨国公司作为载体，采用分布式公司治理结构，是可以被人接受和理解的。但是，数字经济时代是需要通过综合性、系统性、协同性的数字技术链接产业纵横之间的所有要素，通过云计算、物联网、产业互联网、数字智能来重构这些产业要素的数字化、智能化关系，如果在物理世界这些要素没有紧密的要素关系，那么在数字化时代也难以形成这些产业要素在数字空间的关联价值。如果每个企业和产业都要去创建数字化平台，企业的数字化效率和价值就会大打折扣。在这个环节，海尔和美的虽然也存在关联度不高的多元化，但其多元化程度远远低于格力。

我们认为，大型企业的多元化程度和产业数字化的成功成反比。

我们再看看美的在《年报》中对自己的业务描述。

> 美的是一家覆盖智能家居事业群、工业技术事业群、楼宇科

技事业部、机器人与自动化事业部和数字化创新业务五大业务板块的全球化科技集团，提供多元化的产品种类与服务。其中，智能家居事业群，作为智慧家电、智慧家居及周边相关产业和生态链的经营主体，承担面向终端用户的智能化场景搭建，用户运营和数据价值发掘，致力于为终端用户提供最佳体验的全屋智能家居及服务。

工业技术事业群，具备专业化研发、生产、销售压缩机、电机、芯片、变频器、伺服系统和散热模块等高精密核心部件产品的能力，拥有美芝、威灵、美仁、东芝、合康、日业、高创和东菱等多个品牌，产品广泛应用于家用电器、3C 产品、新能源汽车和工业自动化等领域。

楼宇科技事业部，作为负责楼宇产品、服务及相关产业的经营主体，以楼宇数字化服务平台为核心，打通楼宇交通流、信息流、体验流、能源流，为用户提供智能化、数字化、低碳化的楼宇建筑整体解决方案。

机器人与自动化事业部，主要围绕未来工厂相关领域，提供包括工业机器人、物流自动化系统及传输系统解决方案，以及面向医疗、娱乐、新消费领域的相关解决方案等。

数字化创新业务主要包括以智能供应链、工业互联网等在美的集团商业模式变革中孵化出的新型业务，可为企业数字化转型提供软件服务、无人零售解决方案和生产性服务等，还包括从事影像类医疗器械产品和相关服务的万东医疗。

和格力相似，美的也是一个多元化科技集团，旗下包括五个单元的业务。虽然同为多元化集团，但是美的的多元化和格力的多元化有一个很大的区别，就是美的的多元化业务之间存在传统产业链和数字化价值投资的相互协同和关联。

第一，智能家居事业群的数字化、智能化进程形成了美的集团的第五项业务方向“数字化创新业务”。这两项业务始终会存在相互协同关系。

第二，美的第二项业务是“工业技术事业群”，这项业务和美的的第一项业务存在产业链上下游的关联，可以给第一项业务单元提供不断进化的家居产品技术。

第三，楼宇科技事业部也是目前巨大的数字化应用场景，这项业务和美的集团的第一项、第二项、第五项业务都存在深度的协同性。

第四，美的的第四项业务主要是控股了世界著名的工业机器人制造企业库卡（KUKA Aktiengesellschaft），库卡在工业机器人领域所积累的智能制造技术和能力也会给美的的其他业务创造协同性。

第五，美的的数字化创新业务一方面来自多年来通过美的智能家居业务所积淀的技术优势和数据价值，这项业务不仅可以持续赋能集团内部不断需要的数字技术创新，还可以将丰富的数字技术解决方案赋能中国和世界各地的产业数字化创新平台。

所以，美的集团的多元化包含了内在的产业数字化价值投资逻辑。

从这个角度理解，美的的多元化充分考虑到了数字经济时代传统产业向数字化转型的战略需求。这样的高水平战略安排，显然大大超越了格力电器的战略。

我们再比较一下海尔智家的业务定位。

> 经过多年发展，公司形成包括中国智慧家庭业务、海外家电与智慧家庭业务和其他业务在内的三大业务布局。

中国智慧家庭业务

公司在中国市场为用户提供全品类的家电产品，并以家电产品为基础，利用海尔智家App、三翼鸟App及线下体验中心提供增值服务，共同形成智慧家庭解决方案，满足用户不同生活场景的需求。中国智慧家庭业务由家庭美食保鲜烹饪解决方案（食联网）、家庭衣物洗护方案（衣联网）、空气解决方案（空气网）及家庭用水解决方案（水联网）构成。

- 家庭美食保鲜烹饪解决方案（食联网）：公司通过中国市场销售及出口冰箱、冷柜、厨房电器等产品，以及基于智能冰箱、智慧厨电与生态资源，为用户提供智慧烹饪、营养方案制定等软硬件结合的饮食增值服务，全面满足用户对便捷、健康、美味体验的需求。

- 家庭衣物洗护方案（衣联网）：公司通过中国市场销售及出口洗衣机、干衣机等产品，以及基于智能洗衣机、干衣机与生态资源为用户提供定制化的软硬件结合的洗护增值服务，如自动适配投放洗衣液等智慧解决方案，全面满足用户对衣物清洁、呵护的需求。

- 空气解决方案（空气网）：公司通过中国市场销售及出口家用空调、商用空调、净化器、新风系统等产品和设计、安装、服务的全周期解决方案，其中具有互联功能的产品通过智慧系统能够形成如多屋空调联动、空净联动、智慧感知、适配送风、空气质量检测、智慧杀菌除菌等全空间、全场景的智慧空气解决方案，全面满足家庭、商业、出行等各类用户对空气温度、湿度、洁净度、清新度等健康、舒适体验的需求。

- 家庭用水解决方案（水联网）：公司通过中国市场销售及出

口，为用户提供电热水器、燃气热水器、太阳能热水器、空气能热泵热水器、POE 净水器、POU 净水器、软水处理设备等产品，其中具有互联功能的产品能够形成包括热净联动、热暖联动等家庭用水解决方案，全面满足用户净水、软水及热水等用水需求。

海外家电与智慧家庭业务

除中国市场外，公司在北美洲、欧洲、南亚、东南亚、澳大利亚和新西兰、日本、中东和非洲等超过 160 个国家和地区为用户制造和销售全品类的家电产品及增值服务。在海外市场，公司基于各市场当地消费需求，生产及销售自有品牌的家电产品。公司已具有超过 20 年的海外运营经验。公司也通过收购海外品牌，进一步扩大海外业务布局。公司于 2015 年收购了海尔集团公司海外白色家电业务（其中包括收购的日本三洋电机公司的日本及东南亚白色家电业务），于 2016 年收购美国通用电气公司的家电业务，于 2018 年收购 Fisher&Paykel 公司，并于 2019 年收购 Candy 公司。自主发展的业务与收购的业务协同促进了公司海外业务的发展。目前公司海外业务已经进入良性发展期，成功实现了多品牌、跨产品、跨区域的全球化布局。

根据欧睿数据统计，2021 年公司在全球主要区域大家电市场（零售量）份额如下：在亚洲市场零售量排名第一，市场份额 20.4%；在美洲排名第二，市场份额 15.1%；在澳大利亚及新西兰排名第二，市场份额 11.6%；在中东及非洲排名第三，市场份额 7.4%；在欧洲排名第四，市场份额 8.1%。

其他业务

基于公司已建立的智慧家庭业务，公司还发展了小家电、渠道分销及其他业务。其中，小家电业务主要为本公司设计、委托第三方代工生产并以本公司品牌销售的小家电产品，以丰富智慧家庭解决方案的产品布局。渠道分销业务主要为利用本公司的渠道网络，为海尔集团或第三方品牌的彩电、消费电子类等产品提供分销服务。

海尔智家对于业务的表述和美的、格力都不一样。海尔智家的业务虽然被描述为三大业务布局，但是，实际上它只有一个主营业务，就是智能家居业务，所谓的三大布局只是一方面从国内布局，另一方面从全球布局，第三个方面的布局是通过创新设计各种小型家电来丰富智能家庭解决方案的产品内容。

从这个角度来说，海尔在剥离海尔卡奥斯工业互联网平台之后，就是一个专业的面向全球的智能家居企业，海尔的所有数字化价值投资布局，都是沿着这个主营业务线展开纵深的产业数字化、智能化价值投资组合逻辑。如果海尔智家在保障了多年以来创建的传统产业价值投资和价值创造的基础的同时，在智能家居这个主营业务方向上坚持发展下去，是完全有机会成长为全球智能家居的领军企业的。

从这个角度对三家企业进行数字化比较可以看出，海尔智家排名第一、美的集团排名第二、格力电器排名第三还是有道理的。

当然，这个简单的比较远远不足以表明这三家企业的数字化价值。

我们接下来比较这三家企业在数字化方面的表述。

格力电器可以提供涵盖家用空调、暖通空调、冰箱、洗衣机、环境电器、厨房电器和生活电器在内的全品类家电，充分满足消费者高品质生活的全方位需求。2021 年公司推出的新品家电有臻净风除甲醛空调、臻新风双向新风空调、馨天翁老人空调、划时代AI视听空调、全域养鲜冰箱、全能王·舒尊Ⅱ空气能热水器、新热泵洗护机、净悦洗衣机、鲸焕系列洗碗机、蒸烤双能机、防干烧燃气灶、扫地机器人、软水机、中央净水机、台式净饮机、车载净化器、塔式冷暖冷风扇、石墨烯踢脚线电暖器、家庭干燥护理机、气泡水机、空气炸锅、超声波清洗机、养生壶，等等，为丰富消费者多彩的生活提供助力。

此外，在消费升级和套系化成为行业大趋势的背景下，格力电器推出“格力远山”“格力明珠”“格力年华”“格力星空”“格力简爱”五组套系家电产品，充分关注消费者智慧、便捷、舒适、健康的个性化家居需求，以极致的品质和美感为消费者打造全新家居体验。格力智能家居在智能家居系统、智能家居网络、智能语音交互、智能场景方案、智能产品技术等方面进行了深入布局，推出了一系列智能家居产品，并自主创造了IoT平台、智慧决策系统、G-Voice语音交互系统、智慧视觉系统、G-OS物联操作系统、G-Learning舒适节能算法等智能物联技术，为消费者打造万物互联的高质量生活。

目前，格力在智能家居领域布局了智能链接、智能感知、智能交互、智能云平台、智慧能源、人工智能六大技术，并具有“格力+”App、智能语音空调、物联手机、智能门锁、魔方精灵五大控制入口，可以覆盖全系格力智能产品。

格力电器将从空调、地暖、新风、净水、智能化全方位多系统产品线发力，结合新时代“恒温、恒湿、恒氧、恒洁、恒静、恒智”六恒系统概念，为消费者打造格力“健康智慧舒适家”生态家居体系。

这是格力电器关于产品的描述，从这个描述中，我们可以看到几个特点。第一，格力产品针对家庭的各种需求，设计了非常丰富的产品线。第二，注重产品之间的系统、交互关系，关注场景和体验。第三，通过产品的智能链接、感知、交互、云平台、能源、人工智能六大技术的集成，形成产品体系优势。第四，从温度、湿度、空气、声音、净化、智能六大功能挖掘产品价值，可以说从产品规划创新方面做足了功课。

在产品描述方面，美的集团对于产品的描述，让人激动。

以用户为中心，聚焦场景化产品布局，利用美的多品类优势和数字化手段，持续推动全价值链优化，以实现业务场景、产品和服务升级。

延续“以用户为中心”的战略变革，在面向用户的业务场景、产品和服务上进一步深化对用户的价值。立足用户对于美好生活的向往和追求，以科技创新成果实现“科技尽善、生活尽美”的企业愿景，深入融合科技创新与家用电器，基于用户需求和消费趋势，以厅室、阳台、厨房、卫浴等空间为依托，结合美的自有产品及生态合作产品，利用 IoT 技术全面深化家居服务，提供全屋智能综合解决方案，使家居生活更加高效、便捷、健康和舒适，打造业内领先的智能家居服务平台。美的自主搭建集市场、用户、舆情等数据于一体的大数据平台，构建大数据创新企划中台，落地大小数据双轮驱动的产品创新，围绕企划流程，实现单品企划与智能场景企划流程的融合；行业首创企划通系统，覆盖企划工作全流程，通过实现跨部门数据流通和整合内外部全价值链数据，提升数据流通效率，缩短新品开发周期，同时通过智能分析、智能预警、智能预测、智能决策、智能管控，独创企划辅助智能决策模型，赋能企划决策；相较传统的市场调研，大数据创新企划中台的智能化市场扫描效率提升50%以上，可密切跟踪上千个品类，探索市场机会与用户需求变化趋势，已覆盖全球多个国家与地区，进一步夯实美的全球企划能力；通过大数据平台赋能，使数字化营销向C2M模式延伸，通过用户洞察与用户研究，赋能品牌与产品，利用市场对新品的实时反馈精准定向市场营销工作；通过全球数以亿计的用户触点感知用户、盘活用户信息，实现与消费者实时交互，紧密衔接创新供求信息，产品开发由链状模式转为闭环模式。此外，美的在产品工业设计方面持续创新引领用户体验和交互升级，2021年获得141项工业设计荣誉，其中包含德国红点奖41项、iF设计奖49项、美国IDEA奖40项、日本G-mark奖11项。

从以上以及整个《年报》的管理层讨论部分可以看出，美的集团非常详尽地描述了美的的企业特点，归纳起来就是三个关键词：场景、产品、服务。

美的提出全屋智能化，按照每个家庭的厅室、阳台、厨房、卫浴的不同功能和不同需求规划设计需求场景；按照场景个性化需求设计提供个性化的定制产品；根据场景和产品提供难以想象的服务。从这三个维度来解读美的的产品、市场、企业体系可以看出，美的已经把产业数字化的手段用到了极致，让人无可挑剔，向我们展示了高质量智能家居的美好未来。对这些描述进行比较可以发现，美的在产品、市场、服务端通过全要素产业数字化手段创新，已经把格力远远地甩在了后面。

下面是我们对海尔智家在产品、服务方面的解读。全篇看下来，海尔智家和美的有些相似，但是在场景、产品、服务三个维度对于数字化、智能化的理解、设计、应用，海尔智家也没有达到美的的高度。

> 随着用户对美好生活需要的不断提升，以及物联网、大数据、云计算、人工智能等技术的发展，行业呈现出智能化、套系化、场景化、高端化以及家电家居一体化的发展趋势。公司凭借领先的用户洞察、丰富的品类覆盖，以及在智能AI算法、家庭大数据、设备物联技术等方面的积累，围绕家庭的“客厅、厨房、浴室、卧室、阳台”五大空间，提供食品保鲜烹饪管理、衣物洗护穿搭管理、全屋空气舒适净化管理、饮用水健康管理等场景方案，为消费者“设计一个家、建设一个家、服务一个家”。三翼鸟门店为消费者提供智能家电与智能家装相融合的场景解决方案，通过一个服务管家全程对接消费者需求，通过统筹安排内部专属团队为消费者提供从设计施工、建材配套、安装调试的全流程服务。比如三翼鸟厨房场景方案，可以为消费者提供从智慧成套厨电到橱柜设计、配送、安装、交付等全流程服务。基于海尔智家大脑平台，消费者可以通过海尔智家App、小优音箱等入口，升级智慧家电功能，享受诸如专业健身、食谱推荐、通过冰箱购买食材、主动推送洗护程序、个性化定制场景等服务。未来，公司将持续顺应用户体验需求，进一步升级并丰富公司提供的智慧家庭解决方案，通过场景方案与生态服务，为消费者提供终身服务，进一步增加用户黏性。

纵观三个主营业务同属于智慧家电行业的中国最顶级企业对于数

字经济时代企业产品、服务数字化的理解，虽然它们都不约而同地站在数字化的高度认识和理解数字化战略，但是在综合性、系统性、协同性数字技术生态与企业产品和服务全要素、全链路战略设计上，美的显然是技高一筹。

除了比较产品、市场、客户、服务等环节的数字化价值创造之外，我们还需要从一个更高的维度来理解这三家企业的数字化价值创造战略，那就是对于企业数字化和产业数字化的全面理解和战略规划。

以下分别是格力、美的、海尔三家企业在《年报》中对企业战略的披露。

（一）格力发展战略

格力电器秉承“缔造世界一流企业，成就格力百年品牌”的企业愿景，以科技创新为驱动，以完美质量为保证，全面深化改革，加速数字化转型，立足家电行业，稳步拓展智能装备、精密模具、新能源、半导体、核心零部件等新兴产业，打造更具竞争力的多元化、科技型全球工业集团。

加快产业转型升级，促进数字技术与产业融合以高质量发展为导向，利用互联网新技术对产业进行全方位、全链条改造，抢抓新一轮科技革命和产业变革先机，推动企业数字化转型。

（二）美的发展战略

美的坚持“科技领先、用户直达、数智驱动、全球突破”的四大战略主轴，聚焦全面智能化和全面数字化，以四大战略主轴为支柱推进五大业务板块持续发展。公司治理机制的先进性、价值理念的与时俱进和管理层的心智成长是美的坚定生长的基石，持续完善责、权、利清晰的公司治理机制，激发企业家精神与组织活力，建立扁平化组织与优化流程；坚持长期主义和利他主义的价值理念，贯彻落实以员工、用户、客户、合作伙伴为中心，提升企业EHS治理和ESG评级；管理层需要不断自我反思和否定，并在心智、思维、认知等维度实现全方位成长，同时改善人才结构，构建包容共协的多样性团队。美的整合全球资源，以用户为中心，通过技术创新、品质提升，形成核心技术壁垒，实现主营品类全球领先以及新产业突破，坚持科技领先；通过数字化、智能化运营，在心智、产品、购买和服务等维度全面实现用户直达；通过全价值链的数据运营、平台化运作提升业务竞争力，以数智驱动提升美的在数字化时代的竞争力；推进全球化业务布局，提升自有品牌占比，夯实全球运营基础，达成全球突破；通过管理效率、制造效率及资产效率提升，打造效率驱动下的新成本竞争优势；加强 To B 业务领域的相关产业布局，培育新的增长点与产业平台。每年为全球超过 4 亿用户，以及各领域的重要客户与战略合作伙伴提供满意的产品和服务，致力于创造美好生活。

（三）海尔发展战略

成为物联网时代以用户为中心的数字化企业，实现全球首个物联网智慧家庭生态品牌的引领。海尔智家股份有限公司将继续扩大冰箱、洗衣机、热水器等产业的竞争优势，夯实高端品牌的领先优势；挖掘厨电、空调等业务的市场潜力；加速干衣机、洗碗机等新兴品类的增长并积极拓展生活电器、清洁电器等新业务；持续强化三翼鸟场景品牌的建设，打造适应时代发展的竞争能力。

以上三家公司分别公布的发展战略虽然并不能全面、完整地反映企业的战略规划方案，但是我们还是可以从《年报》的发展战略描述中，看到三家公司不同的战略布局，尤其是关于数字化的内容非常值得关注。

格力公司的表述表明要加快数字化转型；而美的的战略描述则是提升数字化的竞争力，打造新成本竞争优势和 To B 产业数字化平台；海尔也已经不是加快数字化转型了，而是直接成为“数字化企业”。

根据以上三家企业在产品、企业、战略三个方面的比较，我们可以清晰地看到三家企业在数字化方面的进程以及渗透程度，但是仅仅依靠这个判断还是不足以实现产业数字化价值评价，我们再深度比较几项专业数据来验证它们各自在实际业务中的表现。

第一项：格力经营性净现金流量仅为销售总收入的不到 1%；而海尔、美的均为 10%。

第二项：在主营业务构成中，格力七大业务板块中的空调产品一项占据 70.1%，多元化发展并没有创造更多的多元化收入和价值，对安身立命的空调产品高度依赖；在海尔六大业务板块中，电冰箱占据最大销售比重，但仅仅占到销售总额的 31%，产品多元化结构相对均衡；在美的的产品分类中，最大的业务单元暖通空调占了总收入的 41.58%，分布合理。

第三项：在产品全球化方面，三家企业都在推进全球化战略，但是，海尔来自国内和海外的收入基本上各占一半；美的海外收入超过 40%，而格力的海外收入比例为 12%。

第四项：海尔和美的两家公司都在董事会决策层引进了高水平产业数字化专业人才参与企业决策，而格力公司董事会没有这样的安排。

我们知道，从工业化进入数字化最致命的障碍就是人才障碍，要实现产品数字化、企业数字化、产业数字化，必须引进高水平产业系统架构专家参与到公司董事会决策层面，我们从三家公司所有关于数字化、智能化内容的表述中，明显看到格力在表述上和海尔、美的两个企业的差距，这和决策层面有没有高级数字化人才高度相关。

把这三家上市公司的《年报》通篇阅读下来，我们可以对这三家上市公司的数字化进程和数字化渗透方式进行以下总结。

1. 三家上市公司都在不同时间开展不同程度的数字化，都根据企业自身业务形态产生了对数字化的理解，制定了不同的数字化战略。这是这三家中国乃至全球家电巨头上市公司的共识和共同选择。

2. 三家上市公司都是产业数字化的受益者，如果没有从数字化中受益，它们在经历多年的探索以及巨大投入之后，也许早就放弃了。它们的案例和精力可供中国所有上市公司借鉴。

3. 虽然它们的业务存在同质化，相互都是竞争对手，但是，从传统产业价值投资的角度，它们都可以作为价值投资的对象，都具有价值投资属性。但同时，由于家用电器行业本身就非常具有产业数字化属性，不仅具有巨大的个人消费市场，存在中国乃至全球的 To C 业务机会，同时，几乎所有机构、家庭也都需要电器产品，产品和产业的数字化属性很高，GBbc（To G、To B、To b、To c）都符合。所以，从产业数字化价值投资来分析，它们还能够满足数字化价值投资组合逻辑，具有双重价值投资属性，都存在“低风险、高回报、高速度、高增长”的特性。

4. 同质化的传统产业企业选择什么样的数字化战略，设计什么样的数字化解决方案，有可能让今天处在同一起跑线上的企业在数字化加速推进过程中快速分化，改变在工业经济时代的竞争态势，出现巨大的分化。

格力电器在数字化进程中，目前已经落后于海尔和美的两家企业，如果以目前状态发展下去，很有可能在几年之后被海尔和美的快速超越。

海尔在全屋数字化、智能化、全球化战略中，通过数字化和场景化、智能化的融合，发展成为全球家电行业成功的产业数字化平台企业之一，成为家电行业双重价值叠加企业。

美的的智慧家居业务与海尔相似，在这个赛道上它们可以发展成为齐头并进的双雄。但是，美的除了智慧家居这个战略投资领域之外，还有楼宇数字化、工业技术事业群、库卡智能制造、数字化创新业务这几个单元，而这几个单元如果用传统产业链、供应链、价值链关系来分析相互之间的产业协同性，就会存在战略冲突、管理单元复杂、管理难度高的问题，但是，站在数字化战略角度来分析，我们看到新的基于产业链、供应链之上的数字化、智能化价值投资组合关系，这种特殊的组合关系将把传统产业相互关联度不高的产业要素关系在数字化生态下重构起来，创造出潜在的、巨大的资产数字化价值。美的的这个战略深度，给我们展示了更加宽阔的数字空间。

5. 总体来看，不管是海尔还是美的，虽然在产业数字化领域走在中国企业和产业的数字化前列，成为中国产业数字化的标杆，但是，站在 D12 模式的角度，我们还是发现它们的产业数字化战略也刚刚开始，还没有考虑到产业数字化和资产数字化的关系。

首先，如何通过产业数字化创造资产数字化价值，还需要进一步探索。

其次，如何将产业数字化和资本市场资本运营相结合，目前还没有相应的战略安排。

再次，如何在产业数字化战略实施过程中创新数字化时代企业和产业与金融的融合关系也还没有进入这些企业的视野。

最后，如何从产品数字化、服务数字化、企业数字化上升到产业数字化生态的创建也是重要的战略课题。

目前，海尔和美的在产业数字化战略方面还存在很大的不足，还没有真正站在产业链、供应链、全球化的高维度规划、研究产业数字化战略。

针对以上三家在传统产业领域的同行业、同质化企业在数字化时代的差异化关系分析，我们认为非常值得所有上市公司的决策者思考。

鉴于产业数字化才刚刚开始，以上三家企业对产业数字化的理解和战略都还存在巨大的战略机遇期以及战略调整机会，目前还难以下结论，但是以目前三家企业的产业数字化战略来看，未来五年的走向将把这三家企业的差距持续拉开，我们会每年重点关注它们的变化。

第三节　数字化资本价值比较：三大银行

中国在银行、证券、保险、信托等金融领域的上市公司有 129 家，金融行业数字化具有很高的数字化属性，也是和每个机构、个人、家庭相关的。总体来看，早在信息化时代，金融行业的信息化水平和程度都是很高的，但是我们从数字化的角度发现，中国金融类上市公司的数字化进程已经落后于产业领域的数字化进程。经过我们的评价，最后进入 100 强名单的金融机构只有中信银行、邮储银行、平安银行、中国人寿四家金融机构。比较令人遗憾的是，证券行业的上市公司无一上榜，作为担当中国上市公司上市、保荐、再融资、资产管理、投资银行业务大任的证券公司在数字化进程中没有同步推进，这有些不可思议。

我们关注了所有上市商业银行的数字化进程，发现一个非常突出的现象，那就是几乎所有商业银行都非常重视银行企业自身要素的数字化建设，在提高经营效率、降低经营劳动强度、提高业务精准性、提高数据安全性、应用人工智能和数字智能诸多方面投入巨大，效果显著。但是，在产业数字化尤其是对公业务产品和服务数字化的高水平供需方面，商业银行的数字化供给全面不足。我们在这里比较一下中信银行、平安银行、邮储银行这三家银行的数字化战略、数字化解决方案，希望对有关方面、各金融机构、价值投资者有所帮助。

我们分析比较这三家银行，不是重点分析它们今天的投资价值，也不是从它们在传统银行领域的各种数据去分析其资产质量和业务优势，而是主要讨论它们在数字化方面的方案、内容、战略以及未来趋势。

一、中信银行

我们先看看在相关环节，中信银行在数字经济形态下与数字化相关的表述。

> 我们深知，传统的业务平台无法支撑数字化转型，我们瞄准“云计算”在数字化转型过程中扮演的重要角色，打造承载数字化系统的核心平台——信创云，抢占数字化转型未来“云”技术制高点，成为唯一荣获人行金融业优秀信创试点机构的股份制银行。一直以来，我们都把“以客户为中心”奉为业务经营的第一准则，把为客户创造更多价值作为谋新、谋变的出发点和现实归宿。我们主动拥抱变革，让内容、数据和技术赋能业务发展，让品质和体验直达客户服务。

这是中信银行《年报》中的董事长致辞。在这个致辞中，我们可以看到中信银行在打造属于银行的私有云——信创云，这是中国金融机构为了维护金融安全而采取的方法，相信会有越来越多的金融机构创建属于自己平台的私有云。

> 去年，我们的数字化转型在加速推进，全面深化数业融合与数技融合，财富客户旅程、对公数字化营销平台、全面风险智慧管理平台等一批重点项目陆续落地。

我们可以看到中信银行在数字化与业务融合、数字化与科技融合、数字化营销、风险控制智慧平台领域的投入。

在管理层讨论与分析环节的“公司从事的主要业务”的描述中，没有和数字化有关的内容；在“公司核心竞争力”的各项表述中，中信银行与数字化相关的表述如下。

> 金融科技全面赋能。本行始终坚持以科技赋能、创新驱动为核心动力，为业务发展全面赋能，推动本行成为一流科技型银行。本行持续加大科技投入，提升产品和服务竞争力，驱动业务和运营模式转型，打造数据驱动型业务发展模式。投产国内中大型银行首个自主分布式核心系统，金融科技综合赋能能力实现全面跃升，人工智能、区块链等新技术创新应用由点及面深度渗透到业务各领域，成为发展的重要生产力。

从这个分析中我们认为，中信银行并没有将整个银行类金融控股平台的全业务、全要素、全链条与数字技术生态全面深度融合，尚未建立起中信银行的全面数字化战略，也没有全面提出数字化转型，主要是在不同节点和局部环节应用人工智能、区块链、云计算技术，对整个数字经济的理解停留在金融科技阶段。

在中信银行的“战略规划”中是这样描述的：

本行坚持创新驱动，持续增强引领发展活力。成立数字化转型办公室，强化数字化转型的支柱作用，全力以赴抢抓进入数字化竞争时代的“入场券”。秉持“以客户为中心”的服务理念、依托先进的数字技术，不断优化业务流程、提升运营管理、强化风险管控、丰富场景生态。通过数据连通、技术驱动和开放协作，实现更精准的客户和行业洞察、更智能的产品与服务匹配、更极致的服务与体验触达。

本行坚定不移推进科技强行战略，以客户价值为导向，以客户旅程重塑为抓手，推动前、中、后台联动升级；以金融科技为永续动能，全面塑造全行经营管理的数字化能力，打造智慧、生态、有温度的数字中信，提升全行竞争力和市场价值，全力支撑强核行动高质量落地。

本行不断加强数字基础设施底座的构筑。以商业级敏捷为目标，持续深化业务与技术融合，业务需求交付数同比提升72.94%，交付时效同比提速35.00%。中台建设实现重大突破，业务中台推出首批公共业务能力服务，打破了传统“竖井”系统建设模式；技术中台迈入大规模落地推广新阶段，初步建成支撑云原生开发模式的技术底座，实现研发效率的显著提升；数据中台稳步释放数据价值，全行级数据湖平台和国产数据仓库全面投产，数据整体处理效率提升5倍以上。持续深化基础架构云转型，基础设施云化率达到99.6%，单笔交易系统运维成本同比下降20.1%，基础设施资源交付能力缩短至“小时”级。抢占数字化转型下一代“云”技术制高点，作为首批启动金融信创全栈云工程的股份制银行，已完成测试云、生产云和生态云布局；建成业内领先的全行一体化运维、网络安全、数据安全等三大体系；荣获业内首个数据中心服务能力成熟度卓越级认证，全行安全生产保障能力持续增强。

本行加快创新成果向现实生产力的转化。基于完全自主研发的人工智能“中信大脑”平台核心功能基本建成，全面赋能本行产品、销售、风控和运营。针对日常经营手工重复操作多、流程数据断点多等业务难题，推出集低效场景识别、工具研发、工具上架、工具服务于一体的“效率+”平台，节省了大量人力成本，平台获得2021年《亚洲银行家》“中国最佳流程自动化项目”。完成区块链平台2.0升级，继续保持同业领先，一次性通过中国金融认证中心420余项专业测评，产品化能力持续增强，新落地供应链金融、家族信托、公积金网贷等多个业务场景，斩获2021年《亚洲银行家》“中国最佳区块链项目（资金管理类）”。面向全行业开源共享全套生僻字解决“中信方案”，惠及全国千万生僻字姓名群众，入选人民银行2021年金融信息化“10件大事”。

本行持续深化数字科技向业务领域的赋能。面向公司客户，紧紧围绕汽车、医疗教育、跨境电商等行业生态，全面打造开放化、线上化和综合性的数字化产品平台，增强与客户的数字化连接；推出普惠产品信贷工厂，按照“流水化作业、模块化组装、开放式对接”模式，新产品研发周期缩短至1个月，效率提升75%，快速响应一线产品创新需求。面向零售客户，上线零售经营平台（M+），实现全客户、全产品、全渠道的一体化经营，助力本行贵宾客户数破百万；投产零售客户资产配置系统，通过建立自上而下、全流程、专业化的系统工具，全面支持总分行投研投顾构建组合策略，赋能支行理财客户经理；聚焦高频行业和场景连接，推进开放银行数字化生态建设，业内首批推出依托鸿蒙生态的金融服务，通过标准化产品组件与行业共建场景超 1 万个，服务用户超 720 万人，累计资金交易达 6 400 多亿元。面向金融市场，上线集中交易平台，业内率先实现金融市场事前风险管控，做市和交易的自动化、智能化水平全面提升。本币做市子系统覆盖 20 个报价策略，报价量超 10 万亿元，同比提升 10 倍以上。面向中后台，投产全面风险智慧管理平台，优化升级信贷风控和运营风控平台，实现业务风控场景全面接入，形成覆盖线上业务全流程的风控体系；落地新一代信创数字化办公平台，有效提升线上协同办公效率，打造绿色低碳办公环境。

报告期内，本集团信息科技投入 75.37 亿元，较上年增长 8.82%，科技投入占营业收入比例提升至 3.68%。截至报告期末，本行科技人员（不含子公司）达 4 286 人，科技人员占比达 7.73%。

按照这样的表述，我们看到了中信银行在数字化进程中所处的阶段，和“管理层讨论和分析”所表达的内容是一致的。中信银行刚刚成立数字化转型办公室，我们相信这个办公室经过一定时间准备之后会提出更高水平的数字化战略。对于这样的安排，我们完全可以理解，毕竟中国的数字化进程也才刚刚开始，数字化不是一个一蹴而就、立竿见影的工作，我们在此也给中信银行的数字化战略提出建议。

首先，一定要认识到，银行机构一定是数字化属性非常高的行业，非常具有数字化想象和创新空间。

其次，虽然中信银行的数字化战略起步较晚，但是可以全面比较国际国内银行尤其是银行控股公司这类金融混业平台在数字金融领域的战略创新，不要仅仅停留在银行自身数字化转型这么一个狭小的空间，而是要站在数字产业化、产业数字化、资产数字化的数字经济未来形态的角度去研究银行的经营模式，创建属于自己的综合数字金融平台。

最后，我们从中信银行的董事会高层管理团队名单里，没有看到来自数字技术领域的高级管理人员。我们建议，不管是外部引进还是内部培养，公司董事会或者高级管理团队中一定要有既懂金融又懂得数字技术生态或者数字经济方面的专业人士，尽管这样的人才非常罕见，但是，这是数字经济发展的必然，尤其是对于数字化属性非常强的大型金融机构来说十分重要。

通过上述的简要分析和评价，我们清楚，中信银行的数字化价值投资评分不高。我们分别比较一下另外两家评分较高的银行，看看它们是怎么开展数字化的。

二、平安银行

平安银行和中信银行有一个共同的特点，它们都是中国金融混业经营的改革试验企业。平安集团是一家综合性金融集团，是平安银行的大股东；同样，中信银行的大股东中信控股也是一家大型综合性金融集团。

平安银行在《年报》中提到的发展战略如下。

本行以“中国最卓越、全球领先的智能化零售银行”为战略目标，坚持“科技引领、零售突破、对公做精”十二字策略方针，持续深化战略转型，着力打造“数字银行、生态银行、平台银行”三张名片，零售、对公、资金同业业务在构建“3+2+1”经营体系的基础上，不断升级策略打法，深化全面数字化经营，重塑资产负债经营。与此同时，本行全面提升支持消费、服务中小微企业的能力，持续大力支持乡村振兴，积极践行绿色金融，持续加大对民营、小微企业和制造、科技企业的支持力度，为国家“十四五”规划的实施贡献金融力量。

平安银行在战略中已经把数字银行定位作为战略定位之首，足以显示平安银行对于数字化战略的重视程度。

“五项领先科技能力”——技术能力

以架构转型带动技术能力全面升级，着力推进新一代基础设施、分布式、技术中台、开发运维一体化等技术升级，构筑强大的技术底座。构建分布式架构技术体系，推动技术架构从传统集中式部署架构，向分布式、云原生技术架构转型。打造企业级技术中台，强化领先技术的研究，形成高度复用共享的技术平台，增强企业级架构支撑能力。打造开发运维一体化平台，提高科技团队的数字化能力，持续提升开发团队与运维团队的协作水平和应用交付效率。

以上极为专业的技术表述充分体现了平安银行在数字技术领域的专业水准。我们总是在说要实现数字技术与实体经济的深度融合，但是，到底怎么融合，很多企业仅仅是喊口号。而平安银行在选择数字技术与企业进行深度融合的时候，我们欣喜地看到它主动进行了传统银行业务组织模式的转型，推进了组织架构和技术能力的融合，让数字技术基础设施、分布式、技术中台、开发运维一体化技术升级。

传统的企业管理模式都是自下而上以及自上而下的集中式、垂直式管理模式，这个模式是工业经济时代企业组织模式的典型形式，扁平式、分散式管理必然导致管理效率下降，而分布式技术手段通过数字技术的链接和传输，可以有效提高管理水平，实现了技术与组织的高度统一。

数据能力

以数据资产化管理提升基础数据管理水平，以数据中台建设提升数据服务水平，全面提升数据能力，为业务发展和经营管理提供强大的数据引擎。强化数据治理，提高底层数据的标准化、标签化、颗粒化水平，全面提升数据质量。构建数据资产化管理体系，释放数据要素价值潜能，赋能经营管理提质增效。构建平台化数据能力，打造数据中台，深化数据应用，实现数据赋能，以数据驱动经营管理，实现决策“三先”（先知、先觉、先行）、经营“三提”（提效益、提效率、提产能）、管理“三降”（降成本、降风险、降人力）。

数据能力的提升已经上升到平安银行五大科技能力之一，让我们看到平安银行在大数据经营上的能力。我们认为，数字产业化推进了产业数字化，产业数字化必然迎来资产数字化。那么，资产数字化的重要内容就是数据资产的价值化，由此形成巨大的数据资产池。大型银行，尤其是平安银行这样的典型的零售银行最重要的就是频繁的小额度、大数据交易，数据的标准化、标签化、颗粒化与智能化将成为核心竞争力之一，尤其是产业数字化水平提高之后，银行和客户之间将会建立银行数据和客户系统数据深度链接、交互、信任的关系，这将彻底改变银行的经营模式。

人才能力

对标领先互联网科技企业，前瞻性做好科技人力资源规划，建立富有竞争力的薪酬体系和激励机制，为科技人员创造良好的职业发展道路。持续引入全球顶尖科技精英，建立金融科技领军人才队伍，加快多元化的“金融＋科技”复合型人才团队建设，打造“精技术、懂业务、会管理”的人才队伍。

我们认为，平安银行把人才能力作为五大能力之一尤其具有前瞻性。我们坚信，既然已经进入数字经济形态，在工业经济时代的所有企业都应该在人力资源结构上进行重构，从最高决策层到技术部门负责人，再到关键产品、市场、管理、营销环节，都需要各种数字技术人才，而且是“懂技术、懂业务、懂管理”的复合型人才，而不是让数字技术团队单独作为一个部门独立于其他业务。

供应链金融

本行充分发挥“金融＋科技”优势，运用“星云物联网平台”海量数据，以数字信用补充抵质押信用，帮助中小微客群解决融资难、融资贵问题。

在供应链金融这个环节，平安银行运用物联网平台创建的海量数据补充抵押信用也是金融业务与数字技术创新的重要手段，是充分利用数据资产化的数字与业务融合方式提供快速、高效的业务能力，获得更多业务机会的变革。

科技赋能数字化经营

本行将“科技引领”作为战略转型的驱动力，通过打造技术能力、数据能力、敏捷能力、人才能力、创新能力“五项领先科技能力”，为数字化经营提供支撑。

2021年，本行IT资本性支出及费用投入73.83亿元，同比增长2.4%，本行持续加大科技投入，并加强研发精细化管理，提升投产效率。

（1）科技赋能数字化经营有成果

本行将“五项领先科技能力”广泛应用于各业务领域，赋能前、中、后台管理升级，推动全面数字化经营，促进实现决策“三先”、经营“三提”、管理“三降”的目标。2021年，本集团成本收入比28.30%，同比下降0.81个百分点。服务营销零售业务方面，绿洲OASIS项目完成25项零售业务中台能力的孵化，赋能七大类业务场景，提升客户经营的线上化能力，有力支持“随身银行”新模式落地，为客户提供互动式、陪伴式的金融专业服务；通过企业微信平台集约化、社交化经营零售私域千万级别客群，实现客户经理人均服务客户数、万元户数量等关键指标增速倍数增长。对公业务方面，数字口袋通过“四通一平”（账户通、数据通、产品通、权益通和营销平台）项目建设，实现对公产品和服务的数字化升级，助力拓展客群规模；“星云物联网平台”深度融合物联网、AI、云计算、区块链等技术，有效解决银企信息不对称痛点，构建融资新模式，重塑供应链金融竞争优势，该平台落地智慧车联、智慧能源、智慧制造、智慧基建、智慧农业、智慧物流等六大产业场景，2021 年末，接入物联网设备超 1 100 万台，服务企业客户超 12 000 户，全年支持融资发生额超 3 000 亿元；通过小 PAi 机器人、企业微信等智能化工具，实现多渠道触客，提升智能服务能力，优化客户服务体验，赋能企业数字化经营，全年小 PAi 机器人总访问 58.0 万人，企业微信服务对公客户数超 1.3 万户。资金同业业务方面，“行 e 通 +”模式下的 BPBC（Bank-PAB-Bank-Customer）项目建立了平安理财 TA 系统（理财产品注册登记系统）和代销行 API 接口，全年线上理财产品销售规模突破 3 000 亿元；平安避险智慧分析平台（CRW）持续优化升级，该平台覆盖人民币结售汇、外汇买卖等主流金融市场业务，为企业客户提供线上多样化的避险策略。

以上这一段非常详尽、全面的业务内容介绍覆盖了平安银行在对公对私业务两条线上不同的数字技术运用和业务的融合内容，可以看到数字技术已经全方位融入平安银行的每一个细胞。

除了在业务上看到平安银行的全面数字化解决方案之外，我们还注意到一个很重要的内容就是平安银行高层决策管理团队阵营中，有一位非常年轻的数字化专业人才，完全符合“懂技术、懂业务、懂管理”的要求。

三、邮储银行

通过多轮筛选，中国邮政储蓄银行进入我们评选出来的 100 强榜单，我们来看看邮储银行《年报》中的披露。

> **战略目标**
>
> 以金融科技赋能高质量发展，加速业务模式转型，搭建智能风控体系，提升价值创造能力，打造服务乡村振兴和新型城镇化的领先的数字生态银行。

战略目标很清楚，尤其是战略性地将自身定义为数字生态银行。我们认为这个战略定义非常有意义，整个战略目标言简意赅，字少事大。我们所理解的数字经济是数字技术与实体经济的深度融合，而通常大家对数字技术也是一笔带过，什么是数字技术实际上是很难准确定义的，而邮储银行对数字技术的定义浓缩为数字生态，这是非常专业而精准的。数字技术就是以通信技术、计算机技术、信息技术、互联网技术、数字智能技术为基础技术，形成云计算、大数据、物联网、区块链、数字孪生、元宇宙以及各种感知、传输和软硬件技术生态，不同的行业、不同的需求需要创建不同的技术生态。

> **科技赋能战略**
>
> 以数字化转型驱动生产经营方式变革，数据驱动获客、活客、黏客，大幅提升客户服务体验。加强科技专业队伍建设，构筑智慧数据生态，推动全流程敏捷管理，提升金融科技创新应用能力。
>
> **客户深耕战略**
>
> 以客户为中心，为客户提供专业、高效、增值的综合金融服务方案，为客户创造价值。明确各类客群发展定位，打造客户分层分类管理体系，完善客户服务全生命周期管理，通过产品综合

化、服务专业化、渠道智能化，全面提升客户体验。

人才强行战略

树立人才资源是第一资源的观念，加快人才发展体制机制改革和政策创新。培养和造就一支规模适度、结构优化、素质优良的人才队伍，构建一套贴合战略、富有邮储银行特色的人才发展体系，探索提升人才管理智能化、信息化水平，为建设一流大型零售银行提供有力的人才保障和广泛的智力支持。

从以上三项具体的战略措施上可以看出，邮储银行采用了从数字技术的全面赋能到通过数字技术全面贯通客户和市场渠道，再到重视人才的智能化、信息化水平的战略，这个战略优于中信银行、弱于平安银行。

数字化赋能初见成效

数字化赋能是财富管理的加速器。本行在 CRM 系统推出近 1 000 个客户标签，实现个人客户精准识别，由零星分析向系统化管理转型；基于客户不同家庭生命周期需求，在个人财富管理系统推出养老、子女教育、保险保障等目标场景理财规划功能，科技赋能理财经理智能、快速为客户制定个性化服务方案；在手机银行上线财富体检功能，为大众客户提供线上财富诊断及优化建议服务。共为 105.29 万名客户进行财富体检，为 19.04 万名财富客户制定资产配置方案，数字化赋能资产配置服务初见成效。

从业务角度，我们相信全国多家银行都已经在开展上述数字化赋能业务，我们现在暂时不做评价，所有这些创新都刚刚开始，大家都在相同的赛道和起跑线上，还需要时间去积淀未来的数据。

> 本行充分把握客户行为线上化趋势，围绕“数字化服务、数字化营销、数字化运营、数字化风控”，深化消费信贷数字化转型，实现服务模式、获客模式、运营模式、风控模式转型发展，为更广泛客户提供便捷、优质的消费信贷服务。依托服务网络下沉优势与线上化服务便捷体验，围绕端到端客户旅程优化，重塑线上线下融合数字化服务模式，不断提升客户体验。通过内部存量客户挖潜和外部渠道拓展，打造“内外部双轮驱动”数字化营销模式，提升精准营销和场景获客能力。持续优化零售信贷工厂集中运营模式，作业效率稳步提升、人力资源得到有效节约、作业质量进一步提高，完善了“管理集约化、作业标准化、决策智能化”的高效智能数字化运营体系，强化消费贷款全生命周期管理。此外，强化运用生物识别与金融科技等新技术，基于各类内外部风险数据和信用评分模型进行风险控制，推进贷前自动化审批决策应用，推广贷后风险预警模型策略，建立“大数据＋评分卡＋新技术”的全流程数字化风控体系。
>
> 本行积极响应国家政策号召，以线上化、智能化、场景化、生态化为方向，深耕数字供应链金融，目前已建成包括应收类、预付类、存货类三大项近20种产品，围绕汽车、工程机械等“中国智造”重点领域，全场景提供优质高效的供应链金融服务，切实践行国有大行责任担当。

邮储银行的数字供应链金融是一个亮点。中国在国内的供应链、中国全球化供应链都是一个巨大的蛋糕，这些年各地方政府都在出台各种政策支持供应链金融的创建。供应链金融的创建不仅可以加快各行各业供应链所有节点上的物流、信息流、数据流、资金流、人流的速度，提高效率，降低成本，同时也是金融行业的一个巨大机会，各种信贷产品、ABS 产品、支付结算产品、信用产品的创新，解决了很多中小企业的财务资金梗阻。但是，传统的供应链金融目前正在升级为数字化供应链金融。数字化供应链金融可以通过创建私有云、物联网、区块链技术、Web3、产业投资基金等数字技术生态与传统供应链金融实现生态融合，打通全域化、全国化、全球化产业链关系，完全可以重构产业价值链。邮储银行在这个领域的创新有一个很好的基础——遍布中国城乡的强大网点，有利于分享乡村振兴战略红利，它有强大的邮政物流系统，具有很强的协同性。

在研究邮储银行治理结构的过程中我们发现，和中信银行、平安银行不一样的是，邮储银行的多位高管来自邮电局，其核心团队几乎都是清一色的金融机构专业人才，而邮储银行的邮电基因解开了为什么它对于数字技术的理解这么深刻，所提供的数字化解决方案这么落地，因为数字技术生态最基础的就是通信行业，在现代通信发展过程中，通信事业是在邮电系统的基础上发展起来的，比如北京邮电大学就为中国培养了相当多的高水平通信人才。数字技术的核心基础技术 5G 技术都是邮电系统人才创建出来的。

以上三家银行的数字化进程和渗透方式的分析和基本评价为我们呈现了银行业数字化进程的不同模块，通过比较我们可以得出以下几点结论。

1. 同样是银行，同样是数字技术，我们可以看到每家银行采用的数字技术战略和解决方案都是不一样的，所有数字技术在和银行的业务生态上的融合方式也是不一样的。所以，大家一定要摒弃所谓的互联网金融思维，互联网只是数字技术的载体之一，而复杂的金融领域不可能是一个互联网就可以“脱媒”创建的。

2. 传统银行同样可以通过数字技术的投入、数字技术的应用创造出无穷无尽的产业数字化创新方案，案例中列举的中信银行、平安银行、邮储银行仅仅是中国银行业数字化的一个缩影、一个开始，中国银行业仍有无尽的想象空间和创造空间。产业数字化发展到资产数字化、数字资产权益化阶段，工业经济时代的银行业将迎来颠覆性变革，目前仅仅是从传统商业银行向数字金融时代最早期的过渡而已。

中国有 42 家在 A 股市场上市的银行，我们总体梳理下来，大多数银行主要还是通过数字化、智能化提高内部经营和管理能力以及提高经营效率、风险控制力，如何通过数字化、智能化技术生态创新产品、创新和业务的联系、创新和客户的融合，还需要大胆的尝试和不断的探索。

3. 今天的商业银行虽然都是诞生于工业经济时代，是工业经济时代生产方式和生活方式的产物，但是进入数字经济时代之后，生产方式、生活方式的数字化、智能化将全面改变市场所有要素的金融需求。从我们分析的这三家银行可以看出，虽然它们都诞生于工业经济时代，也不是今天出现的数字银行和互联网金融的产物，但是，我们看到了它们在向着数字化方向转型、变革、创新的动力和方法。它们同样有机会屹立于数字经济时代，成为数字经济时代数字金融产业的佼佼者。

4. 由于数字金融业务处在刚刚起步阶段，各行各业的数字化也都在进程之中，产业数字化的快速发展必然带来金融数字化创新的需求，不然金融就会跟不上产业数字化的节奏。所以，通过对这三家银行进行比较，我们建议所有银行都要站在数字经济发展的高度和产业数字化的未来去畅想数字经济时代金融、银行业的生存方式，其战略定位一定不是简单的数字化转型和针对现有客户需求进行产品、服务、客户、渠道的创新，而是深度挖掘数字产业化、产业数字化快速发展之后数字经济形态的金融形态，目前三家银行都还没有在这方面进行战略安排。

5. 从价值投资逻辑来看，中国几乎所有银行上市公司都有很低的市净率，平均处在 1 以下水平，这是中国金融行业尤其是银行这个大众化、公共性行业的国情，导致银行股票成为低风险、低回报、交易不活跃的股票。总体来看，这符合传统价值投资的长期投资逻辑。数字化会不会带来变革和重构来打破这个戒律，我们认为，存在市场的可能性，也存在“高回报、高速度、高增长、低风险”的可能性，但是由于国情以及监管政策，国家是否允许存在这样的差异化和价值分化则存在不确定性。

当然，如果用 D12 模式去衡量，哪家银行敢于全面探索 D12 这样的数字金融解决方案，尤其是从数字全球的角度把创新和体制约束的矛盾放到中国市场以外，哪家银行有可能获得巨大的市场空间，打破国内天花板限制。因为这个方向还有一个人民币数字化的国际化、全球化使命。

6. 银行业的数字化一方面取决于自身在数字化管理、数字化风控的进程，另一方面也取决于产业数字化进程。未来 10 年是中国企业产业数字化的高速成长期，产业数字化将会给银行数字化、金融数字化带来巨大的变革和冲击，国家将会限制非金融数字化平台参与金融投资融资和信贷、支付结算等常规业务，但是，传统商业银行的数字化创新也会出现差异化竞争，出现银行数字化创新带来的激烈竞争和分化，预计在未来五年就会带来很大的变化，如果监管机构不做限制和开放竞争，传统银行在数字化时代一定会出现一次非重组并购式的数字化整合。鉴于银行业的特殊性，我们从纯粹市场化价值投资逻辑上难以预测。

第四节　数字化价值投资企业100强

从数字化价值投资企业 100 强名单中，我们发现按照地区排序，北京有 29 家，占 29%；广东有 25 家，占 25%；浙江有 9 家，占 9%；上海有 8 家，占 8%；江苏有 6 家，占 6%。北京、广东之和占据了半壁江山。

我们原先以为，江苏、浙江、上海虽然没有数字产业化优势，但是存在巨大的产业数字化优势，这三个地方应该是中国产业数字化最具希望的未来所在，但是这个结果超出了我们的预料。浙江、江苏、上海整个长三角地区全部加起来仅仅和广东相等，还不如一个北京。长三角产业数字化现状和长三角传统产业的实力相比，差距比较大，需要引起各级政府尤其是长三角地区政府的高度重视。

我们建议长三角地区创建和培育产业数字化系统生态，这样才能够促进产业数字化发展。北京和广东的产业数字化水平高，主要是因为北京有中关村这个强大的数字产业化生态，广东也是因为有深圳这个强大的数字产业化生态，对整个广东省传统产业形成了强辐射效应，使广东获得了产业数字化的优势。

另外，产业数字化也好，数字产业化也好，以上这个排名让我们比较担忧的是，中国数字经济发展进入产业数字化时代之后，数字经济发展的区域分布严重不平衡，广大的中部地区、西南地区具有强大的产业数字化资源，但是明显落后，产业数字化资源与产业数字化进程严重不匹配。

从这个数据分布可以发现，中国传统工业经济最强的地区也是上市公司数字化发展最活跃的地区；中国经济三足鼎立的北京、大湾区、长三角占据了 100 强的前 5 名。北京排名第一主要因为北京有强大的央企群体以及全国最密集、最强大的科研能力；广东排名第二，主要是因为广东有全国最强大的电子、信息行业的产业集群，也就是数字产业化能力强大的地方，更容易辐射这个区域的所有产业，从而提高了这个地区的产业数字化水平。

按照数字经济内容来划分，数字产业化企业有 28 家，占上市公司的 28%；产业数字化企业有 72 家。这个比例说明上市公司中数字产业化的推进已经让产业数字化企业强势崛起，非常符合数字经济发展的趋势，如果数字产业化企业所占比重大而产业数字化企业所占比重小，说明产业数字化偏弱。

从产业数字化属性来分析，数字产业化领域的上市公司如果是纯粹地从事数字基础设施的企业，其产品或者服务没有直接与产业关联，数字产业化的属性也不高，那么它们就不容易进入 100 强名单。

产业数字化领域也存在典型的产业数字化属性强弱之分。产业数字化属性最高的企业就是产品的客户覆盖所有家庭、个人和机构；其次为所有个人消费者；最后为企业和机构客户。

按照 D12 模式的要求进行对照，100 强名单普遍符合价值发掘（D1）、数字化转型（D3）、产业系统架构（D5）、数字智能（D10）这些节点，少数企业开始了数字全球（D8）战略制定。没有一家企业在数字整合（D7）、数字金融（D8）领域开展创新。这说明中国企业产业数字化基本局限在产业领域企业的数字化层面，还没有真正领悟产业数字化的真谛，没有全面制定产业在数字化生态下的运行战略，没有上升到数字经济形态下产业的数字化运行高度，所以，我们从100强名单中几乎看不到二十年、三十年之后，世界最大的产业数字化平台企业的身影。

无论在数字产业化方面，还是在产业数字化方面，虽然100强上市公司已经表现出中国上市公司整体数字化的最高水平，但是，它们都存在产业系统架构水平不高，产业数字化整体性战略缺陷明显，产业数字化进程中对数字技术横向和纵深技术创新应用严重不够等问题，一方面反映出上市公司对数字化理解还需要加深，另一方面也说明数字技术生态供给平台的严重匮乏。

在100强名单中，除了数字产业化上市公司之外，产业数字化企业在董事会这个决策层面，只有平安银行、云南白药、广东美的等极少数企业拥有既懂数字技术又懂企业管理的高层决策者，没有高水平数字技术专家，就好比工业经济时代的企业还是由农业经济时代企业家在决策管理。

在上述100强企业名单中，我们几乎没有看到农业产业化企业，除了新希望之外，没有一家从事农业产业化和农业产业数字化的企业上榜。产业数字化是中国农业产业化最大的机会，产业数字化可以将农业的种植业、养殖业从最源头的智慧育种、数字化土壤管理、数字化种植和养殖、数字化收获、数字化生产加工、数字化物流、数字化营销等方面结合起来，彻底改变中国农业产业化状况，缔造未来数字农业世界级企业。农业产业化的低成本和高价值的产业数字化价值投资空间没有被发掘出来，到底是什么因素制约着，需要我们深入思考。

第七章
DVI体系

前面六章主要是根据 2021 年《年报》对 4 677 家上市公司所进行的解构式评价，让我们看到了数字化进程初期上市公司千奇百怪的数字化呈现。总结起来有以下几大成果。

第一，按照经济学定义数字经济，评价上市公司数字化进程和价值，时机已经成熟。

第二，虽然很难采用工业经济价值投资理论来评价数字经济时代的上市公司，因为缺少数字化价值创造内容和数据要素价值的多角度与高维度，但是资本市场已经出现了创建数字化价值投资评价体系来评价上市公司价值的需求与巨大机会。

第三，初步发现了数字经济价值投资评价体系的规律。

第四，上市公司数字化整体处在初级阶段，站在产业的高度展开数字化创新的上市公司极为罕见；大量通过数字化、智能化创建的产业数字化、智能化平台企业还走在高速发展的路上，将从 2024 年开始，陆续进入资本市场。

2022 年的研究分析让我们树立了持续开展 2023 年评价的信心，与此同时，我们通过进一步学习和研究，终于在 2023 年做出了创建 DVI 体系的决定，也在此过程中发现了新大陆。

2024 年又将会是数据要素评价体系创建的新起点。

第一节 数字化价值投资与DVI

2022 年的评价是在疫情防控期间完成的，评价之前和评价之后存在巨大的反差。如果说评价之前我们完全是抱着一种好奇心，想通过评价来全面研究和了解中国的上市公司和数字化、数字经济的关系，那么通过评价和大规模地阅读上市公司《年报》，我们学习到上市公司数字化中的很多知识、内容，建立了对上市公司数字化全面、系统的认知。通过评价，我们也仿佛看见数字经济时代价值投资理论和方法的确立。这一点让我们感觉到收获巨大。当然，我们最大的收获还是通过第一年的评价，发现了持续评价下去的技术和方法。

因为在评价中我们确实看到上市公司数字化的全面性和普遍性，同时我们也发现了上市公司数字化进程中的一些规律，这坚定了我们对于评价的信心，也让我们在评价过程中逐渐创建了 DVI 体系，我们创建的这个评价体系对截至 2022 年 4 月 30 日发布《年报》的 4 677 家上市公司进行了全面的数字化价值投资评价，形成了全球范围第一份《上市公司数字化价值投资评价报告》。

第一年的评价结果让我们得到两大收获：第一，数字经济时代价值投资理论和方法完全成立；第二，根据第一年的评价，我们创建了 DVI。前面已经讲过数字化价值理论和方法，这里重点介绍 DVI。

DVI 的主要内涵是：以上市公司为评价对象，采用原创的数字化价值投资理论和方式，针对上市公司数字化进程和数字产业上市公司以及数字科技与实体产业深度融合的上市公司因为数字经济形态下，创造价值方式和实现方式变化所形成的数字化分类组合变化、定价逻辑变化、定价模型变化、定价方式变化而创建的评价体系。

DVI 的创立不仅仅是针对上市公司的一个价值评价体系，而是在全球经济由工业经济形态向数字经济形态迭代、融合、转换阶段，从数字经济形态的角度，并从经济形态、企业价值创造方式、数字科技与经济融合的物种创新、价值投资哲学和理论、价值创造主体运行方式以及数字经济时代投资组合变化、数字经济时代行业分类变迁等若干方面，重构了资本市场上市公司价值投资评价模型以及可以延伸出来的各种投资组合。

进入 2023 年，我们再次加大了评价力度，决定对 2022 年上市公司《年报》开展第二年评价。在 2023 年的评价过程中，我们加入了来自上海的一家数字科技公司——融量数据科技（上海）有限公司，它的参与对我们的评价起到了非常重要的作用，主要原因在于该公司的创始人何滟女士不仅毕业于计算机专业，而且从事金融大数据研究和运营超过 20 年时间，创建过著名的金融大数据公司。既懂得数字科技、大数据和人工智能，又懂得金融的人实在太少。何滟在理解了我们提出的 DVI 之后，表现出了极大的兴趣，非常愿意参与到我们的评价工作中来。

通过连续两年的研究分析和评价，我们在 2023 年有了重大的发现，我们不仅可以对每一家上市公司的数字化进程进行分析和评价，还提出了上市公司数字化分类组合评价思路，将每一家公司的评价与数字化分类组合结合起来，对于创建 DVI 体系具有更加重要和深远的意义。我们创建的这些数字化分类组合遵循工业经济时代行业、产业分类特征，同时，我们也发现了数字化、智能化带来的神奇关系，这些关系不可能在工业化时代出现，呈现出数字经济时代数字科技产业发展、数字科技与实体经济融合、传统产业与数字科技融合的新趋势、新规律。这也由此引发了我们对数字经济形态下资本市场秩序和规则的新的思考，这些思考超越了我们对数字化价值投资的创新范畴，有可能构成数字经济时代股票市场新的投资秩序。

在评价过程中我们进一步发现，我们改变了 1884 年以来道琼斯公司创建了近 140 年的股票指数成分股推选逻辑，改变了工业经济时代全球范围内通行的行业分类方式；我们也在传承本杰明・格雷厄姆、沃伦・巴菲特、查理・芒格等人创建的工业经济时代价值投资理论的基础上，改变了工业经济时代价值投资估值评价方式。我们发现数字经济时代的上市公司业务类型、生存、发展方式以及商业模式、盈利模式完全有别于工业经济时代上市公司的运行规律，因此数字经济时代需要创建数字化价值投资评价体系。这些内容完全有可能改变 1884 年第一个资本市场指数，改变道琼斯 30 种工业股票指数创建以来所形成的资本市场估值体系、指数体系、量化模型、被动投资生态体系以及资本市场本质规则和市场秩序。

基于此，中国有机会在数字经济形态下，重建被西方资本市场统治一百多年的资本市场秩序。

如果不是站在经济数字化的角度理解和定义数字经济，而是按照目前中国主流的数字经济定义去认识和理解，去分析和研究，是不可能产生这些结论的。

在继续保持 2022 年的评价基本理论、逻辑和方法的基础上，我们对 2023 年的 DVI 体系又有了新的发现。这些发现不仅进一步验证了上市公司数字化价值投资理论和评价体系的成立，还让我们找到了数字化价值投资更加丰富的内容和规律。2023 年 DVI 评价工作和 2022 年相比具有以下特点。

（一）评价范围的广泛性和复杂性

2022年的评价内容只设定了“上市公司数字化价值投资组合综合排名100强”“上市公司数字化价值投资双重价值叠加投资组合20强”“上市公司数字化未来之星投资组合10强”三个名单，重点评价了产业数字化领域上市公司，对数字产业化上市公司的运行规律还不太熟悉，对数字科技体系与实体经济在上市公司这个经济群体中的关系理解不深。

而2023年我们按照DVI独创性设计的数字化价值投资分类组合分类方式，选取了22个分类组合，利用大数据和人工智能技术将每个分类组合名单列出来，根据算法进行筛选、初评，每个分类组合评选20家上市公司，并按照数字化投资组合逻辑和模型，邀请专家们进行深度研究分析。加上上市公司百强、双重价值叠加、未来之星研究，共推选出562家上市公司，这些上市公司都是数字化价值投资优质上市公司。

我们通过评价发现，数字科技所形成的综合性、系统性、协同性数字技术生态，其自身的数字产业化产业形态的内在逻辑非常复杂，而且数字产业与实体经济之间也呈现出前所未有的复杂状态，彻底改变了工业经济时代产业的垂直特性、线性特征，全面印证了钱学森先生创建的大成智慧学术体系。

数字经济的复杂性还远远没有出现，我们还需要不断提升我们的认知。

（二）大规模、深度使用人工智能技术

在2022年数字化价值投资评价的经验基础上，2023年我们全面采用人工智能技术，通过结构化、标准化数据技术进行更加广泛的大面积应用，大大提高了评价效率。

数字经济的复杂性也给利用大数据、利用人工智能技术评价、发掘数字经济价值投资规律留下了更多的空间。

目前在全球广泛推广的 AIGC 大模型会全面支持我们的 DVI 体系，采用智能技术评价数字化对上市公司和资本市场的影响也必将成为一个新的趋势。DVI 在采用 AI 技术评价上市公司的各种数字科技、智能科技的同时，也能够创建智能化的评价能力、智能化的量化能力。

也是在我们评价工作进行期间，AIGC 领域著名的 ChatGPT 爆火。ChatGPT 是由美国人工智能公司 OpenAI 发布的聊天机器人程序，这个程序的特点是通过生成式预训练模型对大数据进行分析处理之后来回答各种生成式问题，可以像人类大脑一样处理和解决很多问题。

当 ChatGPT 在中国引发巨大的反响和震撼时，我们也在思考大模型对我们这个评价的意义，也看到了 DVI 在 AIGC 时代的重要性。首先，我们要评价所有上市公司如何利用 AIGC 带来的所有影响；其次，我们也会充分利用 AIGC 作为我们的工具，将其应用于我们的评价场景；最后，我们也会将 AIGC 用于设计分类投资组合以及 ETF。

（三）数字化价值投资进一步创新

DVI 的创建第一次在全球范围内改变了 1884 年道琼斯股票指数创建以来的工业经济形态分类方式和成分股构成方式，以数字经济作为经济形态定义，在传承工业经济时代价值投资理论的同时，改变了工业经济时代价值投资底层逻辑；另外，我们没有采用世界各地包括中国在内的工业经济时代制定的行业分类方式，而是创造性地根据数字产业化、产业数字化以及数字科技与传统经济深度融合而出现的复杂的内在逻辑关系，设计了数字化价值分类组合。

这些分类组合完全改变了工业经济时代的行业分类和行业分析方法，发掘数字经济从数字科技到数字经济发展进程中的临界点，分别从数字科技到数字经济以及数字经济到数字科技的角度，寻求数字化价值投资新规律。这些认知区别于中国国内各界目前对数字经济的认知。

我们相信，随着数字科技的发展，数字科技体系与工业经济体系之间的融合才刚刚开始，很多规律性的内容还没有体现出来，我们还需要不断在发展中探索、发现。

（四）2022 年 DVI 评价结果

我们将 2022 年 DVI 评价结果“上市公司数字化价值投资组合综合排名 100 强名单”交由新华社旗下中国经济信息社指数公司进行回测，按照年度回测结果，跑赢中国主要股票指数，这一成果对于我们创建的 DVI 体系来说是一个非常难得的激励，让我们对 DVI 体系充满信心。

我们将对 2022 年的评价结果和 2023 年的评价结果进行优化和平衡后，选择最佳投资组合，通过模型来创建数字化价值投资指数。

我们相信，DVI 体系创建的数字化价值投资指数将会区别于工业经济时代所有股票指数。

（五）2023 年的 DVI 评价结果优于 2022 年

从 2023 年的 DVI 评价结果看，本次评价的上市公司一共 4 953 家；其中和数字化相关的上市公司为 3 862 家，占评价总数的 77%，完全符合 2022 年分析评价的预期。目前尚有 1 091 家上市公司和数字化没有关联。

数字产业化上市公司为 1 170 家，占本次评价上市公司总数的 23.62%，比 2022 年增加 111 家，增幅为 10.48%。产业数字化上市公司为 2 831 家，占上市公司总数的 57.15%，比 2022 年增加 165 家，增幅为 4.56%。

从这个结果可以看出，数字产业化公司占上市公司的比重越来越高，这个类型的上市公司已经完全不是工业经济时代的产物，完全代表数字经济时代，属于数字经济时代的新物种。如果我们按照工业经济时代的价值评价体系，已经很难评价这个类型的企业。由于这类企业存在天然的向传统工业经济渗透的基因，从这个领域出发，改造传统实体经济，创新发展成为新型实体经济企业也将会是一种趋势。另外，产业数字化上市公司已经达到 2 831 家，占上市公司总数的 57.15%，加上数字产业化企业的 23.62%，上市公司与数字经济的关联已经达到 80.77%。这么高的比例超出我们的预期，说明中国上市公司已经全面进入数字化时代。

总的来看，目前中国数字经济处在从数字化定义数字经济向经济学定义数字经济的转换进程中，数字科技发展、数字产业化发展快于传统产业的数字化转型，快于产业数字化的发展速度。这个问题需要引起中国经济主管部门的高度重视，及时调整数字经济定义以及数字经济范畴与范畴定义，对中国数字经济健康发展、高质量发展具有重大意义。

另外，虽然这个数字说明了中国在推进数字化进程中的速度和节奏，但是很多企业尤其是产业数字化企业，还是大量处在数字化概念阶段，仅仅是数字化的开始。目前，绝大多数上市公司在数字化进程上基本处在同一起跑线，和几年前不同的是，大家都决定起跑。我们的任务就是不断地观察和分析数字化进程中价值创造的规律和价值创造的评价规律。

2023 年，中国乃至全球在数字科技、数字经济领域发生了很多重大事件，包括 ChatGPT 的问世，中国提出数字中国建设，组建国家数据局，香港大力推动 Web3 作为技术支持的虚拟数字资产交易，澳门滴灌通的成功交易，这些重大事件对数字经济的发展至关重要。

由于中国政府加大数字经济和数字中国的发展力度，中国数字经济发展对资本市场的影响更大，数字化成为整个资本市场的主题词。这对于 DVI 体系来说，也是莫大的鼓舞。

DVI 的成功创建让我们看到上市公司数字化价值投资理论和逻辑的成立。自 1884 年第一个股票指数创建以来，DVI 第一次重建股票市场估值体系，第一个改变股票市场股票指数成分股组成规则。因此，我们也将第一次创建股票市场指数与服务生态体系，逐渐创建 DVI 数字化价值投资组合数据体系，逐渐创建数字化价值投资指数体系，逐渐形成 DVI 从指数到大数据再到生态体系的全面创建。因此，我们在 2023 年 5 月 12 日创建了中创数经信息服务（上海）有限公司，通过公司化运营，打造 DVI 数字化价值投资业务生态。

根据我们的研究分析，在全球证券市场投资结构中，主动投资比例已经低于被动投资比例，以指数基金作为主要产品的指数生态体系成为全球资产管理的主流，指数基金生态体系走向了 3.0 阶段，这个阶段在经历一百多年前的股票指数发布服务、大数据量化投资组合服务之后，走向投资组合指数生态服务体系。指数服务公司将进一步建立投资者、股票指数、成分股深度研究分析和个性化咨询服务生态体系。

从 1884 年至今 140 年来创建的资本市场指数、指数基金、投资量化模型、指数服务体系以及投资逻辑已经非常成熟，我们完全没有机会，也没有能力和可能来改变和超越工业经济尤其是资本市场秩序创建以来的市场规则、市场秩序。好在数字科技的出现以及由数字科技生态构建的数字科技产业、数字科技体系对工业经济由浅入深的融合、颠覆、创新正在改变工业经济以来的所有市场规则、市场秩序，让我们看到了数字经济时代资本市场秩序重建的规律性变化，这些变化有可能在中国率先出现全新的规律和规则。我们有机会成为这些规律的发现者和规则的创建者，从而通过规律的发现、秩序的重构、规则的调整，让中国成为数字经济时代资本市场秩序重构者、新秩序引领者、新规则创建者。

DVI 就是这些规律最早的探索者和秩序的重构者。

DVI 的创建当然始终需要保持和价值投资领域专家的互动与交流，我们的所有成果都会在第一时间和喜马拉雅资本同步分享，也非常希望把我们的成果和价值投资者交流，共同推进价值投资在数字经济时代的创新。

第二节　DVI悄然创立

自 2022 年 3 月 9 日开始，DVI 对中国三地 4 677 家上市公司进行数字化价值投资评价，并于 2022 年 12 月 12 日在北京国家数字出版基地进行线上线下发布。

2023 年 3 月，开始筹备 2023 年 DVI 评价工作。

2023 年 5 月 12 日，在上海召开 DVI 数字化价值投资论坛，同时宣布成立中创数经信息服务（上海）有限公司，开展公司化运营。

2023 年 5 月 12 日，在上海浦东汇博中心召开的数字化价值投资论坛上，由数字经济 D12 价值投资论坛独创的 DVI 体系发布，也由此启动了 2023 年度对三大交易所全部国内上市公司数字化投资价值的评价工作。

DVI 评价工作始于 2022 年 3 月 9 日。笔者带领的研究团队秉承一百年前本杰明·格雷厄姆创建的价值投资理论，在工业经济向数字经济形态迭代交汇这个重要的历史时刻，提出数字经济时代价值投资理论，并按照数字经济时代价值投资底层逻辑，开始了对上市公司数字化价值投资评价工作，开发了数字化价值投资综合评价量化模型、数字化双重价值叠加投资组合评价模型、数字产业未来之星投资组合评价模型，并评选出了2022年度数字化价值投资百强上市企业，发布了《2022年上市公司数字化价值投资评价报告》。

经过一年的运行，DVI体系的评价结果对2023年4月30日《年报》发布截止日综合排名100强名单进行回测，数据超过国内所有股票指数，高居榜首。

DVI能够取得这样的成绩，不仅让研究团队倍感振奋，也让更多的行业人士关注并参与其中。DVI来源于价值投资理论，但是独具特色。研究团队创建了数字经济时代价值投资与价值创造方法（D12），独创性地提出了数字经济时代价值投资概念、理论与基础逻辑，改变了工业经济时代价值投资和评价体系的基本规则，创建了数字化价值投资和评价体系的运行规律和底层技术逻辑。这既是对工业经济时代价值投资理论的遵循和传承，也是价值投资理论在数字经济时代的颠覆性创新。

在2022年取得优异成绩的基础上，2023年进一步引入了金融工程、大数据分析和智库资源，对原模型进行更进一步的完善。

2023年4月底，随着各上市公司《年报》公布完毕，2023年的评价工作也在紧锣密鼓地展开。研究团队将根据数字产业化、产业数字化、资产数字化发展的最新趋势和规律纵向深耕多种投资组合，在AI大模型的支持下，进一步拓展DVI量化投资组合领域，开发新的数字化价值投资量化组合产品，给国际国内机构投资者提供生态化量化组合产品服务。

第三节 DVI数字经济新视角

2022 年 12 月 2 日，中共中央、国务院发布的《关于构建数据基础制度更好发挥数据要素作用的意见》提出：“数据作为新型生产要素，是数字化、网络化、智能化的基础，已快速融入生产、分配、流通、消费和社会服务管理等各环节，深刻改变着生产方式、生活方式和社会治理方式。数据基础制度建设事关国家发展和安全大局。为加快构建数据基础制度，充分发挥我国海量数据规模和丰富应用场景优势，激活数据要素潜能，做强做优做大数字经济，增强经济发展新动能，构筑国家竞争新优势。”

随后，财政部发布《企业数据资源相关会计处理暂行规定（征求意见稿）》，将加快上市公司数据要素资产入表工作，对上市公司估值体系和资产结构将会产生重大影响。

我们认为，这是中国在定义数据要素价值的时候，从数字科技的角度定义数字经济的一个要素性安排。这个安排对于数字技术的进步及数字科技的投资都具有重要意义。但是，数据要素仅仅是数字科技要素，这个要素是通信、互联网、计算机、人工智能发展到相对高水平的时候，在互联网载体上生产出来海量数据，这些数据可以作为数字科技生产要素，标注为资产，参与交易、流通、分配是成立的。但是，我们看到这个安排存在一个严重的缺陷，那就是忽略了数字科技与实体经济深度融合之后，所有物理形态资产通过数字孪生表现为一种全新的且同样可以确权、流通、交易和分配的数字化权益。这种权益虽然是基于物理资产，不用去进行资产价值的重复估值，但是，因为数字科技的生产关系和数字科技生产力，这些数据是可以重新定义的。

2023 年 2 月 27 日，中共中央、国务院发布《数字中国建设整体布局规划》，提出将于 2035 年完成数字中国建设。

一、中国必须从经济学方向重新定义数字经济

数字经济是自 1946 年世界第一台计算机诞生以及 1956 年达特茅斯人工智能会议以来逐渐形成的数字科技向工业经济形态逐渐渗透、融合，并不断改变工业经济形态，逐渐突破临界点之后正在快速形成新的经济形态。

1995 年加拿大人唐·塔普斯科特（Don Tapscott）写的《数字经济》一书，第一次提出数字经济。今天距离全球掀起数字经济浪潮已经 28 年，但塔普斯科特并没有对数字经济进行定义。

中国最早提出数字经济定义是在 2016 年 G20 杭州峰会上通过的由中国起草的《G20 数字经济发展与合作倡议》，其定义是："数字经济是指以使用数字化的知识和信息作为关键生产要素、以现代信息网络作为重要载体、以信息通信技术的有效使用作为效率提升和经济结构优化的重要推动力的一系列经济活动。"

从经济学理论角度来看，G20 的定义很显然是站在数字技术的角度解读数字技术对经济活动的影响和对经济结构的优化，它把数字经济定义为经济活动，而不是经济形态。经济活动与经济形态存在本质性区别，经济活动可能是农业经济和数字技术的经济活动，也可能是工业经济和数字技术之间的活动，依然是原有经济形态的延伸。所以，G20 关于数字经济的定义仅仅是数字经济定义的一个定义方向。

2017 年，中国信息通信研究院第一次提出了数字经济是新型经济形态，认为数字经济是继农业经济、工业经济之后的更高级经济阶段。中国信息通信研究院作为中国工业和信息化部的直属研究机构，在不断地调整数字经济的定义。

2021 年 4 月，中国信息通信研究院发布的《中国数字经济发展白皮书》关于数字经济定义的新版本是："数字经济是以数字化的知识和信息作为关键生产要素，以数字技术为核心驱动力量，以现代信息网络为重要载体，通过数字技术与实体经济深度融合，不断提高经济社会的数字化、网络化、智能化水平，加速重构经济发展与治理模式的新型经济形态。"并且把数字经济的内容在数字产业化、产业数字化、数字化治理的基础上增加了数据价值化。

这个版本的最大贡献就是终于理直气壮地提出数字经济是新型经济形态，但还是没有摆脱数字化对经济的作用这一角度，是经济的数字化而不是数字的经济化。

2021 年 6 月，国家统计局发布的《数字经济及其核心产业统计分类》也对数字经济进行了定义，这个定义还是继承了 G20 杭州峰会的角度。但是，2022 年 1 月 12 日国务院印发的《"十四五"数字经济发展规划》(以下简称《规划》) 终于有了一个重大突破。

《规划》的开篇内容就是："数字经济是继农业经济、工业经济之后的主要经济形态，是以数据资源为关键要素，以现代信息网络为主要载体，以信息通信技术融合应用、全要素数字化转型为重要推动力，促进公平与效率更加统一的新经济形态。"

我们认为，数字科技对经济的影响、渗透、融合已经逐渐突破经济学的临界点，只有系统、科学地发现和认识数字经济从今天到未来的本质规律和发展趋势，正确采用经济学定义，才能构成数字经济形态，才能够创建系统的数字经济知识体系、理论体系、运行体系、治理体系和法律体系、教育培训体系。

我们认为，从经济学的角度和本质出发，数字经济的定义是：综合性、系统性、协同性数字技术生态与农业经济、工业经济所有要素链接、融合、交互，重构农业经济、工业经济的生产、流通、分配、消费关系，从而出现全新的经济形态，这个经济形态就是数字经济。

二、必须科学规范数字经济范畴

数字经济是农业经济、工业经济的迭代。数字经济不仅创造出巨大的数字科技产业，还将与农业经济、工业经济形成深度融合，从而创造出数字化的农业和数字化的工业、数字化的服务业、数字化的金融业。反之就是农业产业数字化、工业产业数字化、服务业数字化、金融业数字化等。数字经济的主要范畴是数字产业化、产业数字化、数字资产与资产数字化。

目前，数字经济定义的范畴局限于数字科技经济化，缺少了经济数字化的认知，一方面对于产业数字化内容和分类方式的定义不准确，没有包括产业数字化的全部内涵；另一方面忽略、遗漏了资产数字化（金融数字化或者实体资产数字权益）这个未来价值数以百万亿元的最重要的数字生产力。这个遗漏会全面局限数字产业化的场景，也会全面局限产业数字化创新。

目前在国内全面推动的数据资产价值化和数据资产入表，只是互联网载体上通过链接创造的海量数据生产的数字资产，不能覆盖资产数字化的全部，并且也没有列入数字经济分类统计范畴，数字科技与资产的关系包括数字资产化、资产数字化。

资产数字化相当于全社会已经形成物理资产，包括有型资产、无形资产、数据资产的全面数字化。它实际上是所有形态的资产的数字化表达和确权、存证、流通和交易，这是未来数字经济形态下的主要数字金融形态。

诞生于 2023 年 3 月 25 日的澳门滴灌通交易所，通过数字科技建构的组织系统，将小微企业现金流与投资者的投资行为绑定，创造了现金流收入分配模式，对于产业数字化链接资产数字化，开创了一个具有里程碑意义的时代。

三、数字经济是一场生产关系的革命

数字经济对于农业经济、工业经济的迭代主要体现在数字科技生产力推动生产关系的变革。

工业经济形态发展的高级阶段是在资本驱动的公司组织这一生产关系向数字资产驱动的数字科技组织形态生产关系变革过程中，资本市场与数字资产市场共存，并逐渐由资本市场主导转换到数字资产市场主导，形成新的生产关系。这一生产关系的变化必然改变所有制关系，改变生产要素相互之间的关系和分配关系。

数字经济形态与工业经济形态生产关系最大的区别是数字资产所有权和资本所有权的关系转换。而实现这种转换的关键是互联网技术的迭代。每一次迭代都代表生产关系的变革。第三代互联网和万物互联是数字经济从数字科技定义逆转到数字经济学定义的临界点。万物互联是生产力的临界点，第三代互联网是生产关系的临界点。资本将逐渐丧失在数字经济形态生产关系中的主导地位，但这是一个渐进过程。分布式、主权式、自适应生产经营行为使数字资产交易取代集中式资本市场交易。

新一代分布式主权互联网 Web3 所形成的生产关系与资本市场两大生产关系共存，资本的流动性逐渐被数字资产的流动性取代，资本所有制社会演变成为数字资产所有制社会。这与社会主义社会所要求的经济基础是相符的。

数字资产的所有权关系可以真正量化全民所有制的资产权益。

我们长期讨论全民所有制不可量化的问题，得出了数字化解决方案，为社会主义制度奠定了新的经济基础。

四、数字经济将拓展人类数字生存空间

工业经济生产效率提高所制造的产能过剩以及对资源的掠夺造成了工业经济的严重危机。

数字经济通过数字化链接将工业经济形态分散的产业要素和离散的生产方式用数字化技术和组织重构，数字智能又进一步改变生产方式，重构工业经济形态，让工业经济效率更高，更加精准。同时，数字经济未来最大的贡献将是创造新的数字空间经济形态。

新的数字空间经济是数字增量经济。数字空间经济将解决物理空间经济严重的供大于求和产品过剩、劳动力过剩危机，也可以消化数字智能造成的严重失业问题。

如何实现平稳过渡是重大的社会责任。

五、商业组织迭代与 Web3 的生产关系价值

工业经济发展中的一个伟大的成就就是创建了以资本作为链接的

股份有限公司这样一个商业组织形式，这一商业组织作为主要生产关系，保障了整个市场经济秩序的完整运行。这是资本主义的伟大创造，也是资本主义社会立足的基石。

必须把数字经济时代创造的互联网理解为数字经济时代的商业组织。在经历 Web1、Web2 之后，Web3 将成为数字经济时代与 Web2 兼容、与工业经济时代商业组织融合的新的商业组织形式。这一商业组织的革命将成为数字经济时代的主要生产关系。

由于 Web3 与数字货币捆绑诞生，Web3 也被错误地等同于虚拟数字资产独占的技术基础设施，严重影响了 Web3 的经济学本质属性，也阻碍了 Web3 的健康发展，Web3 在数字经济生产关系中的价值也被严重忽略。

应该把第三代互联网从等同于数字货币交易平台的定义中分割出来，将第三代互联网定义为数字科技创建的新型商业组织和数字经济形态的生产关系。

将 Web3 作为产业数字化与资产数字化、数字金融的主要基础设施和生产关系。将 Web3 打造成为全面推进产业数字化和资产数字化以及金融数字化的数字基础设施与生产关系的数字技术载体。

加大第三代互联网基础设施尤其是网络安全和数字安全基础设施建设，大力发展分布式主权互联网（去中心化运营、中心化监管），用资产数字化带动资产高效率流动，促进供给和需求流动。形成资产数字化驱动的数字产业化和产业数字化三重生产力结构闭环。

六、新产业形态革命

数字经济新生产力和新生产关系的变革将重构工业经济的产业形

态。数字经济形态下的产业形态主要包括以下几种类型。

第一，数字产业化企业与独立节点。大型数字基础设施资产数字化可以让无数人、无数独立商业节点分享资产收益。基础设施之上的各种开源硬件、软件都可能是个体节点拥有，相互之间不是资本控制关系而是数字资产链接关系。

第二，产品和服务数字化平台企业与独立节点。

第三，产业集群产业数字化平台企业与独立节点。

第四，产业链产业数字化平台企业与独立节点。

第五，现代公司仅仅是商业组织之一。

七、分配方式革命

随着数字经济形态生产关系的重构，生产力会更加强大而高效，要素资源配置更加科学和精准，劳动者价值和财富创造形式更加丰富，价值创造和价值分配同步，彻底改变工业经济时代的分配方式，通过共享性价值创造、价值链接，实现供应、生产、消费全过程分配形式，从而实现共同富裕。

第三代互联网是技术支持的产业数字化、资产数字化平台，将以数字资产分配形式逐渐取代资本资产分配形式，第三代互联网建设将是数字化分配方式的技术保障。同时，第三代互联网基础设施建设还将保障主权数字货币的发行、流通、支付、结算。

八、上层建筑新形态

数字经济时代市场化的看不见的手和政府作为看得见的手都将会

形成与数字化、智能化的“数字之手”的协同，在看不见的手和看得见的手的共同作用下，形成数字化、智能化平衡机制，创建数字经济形态下的上层建筑与经济基础的统一。

资产数字化所形成的数字资产社会必然会让加密、隐私、分布式、可流通、可支付、可结算、可交易、可兑换、可继承的数字权益形成的经济体制和经济基础诞生统一、强大、自由、民主、开放的社会形态。

九、数字中国是中国的数字文明形态

数字中国是数字经济发展进程中对数字社会、数字文明的创造形式与重大贡献。没有数字科技发展，没有数字经济推动，没有中国特色的体制机制，就无法建成数字中国。

但是，数字中国建设不能与数字经济分割成两个体系，要促进数字中国建设与数字经济的相互联系。数字经济是数字中国的基础，同时数字中国不仅创造数字社会和数字文明，还给数字经济发展创造更加丰富的经济场景。

第四节 DVI的新发现

DVI 未采用国标行业分类、证监会行业分类，而是根据主营业务以及产业链相关联的产品、服务等维度进行分类，形成 DVI 数字化分类组合法。

DVI 将上市公司按照数字产业化、产业数字化、资产数字化划分，

按总分 100 分制，从工业经济时代价值投资逻辑维度，以及上市公司产品（服务）全生命周期、企业全要素、产业链、供应链、价值链数字化维度进行综合评价研究。

DVI 数据来自上市公司披露的 2022 年《年报》、公告及公开信息。DVI 不仅采用结构化数据，还利用人工智能、模型算法、数据人工编辑，对专家的经历、资源、实战进行抽象，建立语料库，对文本内容进行处理，形成可量化标签和因子指标（见表 7–1）。

表 7–1　上市公司数字化价值投资评价分类及权重

评价分类	权重
公司基本面	40%
科技能力	10%
产品数字化	10%
企业数字化	30%
产业数字化	10%
综合创新加分项	最高分 5 分

公司基本面包含主要财务指标、行业地位、经营业绩等；科技能力包含专利价值、科技投入和研发人员等；产品数字化包含产品属性、价值属性等；企业数字化包含战略规划、技术能力等；产业数字化包含产业链、价值链、ESG 等；综合创新加分项包含资源价值、商业模式的创新等。

上述评价方法为通用法，在数字经济时代，产业、细分产业、行业呈现不同特征，未来将对 DVI 组合分类分别构建不同深度的评价体系。

在 2022 年上市公司数字化价值投资评价进入深层次的时候，我们有了一些全新的发现。

第一，通过多年来对数字经济形态知识系统和理论的研究发现，我们独创了数字经济形态的经济学定义，区别于目前国内对数字经济的定义内涵，并提出了数字经济系统理论。

这样的定义和理论完全改变了中国各界从行政角度、数字技术角度定义数字经济的方向，这个方向的定义使得我们所提出的数字经济作为经济形态的定义完全达到了经济形态迭代的程度。

根据这样的定义，我们必须创建基于数字经济经济学定义下的理论、知识系统、经济规则、市场规则、法律规则。这样的百年大变局让我们有机会逐渐全面参与改变现代资本市场创建 100 多年以来的基本规则，创建数字经济形态资本市场规则体系。

第二，基于我们对数字经济的理解，我们提出了数字经济时代数字化价值创造和价值投资的理论和方法——D12 模式。

基于以上观点，我们就不是站在工业经济时代的理论和逻辑上对资本市场进行理解，而是从数字经济的角度进行理解。

工业经济向数字经济的升级和迭代是一个渐进的过程，同时，不同的国家和不同的经济体所体现出来的数字经济内容和进程存在较大差异，我们对于规则的创新基于中国经济的数字化进程，具有中国经济的特色。

D12 模式根据中国现阶段经济发展特色以及数字经济发展进程，从基于数字智能的产业数字化价值创造入手，创新了数字经济时代产业数字化价值创造模式。

第三，我们根据数字化价值投资理论和方法，设计了数字化价值投资评价体系。

我们将系统、全面、科学的产业数字化价值创造模式所延伸出来的价值投资评价体系用于各行业上市公司数字化进程的评价。

这个评价体系的建立逻辑不是站在工业经济形态对资本市场和价值投资的理解，而是数字经济形态下对于资本市场和价值投资的逻辑。也就是说，我们会逐渐完全独立于100多年来资本市场已经创建的价值投资理论、估值体系、投资组合、量化模型、股票指数设计方式以及与投资者之间的关系。

第四，按照我们设计的完全独立于工业经济时代的上市公司数字化价值评价体系，发掘、创新了数字化价值投资组合模型。这个投资组合逻辑区别于目前世界任何一个价值投资和投资组合逻辑。

这个投资组合逻辑有的来自工业经济时代的行业投资组合关系，也有的来自数字经济时代完全独有的投资组合关系。即使来自工业经济时代的投资组合关系，也因为价值创造方式的差异，使得我们的评价模型和工业经济时代的评价模型设计完全不一样。

数字科技的不断创新和对工业经济的持续影响，使得数字化生产方式场景下的公司分类方式在不断变化中，分类投资组合与评价模型也将不断变化，适应新的变化规律。

第五，根据数字经济价值投资组合逻辑，我们重建了数字化价值投资组合量化模型，改变了价值投资组合量化模型的基础因子，我们将根据这些量化模型设计各种投资组合指数，区别于目前全球资本市场上所有工业经济时代的投资理论、方法、投资组合创建以及投资组合量化模型关于数字经济时代上市公司股票的指数创建基础。

工业经济时代所有股票指数成分股的选择都是按照类型筛选出来的，而我们的指数成分股是按照数字化价值投资组合模型评价出来的。这是根本区别。

我们创建这个评价体系的目的是希望创建数字经济时代资本市场规则的新赛道。

第八章
数字产业资本新物种

按照国家统计局发布的《数字经济及其核心产业统计分类（2021）》，数字经济产业可以分为数字产品制造业、数字产品服务业、数字技术应用业、数字要素驱动业、数字化效率提升五大类。前四类为数字产业化，第五类数字化效率提升为产业数字化。

如果按照这个分类去评价上市公司数字化价值投资，会陷入工业化思维框架里，很难发现数字经济时代价值投资逻辑。我们连续两年对数千家上市公司《年报》进行研究分析发现，不论是数字产业化还是产业数字化，我们都不能按照工业经济时代的垂直性、线性思维来研究上市公司数字化价值投资规律，而应当在钱学森先生创建的“大成智慧”体系下，研究分析数字产业化、产业数字化，未来还有资产数字化对上市公司价值投资的影响。我们在评价中还发现，其实数字产业化和产业数字化分类本身也不太科学，数字产业化和产业数字化在实际应用中，没有这么清晰的界限，在数字产业化上市公司中，同样也包含产业数字化的内容，而产业数字化公司也有数字产业化的案例。

我们目前做的这个分类组合设计还仅仅是一个初级分类，数字经济时代按照数字科技逻辑、产品逻辑、技术逻辑、企业逻辑、产业逻辑、供应链逻辑会出现非常丰富、无穷无尽的组合关系，这就是数字经济的魅力。

DVI 的使命就是不断跟踪和发现这些组合逻辑，呈现给市场。

以下是我们对 2023 年选择的 22 个数字化分类投资组合的评价分析。

第一节　云计算分类组合

我们通过大数据，发掘了云计算与云计算关联上市公司，总共 250 家。我们对这 250 家上市公司进行逐一筛选、评价之后，得到 TOP19 上市公司（见表 8–1）。

表 8–1　云计算数字化价值投资 TOP19 上市公司

股票代码	股票简称
688111	金山办公
000938	紫光股份
603019	中科曙光
600588	用友网络
300454	深信服
300166	东方国信
300383	光环新网
002368	太极股份
600602	云赛智联
000034	神州数码
688256	寒武纪
600941	中国移动
601728	中国电信
600050	中国联通
002197	证通电子

续表

股票代码	股票简称
002467	二六三
300017	网宿科技
600718	东软集团
300520	科大国创

由于我们目前只是评价了在中国资本市场的上市公司，阿里云、腾讯云、百度云、京东云等都不在这个范围，华为云也是国内非常著名的云计算平台，因为华为公司没有上市，所以，以上名单不能准确反映中国的云计算水平，只能分析上市公司与云计算产业之间的价值投资关系。

云计算已经成为全球数字产业发展的重点，作为云计算的先行者，北美地区占据云计算市场的主导地位，以中国为代表的亚洲云计算市场发展潜力较大，整体产业呈现稳健发展的良好态势。根据中国信通院发布的《云计算白皮书（2022 年）》统计，2021 年以 IaaS、PaaS 和 SaaS 为代表的全球云计算市场规模为 3 307 亿美元，同比 2020 年增速为 32.5%；2021 年我国云计算整体市场规模达 3 229 亿元，增速达到 54.4%，其中，私有云市场规模达 1 048 亿元，同比增长 28.7%。同时，随着企业上云用云的程度持续加深，用户在服务形态、平台性能、数据安全、建设成本等方面的需求呈多元化。在原有公有云、私有云、混合云的基础上，市场又催生出了分布式云、专有云、托管云等新型部署模式。具体而言，我国云计算产业的发展整体呈现出以下几方面特征。

1. 数字经济影响深化，云计算应用进入新发展周期。

企业上云用云进入新发展周期，逐渐从资源上云到架构用云、从粗犷使用到精细治理、从功能优先到安全稳定兼顾，云计算应用的不断落地加速了各行业的数字化转型进程，各行业各领域用户的 IT 基础设施向云服务转型的程度不断加深。

2. 产业政策法规密集出台，积极引导云计算行业稳健发展。近年来，我国高度重视和大力支持云计算行业发展，国务院、工信部等部门以及各地政府先后发布一系列云计算相关法规、标准、政策，以引导云计算基础设施建设、提升云计算服务能力水平、促进云计算行业发展。国家发改委等部门联合印发通知，正式全面启动“东数西算”工程，云计算将成为“东数西算”过程算力的关键载体，是算力输出的重要方式。同时，云计算行业细分领域也陆续出台各项指导类、支持类政策法规，将云计算行业发展规划提升至国家层面。无论是“东数西算”工程、“大信创”时代发展纲领等国家规划，还是工业互联网平台等企业应用，其底层都离不开云计算；而“分布式存储”和“软件定义”作为超融合的技术底座，将促进超融合技术及产品的普及。由此可见，多项行业政策的密集出台将促进数字技术与实体经济深度融合，赋能传统产业转型升级，对云计算行业的快速发展起到重要的推动作用。

3. 市场需求持续更迭，混合云等新型部署模式发展前景广阔。我国云计算的应用逐步从游戏、电商、移动、社交等互联网行业转到与政府、金融、交通、医疗、制造业、能源、运营商等传统行业融合，渗透率逐渐增强，很多行业云计算应用程度已经较高。同时，在传统的公有云、私有云基础上，数字经济浪潮在国内也逐渐演化出了一系列新型部署模式如专有云、托管云、分布式云等。因数字化转型不断深化，推动云计算应用从点上突破转向深化用云，用户在服务形态、平台性能、数据安全、建设成本等方面的需求层出不穷。因此，如何不断满足各行业用户上云、用云过程中的各项内在需求，既是云计算行业发展的重要推动力和需求保证，也是云计算行业厂商所面临的新挑战。近年来，为满足多元化的上云需求，企业开始拥抱多云混合部署模式，混合云正是兼顾了公有云和私有云两者优势，为企业提供更灵活、应用更广泛的 IT 服务组合，成为越来越多企业上云的优先选择。其中，混合云典型代表之一的托管云的优势在于，可以将企业部分应用、业务的运维和运营托管给云服务商，满足企业对近地存储计算和系统安全的需求，帮助企业实现轻资产上云、低成本用云。托管云有望逐渐成为中小企业和非科技型企业，尤其是自身云化能力较弱的传统企业上云的新选择。

2022 年就进入上市公司数字化综合排名 100 强名单的用友网络的整体业务增长仅为 6.5% 的同时，其云计算业务 2022 年比 2021 年同比增长 17.6%。中国移动、中国电信、中国联通三家传统电信基础业务运营商在布局云计算业务之后，2021—2022 年的年度增长状况如下。

中国移动：2022 年总营收为 9 373 亿元，同比增长 10.49%；归母净利润为 1 255 亿元，同比增长 8.21%；

中国电信：2022 年总营收为 4 750 亿元，同比增长 9.40%，归母净利润为 275.93 亿元，同比增长 6.32%；

中国联通：2022 年总营收为 3 549 亿元，同比增长 8.26%，归母净利润为 72.99 亿元，同比增长 15.76%。

三家公司的总收入增幅都在 10% 左右，但是，它们的业务收入结构中主要贡献来自云计算业务的增长。

中国移动云计算业务收入为 508 亿元，同比增长 108%；

中国电信天翼云收入为 579 亿元，同比增长 100%；

中国联通云计算收入为 361 亿元，同比增长 121%。

云业务已经不是过去的简单云存储，而是逐渐通过智慧算力打造成为智能化综合服务平台。我们以用友网络为例，2022 年 8 月 27 日，公司发布了具有里程碑意义的“用友 BIP3”，从平台技术、应用架构到应用与业务服务、规模生态体系、用户体验全面突破创新，包括其中的 YMS 云中间件技术、云上云下一体的持续交付体系的技术首创和社会化商业模型、事项会计、特征体系等应用架构突破，产品整体达到全球领先行列水平，已被众多领先企业选择应用，被誉为“大国重器”。

神州数码也是 2022 年 DVI 评价的上市公司数字化综合排名投资组合 100 强企业，DVI 关注到神州数码云计算业务的突飞猛进，同时，DVI 还在 2022 年报告中预测，如果神州数码将其云计算业务分拆独立上市，神州数码分拆出来的业务市值可能会超过母公司市值。在 2022 年评价的时候，神州数码公司股票价格为 11.81 元，一年后公司股票价格涨到了 27.35 元，增长了 2.31 倍。而我们从神州数码 2022 年《年报》中可以看到：“报告期内，公司实现营业收入 1 158.80 亿元，同比下降 5.3%；归属于上市公司股东的净利润为 10.04 亿元，同比增长 303.1%；扣除非经常性损益净利润 9.21 亿元，同比增长 36.1%。云计算及数字化转型业务实现营业收入 50.23 亿元，同比增长 29.3%；自主品牌业务实现营业收入 25.70 亿元，同比增长 55.8%。研发投入 2.9 亿元，同比增长 21%。”公司在总体业务收入略有下降的情况下，云计算业务增长 19.3%。

除了云计算服务商之外，我们还选择了云计算基础设施，数据中心建设提供商云赛智联作为推荐企业。而紫光股份、太极股份、中科曙光则是云计算关联业务服务器生产制造商。

我们在 20 强名单中推荐了寒武纪这家公司，虽然它在 2022 年业务收入增长不高，而亏损金额继续扩大，但我们还是看好这家从事智能芯片以及“云边端”芯片研发制造企业。

从云计算业务发展来看，目前还处在增量的快速发展阶段，云服务商、云网融合企业、云基础设施企业竞争格局如何发展，整个云计算产业投资组合最后取胜的优质企业在竞争中能否脱颖而出还需要时间来检验。

从数字化价值投资观点来看，以上这些分析是远远不够的。必须深度研究所有云计算上市公司核心竞争力、差异化竞争能力、云平台的客户基础以及对客户的技术服务能力等。

云计算从早期的云存储发展到今天的云网一体化、云边端打通再加上生成式 AI 这样的大模型创建，云计算投资组合还在大幅度裂变进程中，不管是自身技术和内在数字科技之间的关联，还是给客户提供的个性化、独立的服务向下延伸，我们会不断地、敏捷地发掘其中的投资规律和投资价值。

从云计算这样的业务来看，同样可以通过价值投资的评价方法从竞争力、安全边际、企业团队、现金流、ROE 这些指标进行分析，同时，云计算的业务逻辑、技术、竞争、市场空间、未来战略、所采用的架构又必须是数字化的分析方法，把工业化价值投资和数字化价值投资分析方法结合起来，就可以很好地发现云计算领域的数字化价值投资机会。

第二节 芯片产业分类组合

在芯片产业投资组合分类中，我们总共列出 327 家上市公司，所有上市公司加起来刚刚超过 5 000 家，而与芯片相关的上市公司就占了 6.5%，这个比例很高。从 327 家与芯片关联企业中选出 20 家企业也是不容易的。这 20 家企业如表 8–2 所示。

表 8–2　芯片产业投资组合 TOP20 企业

股票代码	股票简称
300661	圣邦股份
300613	富瀚微
300223	北京君正
688008	澜起科技
688385	复旦微电
002049	紫光国微
688099	晶晨股份
688396	华润微
688536	思瑞浦
688981	中芯国际
688012	中微公司
688259	创耀科技
300373	扬杰科技
688256	寒武纪
600745	闻泰科技
002371	北方华创
600460	士兰微
688521	芯原股份
688375	国博电子
600584	长电科技

芯片产业投资组合分类毫无疑问是数字产业的热点和重点，芯片技术和芯片产业可以说是整个数字经济的瓶颈。数字产业化水平越高，对芯片的需求也就越高；而芯片设计和生产是人类迄今为止最复杂的生产技术。由于芯片应用广泛，不同的应用对芯片有不同的要求，目前的芯片上市公司数量如此之多，反映了这个产业的现状，如何在如

此复杂的投资组合中发掘芯片产业，以及这个产业和数字产业、产业数字化之间的关系和数字化价值投资逻辑，具有很高的难度。

从目前这个投资组合来看，这个产业领域的上市公司数量非常多，企业规模参差不齐，目前还有不少这个行业的企业在排队上市。已经推选出来的这20家企业也各有特点。

复旦微电连续三年保持较高的业绩增长，2020—2022年连续三年的收入分别为：169 089.68万元、257 726.23万元、353 890.89万元，净利润分别为：13 286.79万元、51 446.68万元、107 684.55万元。从公司介绍可知："公司是国内芯片设计企业中产品线较广的企业，现有安全与识别、非挥发存储器、智能电表芯片、现场可编程门阵列（FPGA）四大类产品线，并通过控股子公司华岭股份为客户提供芯片测试服务。公司从事超大规模集成电路的设计、开发、测试，并为客户提供系统解决方案的专业公司。公司目前已建立健全安全与识别芯片、非挥发存储器、智能电表芯片、FPGA芯片和集成电路测试服务等产品线，产品广泛应用于金融、社保、防伪溯源、网络通信、家电设备、汽车电子、工业控制、信号处理、数据中心、人工智能等众多领域。"从这个角度理解，复旦微电的优势非常突出，主要表现在产品应用广泛，市场应用空间巨大。

销售收入与复旦微电相似的芯原股份，虽然同为芯片产业投资组合，但芯原股份主营业务是半导体IP授权、一站式芯片定制业务。同样，公司非常注重在汽车、工业、可穿戴设备领域的战略布局。

中芯国际是中国半导体和集成电路的国家队，也是这个领域的世界级企业。公司是世界领先的集成电路晶圆代工企业之一，也是中国大陆集成电路制造业领导者，拥有领先的工艺制造能力、产能优势、服务配套，向全球客户提供0.35微米到FinFET不同技术节点的晶圆代工与技术服务。除集成电路晶圆代工外，公司亦致力于打造平台式的生态服务模式，为客户提供设计服务与 IP 支持、光掩模制造等一站式配套服务，并促进集成电路产业链的上下游协同，与产业链中各环节的合作伙伴一同为客户提供全方位的集成电路解决方案。在芯片这个投资组合领域，中芯国际位于半导体晶圆产业节点，属于芯片产业的上游。由于集团的规模和技术优势，中芯国际在这个领域具有领袖地位。

紫光国微的特点是智能安全芯片。

士兰微从集成电路芯片设计开始，成功搭建了芯片制造平台，并且将制造与设计延伸至功率器件、功率模块、MEMS 传感器、光电器件等封装领域，建立了较为完善的 IDM 模式。

中微公司是一家著名的芯片制造设备企业，目前是国内该领域的佼佼者，如果说芯片是数字经济的瓶颈，那么芯片的生产制造就是芯片的瓶颈，同样，由于芯片生产的难度取决于生产技术和设备，所以，设备生产制造也是芯片发展的瓶颈。中微公司连续 10 年销售呈 30% 以上的速度增长，可以看到这家公司的成功。

北京君正的芯片产品分为四类：微处理器芯片、智能视频芯片、存储芯片、模拟与互联芯片。这些芯片广泛应用于汽车电子、工业与医疗、通信设备和消费电子。从这些描述可以看出，北京君正的产品存在巨大的应用市场。

创耀科技目前的主要产品虽然来自通信行业，但在业绩快速增长的同时，也瞄准了更大的芯片市场空间。

国博电子的主要产品为防务领域的射频集成电路开发，也属于多场景应用芯片。

晶晨股份长期专注于系统级 SoC 芯片及周边芯片的研发、设计和销售。

从公司长期价值的角度，我们再次推荐了寒武纪这家芯片领域的著名企业。2022 年我们顶着压力推荐这家公司的时候，其股票价格仅为 55.8 元，一年时间涨到目前 250 元左右。

纵观整个芯片产业投资组合，我们相信这个产业的数字化价值投资组合将是 DVI 长期关注和重点分析的投资组合，这个行业的投资组合完全可以成为数字经济的风向标和晴雨表。

这个产业领域的数字化价值投资组合具有以下特点。

1. 产业规模巨大，目前处在高速发展阶段；企业数量多、规模不大是目前的特点，产业整合还没有开始。

2. 由于不同企业有不同的定位，同在这个产业领域，公司价值会出现巨大的分化。

3. 高技术密集，高门槛、高难度、低竞争度的企业价值不一定大，而拥有广泛应用、市场巨大的企业价值也不一定高。

4. 距离 2C 消费者近的企业可能容易被市场理解，但竞争也许很激烈；距离消费者远的企业，消费者、投资者也不容易看懂企业价值，但往往可以发现最有价值的企业。

2023 年的一个热点是 AIGC。AIGC 技术日益成熟，催生智能算力需求增长。AIGC 全称为 AI-Generated Content（人工智能生成内容），指基于生成对抗网络 GAN、大型预训练模型等人工智能技术，通过已有数据寻找规律，并通过适当的泛化能力生成相关内容的技术。AIGC 能够以优于人类的制造能力和知识水平承担信息挖掘、素材调用、复刻编辑等基础性机械劳动，从而大幅降低内容生成的边际成本，目前已经在文字、语音、代码、图像、视频、机器人动作等多模态场景上有了范例。它被认为是继 PGC、UGC 之后的新型内容创作方式。得益于深度学习模型的不断完善、开源模式的推动以及大模型商业化的进展，现象级产品 ChatGPT 的日访问人数在发布后 2 个月内就突破了 1 000 万。AIGC 的技术底座是大型语言模型（Large Language Models）。随着大模型的迭代，所需的参数呈指数级增长，以 OpenAI 发布的 GPT 模型系列为例。2019 年发布的 GPT-2 有 15 亿个参数，2020 年发布的 GPT-3 则有 1 750 亿个参数。各模态智能数据的训练到推理均需要算力的加持，随着模型逐渐复杂化，所对应的算力需求也水涨船高，智能芯片市场有望迎来增量需求的支撑。所以，智能芯片将会广泛应用于云、边、端各个节点，也将是未来这个行业极具关注的投资方向。

从分类来看，工业经济时代，芯片类上市公司的分类完全是空白，门类、大类、中类、小类都没有。但是，芯片已经成长为数字经济时代重要的战略性新兴产业，芯片水平决定了一个国家数字经济的水平和质量。从数字化分类来看，芯片产业属于数字经济的数字基础设施，属于数字产业化，但同样，作为一项巨大的、科技含量很高的战略性新兴产业，芯片产业本身也是需要数字化的，也是具有产业数字化特性的。

第三节　数字安全分类组合

数字安全是数字经济非常重要的领域。数字化程度越高，对数字安全的要求也越高，数字经济规模与数字安全产业的规模呈正相关。数字安全分类组合如表 8–3 所示。

表 8-3 数字安全领域 TOP20 企业

股票代码	股票简称
600446	金证股份
600536	中国软件
301117	佳缘科技
688201	信安世纪
300768	迪普科技
002439	启明星辰
601360	三六零
002268	电科网安
300579	数字认证
300454	深信服
688023	安恒信息
688225	亚信安全
688561	奇安信
300352	北信源
300369	绿盟科技
300523	辰安科技
300921	南凌科技
002017	东信和平
688030	山石网科
300188	美亚柏科

2022 年，在国家对数字经济领域持续加大投入和数字经济整体快速发展的基础上，以及在行业企业对网络安全的重视程度持续提升的大背景下，我国网络安全产业进入复苏回暖期，根据中国信通院的统计测算，预计 2022 年产业规模约为 2 169.9 亿元，增速约为 13.9%。华北、华东、华南三大核心区域合计市场份额占比超过 70%，客户仍以政府（含公共企事业单位）、电信、金融行业为主。政策法规、技术产品、资本等因素呈现积极变化：在政策法规方面，国家、行业及地

区等多层次的网络安全政策体系协同发力，推动产业发展迈向新阶段；在技术产品方面，网络安全技术、理念和产品迭代升级，新场景和新技术方面布局不断优化；在资本方面，我国网络安全投融资金额和事件持续活跃，行业头部公司在资本市场积极开展运作，创新的交易方案随之涌现。随着近年来网络安全上升到国家安全的战略高度，尤其是数据安全迎来快速发展，在相关法规陆续出台的背景下，网络安全行业投资吸引力将更加显著。

随着传统行业数字化转型和智能升级进程加快，云计算、人工智能、大数据等技术的应用范围不断扩大，各行业用户面临着更多由新技术诱发的网络威胁，全球网络威胁形势越发严峻，用户在网络安全上的投入呈增长态势。据互联网数据中心（IDC）发布的《全球网络安全支出指南》（2023 年 V1 版），2022 年全球网络安全总投资规模为 1 955.1 亿美元，并有望在 2026 年增至 2 979.1 亿美元，五年复合增长率约为 11.9%。聚焦中国市场，2022 年部分终端用户受宏观经济下行压力增大等因素影响，对网络安全的投资有所降低。但 IDC 同时指出，中国网络安全市场增长的核心逻辑并没有变化，客户对于网络安全建设的需求仍在不断增加，中国的网络安全市场仍将保持着高速增长，到 2026 年，中国网络安全支出规模预计接近 288.6 亿美元，五年复合增长率将达到 18.8%，增速位列全球第一。具体而言，我国网络安全产业的发展整体呈现以下几方面特征。

1. 各行业网安政策、产业政策持续推进，网安建设需求强劲。国家已形成覆盖网络安全等级保护、关键信息基础设施保护、数据安全管理、个人信息保护等领域的网络安全法律法规体系，网络安全监管、执法力度逐步加大。为了落实不同维度、不同侧面的监管合规要求，结合数据量的激增及各组织对数据资产的依赖度持续增强，用户更加注重安全的实际防护效果，将持续推动对高性能、高质量产品及解决方案的需求。

2. 网络安全形势日趋复杂，迫切需要建立系统的安全工程。随着大数据分析、机器学习、人工智能等新兴技术的不断发展，网络攻击者也不断升级攻击手段，攻击方将利用人工智能更快、更准地发现漏洞，生产出更难以检测识别的恶意代码，发起更隐秘的攻击。由此造成的数据泄露、恶意勒索、系统破坏等威胁事件层出不穷，给各级政府部门、行业组织和企业单位的安全管理带来极大挑战。网络安全具有明显的对抗性和动态性，为了让用户能够实时掌握信息化资产、网络安全情况及动态，对安全风险及威胁态势进行快速预警，实现事前预防，事中监测和响应，事后恢复和溯源，必须建立有效的安全运营系统，将人员、技术、管理三者结合起来建立系统的安全工程。

3. 新技术、应用场景演进推动产业前进。信息化技术、云计算、大数据、物联网、5G、人工智能、零信任、数字化转型、工业互联网等快速推进与落地，各行业对网络安全、数据安全提出更高要求，要求网络安全做到实战化、体系化、常态化，实现动态评估、主动防御、持续监测、自动响应等目标，推动了网络安全行业的发展。

4. 国家加速数字经济转型，持续密集部署新型基础设施，推进 IT 基础设施建设，各地政府不断出台政策并投入资金进行相关信息化建设，IT 基础设施产品在党政军和金融、电信、能源、电力、医疗、教育、交通、公共事业等各行业中的需求量持续增长，对网络、应用交付、安全防护、安全检测、安全服务等方面的需求也会随着投资的增加而不断扩大，持续激活产业动能，网络安全市场空间广阔。

数字安全行业上市公司数字化价值投资基本状况包括以下几个方面。

1. 行业发展迅速，但数字安全行业不是主动价值创造者。不论是网络安全，还是数字安全、云安全、算力安全、数据安全等，数字科技发展到哪里，数字安全产业也会发展到哪里。但是，数字科技其他主要领域的发展是主动价值创造者，需要不断拓展数字科技发展的空间。但是，数字安全作为保障，不是价值创造中心，而是成本中心，所有数字科技发展者都会考虑如何在保障数字安全的基础上，降低数字安全成本。这是这个行业发展的不利因素。

2. 行业同质化严重，相对分散，业绩不好。能够研发出来技术很好，但研发出成本低的数字安全技术或者机制是一大难题，要提高数字安全保障必须加大投入，但是往往技术门槛高的数字安全技术成本更高，而作为被动价值创造者，更愿意投入开发数字安全增量领域，而难以从存量技术上进行改造或者提升。所以，我们看到这个行业的企业竞争主要体现在不同市场和不同需求场景的竞争。

3. 企业规模普遍偏小。虽然有启明星辰、三六零这样的数字安全行业的领头羊，但是总体来看这个行业上市公司总的数量和单一上市公司规模都不大。未来这个行业的竞争主要还是体现在数字科技与产业数字化、资产数字化业态创新增量市场的不断拓展和地域拓展市场的占有能力。

4. 业态创新空间巨大。数字科技以及数字经济、数字社会的发展还在不断创新新业态、新模式、新产业，这些创新都会给数字安全带来巨大的机会。从价值投资的角度主要还是分析现有数字安全上市公司在业务领域的科研和开发能力，尤其是数据要素资产化、实体资产数字权益开发、元宇宙空间数字化开发对安全的保障要求和响应都很高。数字经济、数字中国的全面推进带来的各领域数字化需求还没有大规模涌现出来，这都会在未来数年获得高速增长。

从2024年开始，数字安全类上市公司将有一个新的业务空间进入数字安全这类上市公司，那就是数据要素资产。2024年是具有里程碑意义的一年，中国上市公司《年报》将会第一次披露数据要素资产，估计第一年基数不会太高，很多上市公司还不知道怎么开发自己的数据要素资产价值。同样，这个巨大的要素市场也处在刚刚开始培育阶段，价值释放也需要一个过程，而数据要素资产化需要强大的安全保障，这是数字安全企业的新空间。

像安恒信息这样的上市公司参与了浙江数据交易所创建的平台的建设，具有很好的前景。

第四节　智慧城市分类组合

我们通过大数据发掘出从事智慧城市、数字城市建设的企业有269家，通过多轮筛选、评分之后，推选出智慧城市、数字城市价值投资20强企业名单（见表8-4）。

表8-4　智慧城市、数字城市价值投资TOP20企业

股票代码	股票简称
600850	电科数字
301153	中科江南
688100	威胜信息
603236	移远通信
688568	中科星图
002236	大华股份
001229	魅视科技
300525	博思软件

续表

股票代码	股票简称
002152	广电运通
000977	浪潮信息
300075	数字政通
002230	科大讯飞
688232	新点软件
002368	太极股份
600602	云赛智联
002929	润建股份
600536	中国软件
603636	南威软件
002065	东华软件
600756	浪潮软件

作为一个投资组合，智慧城市、数字城市是两个概念，一个内容。关于数字城市有多种表述方式，早期有叫数码港、信息港的，也有叫智慧城市的，还有叫城市大脑的，我们将以行政区划定义的地理范围全域数字化（海、空、天）全覆盖，并通过各种数字科技的应用实现智能驱动的业务统称为数字城市。以上投资组合 20 强企业名单主要是发掘在这个投资组合领域的上市公司数字化价值。

为了方便理解，我们把城市大脑、智慧城市、数字城市业务统称为数字城市。这项业务的投资组合在传统的行业分类领域被定义为信息和软件行业。我们之所以将数字城市单列为一个投资组合，主要是因为 DVI 体系对数字经济以及数字社会、数字文明的进一步理解。

2023 年 2 月 27 日，中共中央、国务院发布《数字中国建设整体布局规划》，该规划出台之后，国家数据局在中国两会期间成立，负责统筹数字经济和数字中国的发展和运营，同时，决定安排投资并对各级官员进行考核。由于这样的举措，我们认为，数字经济、数字中国建设将是一个全新的高水平数字基础设施建设，这些高水平基础设施建设不仅是一直相对超前的5G基站建设以及“东数西算”布局，更重要的是要在全国城乡建设服务于经济、政务、社会、文化、生态的强大数字应用基础设施，这些基础设施将更大规模地投资创建云计算、大数据、人工智能、区块链、物联网等数字科技软硬件设施，这些设施建设的同时，也会被应用于整个经济和社会场景，时间长达12年，一直到2035年。

这些投资将会给目前DVI体系发掘出来的269家企业带来机会，其中，DVI选出来的20强企业将会是这数以万亿计的投资机会的最大受益者。

以大华股份为例，它就非常清晰地看到这样的机会，并在《年报》中表述：“随着国家数据局的组建和《数字中国建设整体布局规划》政策的落地，政府从顶层管理架构到机制保障措施等多维度护航数字中国建设，数字中国建设真正迈入快车道，数字经济加速落地。同时，随着数字政府、数字经济开始全面恢复建设，以数据驱动的平台化模式逐渐引领数字经济的新业态、新模式衍生，政府、企业、公众协同助推数字经济发展。在政府数字化转型提质增效的大趋势下，大华股份紧跟数字基础设施建设、数字应用落地的产业发展步伐，以视频物联感知技术为核心，聚焦社会安全、城市有序、治理提效、绿色惠民四大城市业务板块，通过数智融合与应用创新护航城市业务落地，助力实现‘人与城市、人与社会、人与自然和谐共生’的美好愿景。”

“公司致力于将数智化能力落地到万千城市场景，根据城市数字化转型在不同领域落地的各个阶段，提供差异化、定制化的专属产品和解决方案。在智慧交管、社会治安、智慧应急等成熟业务领域，结合

‘2 000+’业务细分场景落地经验，聚焦产品和解决方案深度的提升，致力给客户带来更省心、更贴心、更用心的专业体验；在数字政府、智慧交通、智慧水利、绿色生态、基层治理、乡村振兴等创新业务领域，聚焦产品和解决方案广度的提升，拓展落地‘3 000+’业务细分场景，让数智赋能城市，让AI普惠民生。同时，公司始终践行全生态的价值主张，围绕城市管理相关客户、行业厂商、合作伙伴等不同对象，不断提升生态开放能力，扩大生态开放范围，深化生态开放战略，与生态合作伙伴一起构建了‘架构统一、利旧兼容、能力共享、商业开放’的新型智慧城市生态。”

我们通过对这个投资组合的研究分析发现以下几个特点。

1. 从2021财年到2022财年，企业业务增长总体表现不高，实现10%的年度增长已是不错。但是，如果从2023年开始对建设数字中国进行大规模投入，所有这些企业都将会迎来一个持续增长的机会。

2. 这个投资组合的企业虽然有的是软件企业，有的是以硬件制造为主，还有的是软件硬件一体化，但共同特点都是作为乙方，给政府、行业、产业提供解决方案，基本都是通过政府或者行业主管部门采购，然后企业作为独立供应商提供整体解决方案，同时参与创建之后的运营维护。数字科技主要创造的是社会效益，提高了社会运营管理水平。

3. 虽然这个投资组合包括不少大型央企、国企，业务覆盖全国各地，甚至也不乏全球化布局，比如大华股份。但是，还是存在地方企业服务各地的地域性数字城市服务商现象，同质化相对比较严重，技术差异不大。这个行业的投资组合和数字安全行业有一个相似之处就是所有解决方案都不是直接创造经济价值，属于城市各领域机构和社会消费。所有乙方行为实现产品销售实施之后，甲方和乙方的关系仅仅是系统升级维护关系，如果市场增量萎缩，这个公司的业务就会急剧萎缩。

4. 所有数以万亿计的投资，一方面是投资，对于一方来说就是实现业绩，实现销售；另一方面对于社会、对于中国就是几万亿元的成本。

基于这样的特点，DVI 从另一个维度提出了不一样的观点。DVI 认为，新一轮数字中国的数字基础设施建设相当于修建了更加高等级的高速公路，不论是云计算技术，还是大数据技术、人工智能，数字中国都和过去信息化时代及过去十年智慧城市时代完全不一样，相当于给中国经济和社会创建了一个巨大的数字资产池。目前我们仅仅意识到数据要素的资产价值，忽略了通过数字中国建设，我们会形成数字技术对社会所有要素的链接，这些链接可以让所有物理资产实现数字化表达并呈现出巨大的数字化权益。如果能够全面意识到这些价值，在数字中国创建期间或者创建的同时，就将投入作为投资，把花钱转化为挣钱，把成本转化为数字资产，数字中国的创建极有可能是另一番景象。不管是政府、各行业还是提供这些软硬件解决方案的上市公司，都应该看到这样的机会，从而找到数字科技与数字中国建设需求的深度融合方式。

这也是 DVI 选择、推荐数字中国投资组合的根本原因。

第五节 人工智能分类组合

人工智能分类投资组合是数字经济中最有代表性的组合。从 2022 年诞生 ChatGPT 开始，人工智能进入一个新的时代，但在 2022 年《年报》中，人工智能领域的生成式 AI 还没有成为主要内容。2022 年的评价如表 8–5 所示。

表 8-5　人工智能领域 TOP20 企业

股票代码	股票简称
002517	恺英网络
300033	同花顺
600845	宝信软件
002415	海康威视
300661	圣邦股份
002410	广联达
300613	富瀚微
301153	中科江南
688008	澜起科技
688385	复旦微电
600570	恒生电子
603613	国联股份
002049	紫光国微
300770	新媒股份
603986	兆易创新
603025	大豪科技
688099	晶晨股份
300101	振芯科技
300627	华测导航
300316	晶盛机电

一、人工智能行业数字化现状概述

作为数字经济的使能者，人工智能通过一系列算法模型让机器模拟人类大脑的学习与决策方式，为生产制造、物流、销售、金融等各行各业的生产带来了提质增效的新手段、新方法。我们不妨将人工智能的产业层次分为基础层（算力层）、技术层（算法层）与应用层进行审视。算力层的企业是产业发展的支撑者，包括芯片、存储等硬件设施及云计算平台等类型，为人工智能发展提供最基础的算力；算法层的企业是 AI 生产力引擎的设计者，包括建模工具、各类模型算法设计、算法模型工程化等类型，算法层企业通过不断优化算法模型技术，从而提高模型面向下游应用场景的智能化水平；应用层的企业是 AI 价值的转化者，将人工智能技术融入具体应用场景，根据业务场景需求产出相应的产品解决方案，重点辐射的应用领域包括智慧城市、互联网、金融、教育、医疗、地产、零售等一系列赛道。具体到企业个体，业务模式既有单层发展的企业，也有多层布局的企业，特别是算法层和应用层，很多算法层的企业都是通过应用层的业务来凸显算法价值，反之亦然。

站在当前这个时间点上，对于人工智能领域的分析，不得不将以 ChatGPT 为代表的生成式大模型纳入视野。2022 年 11 月，OpenAI 实验室推出 ChatGPT 对话类 AI 产品，引爆了人工神经网络的新一轮发展，各大厂商纷纷推出自研的大语言模型，人工智能从能存会算、能听会说、能看会认的感知智能阶段，一步跨越到能抽象、能思考、“全知全能”的认知智能阶段，将会对整个行业算力、模型和应用三个层次企业的发展带来深远影响。在算力层面，大模型对于芯片、存储、网络等硬件设备的需求是爆炸性的，大模型的竞赛首先会从算力军备竞赛开始，算力层的相关企业将迎来难得的发展机遇；在模型层面，市场需求将持续驱动相关企业研发参数规模更大、泛化能力更强、知识逻辑抽象水平更高、算力资源占用更小的模型，模型调优、模型小型化、提示词工程等领域将成为发展热点；在应用层面，面向大众的公有应用及面向企业和政府的私有应用将在各自领域中开疆拓土，展开竞争。

回到 2023 年 DVI 评价工作，由于 DVI 评价是基于企业 2022 年《年报》做出的，因此本轮评价过程中对于大模型可能带来的商业价值的考量，更多的是采取“冷处理”的方式。在后续年份的评价过程中，将视产业发展进展来考量更多大模型的影响。

从本轮评估的结果来看，尽管算力层企业面临技术“卡脖子”的潜在困难，但这些企业2022年在成长性、营利性等一系列指标上表现突出，在AI整体行业中拥有更为健康的可持续盈利能力与更成熟健康的盈利模式，排名普遍靠前。基于此观察，在中国芯片技术持续寻求突破、大模型需求爆发式增长的大背景下，算力层企业的盈利逻辑和商业模式较为清晰简洁，后续重点关注这些企业如何通过在产业链协同、自身设计生产等环节的数字化转型来进一步释放价值空间。

与算力层企业不同，应用层专注于应用软件开发的企业。尽管在各个细分领域进行了多元化的解决方案探索，但是除了自身具有平台特性的企业之外，很多企业的部署方式为定制化开发模式，从产业数字化角度而言，价值产出逻辑、规模化的利润增长路径较繁杂，一定程度上体现着“2B软件研发企业”的特点，后续应重点关注这类企业在产业数字化方面的突破与进展。

我们从算力层、算法层和应用层分别选取兆易创新、海康威视与国联股份三家具有代表性的公司，从数字化战略、数字化解决方案以及对未来数字化转型趋势的战略方向对这三家公司进行比较分析，以期为投资者提供一些数字化创新视角的帮助。

二、公司对比分析

（一）兆易创新——从扩张算力产品线到延伸应用层生态场景

在数字化产品布局方面，兆易创新由半导体存储芯片细分赛道切入，在NOR Flash领域站稳脚跟后逐步转向“感、存、算、控、联”一体的物联网边缘计算解决方案，应用场景也从最初的消费电子逐步向工业、新能源以及汽车市场进行拓展。这一战略打法的突出优势在于从一开始就规避了与海外芯片巨头正面抗衡的压力，迅速帮助公司在存储芯片领域打开市场，目前 SPI NOR Flash 市占率排名全球第三，拥有极大的领先优势。此外，公司由存储芯片产品再向 MCU 控制器领域进行延伸，逐步打通场景化的一整套产品方案，这一业务转型通过细分产品的扩充和应用层生态系统的完善，能够进一步帮助公司在半导体芯片行业筑牢自身产品壁垒。再加上 ChatGPT 的横空出世，作为对话类 AIGC 产品背后算力层面的存储能力支撑，公司的 MCU 等控制器产品将迎来更高的市场需求。这一产品布局战略在数字化算力搭建领域，能够被证实具备较高的可持续增长空间。

在企业内部数字化转型方面，兆易创新也在持续积极部署数字化运营管理系统，从整合研发 IPD 系统、数字化经营分析 Power BI 到 HR 数字化平台建设，公司向整个人工智能领域“输血”的同时也在积极强化数字化“内功”。相较于同行而言，兆易创新对内部数字化迭代投入相对较大。

横向来看，兆易创新开发了新能源、汽车工业等新的业务领域，以获取高增长；纵向来看，在存储技术快速发展的大背景下，如何将利润积累投入决定未来 5 到 10 年的潜在机会中，是需要持续关注的。

（二）海康威视——基于 AI 大模型的平台级场景应用

顺应大模型时代的到来，海康早年就开始布局研发的 CV 大模型现已“破茧成蝶”，全面进入多模态阶段，能够支持视觉、语音、文本等的融合训练处理，进而帮助公司在 AIGC 领域进行产出与优化。从平台战略部署来看，这得益于公司为支持大模型研发自建了一套数据中心，构建千卡并行训练能力，在优势行业安防场景方面更是训练百亿级参数大模型。

从搭建产业数字化平台视角来看，该CV模型当前已应用到软硬件产品，同时接入海康威视AI开放平台上全面面向用户进行开放训练。截至目前，AI开放平台已在100多个行业智能产业升级中应用，支持1.5万多家用户，根据公开的《年报》内容，该模型能够大幅提升视频信息提取度与数据标注效率。未来预训练大模型等技术的突破，将促进AI更广泛的价值应用，使得海康拥有多模态大模型能力、全面感知的业务场景产品线，这些势能有望进一步转化为智能化战略的动能，帮助公司在新一轮AI浪潮中把握住智能机会。

对于海康威视这类全行业场景覆盖的平台型人工智能企业而言，其行业级的解决方案交付模式多为点对点的定制化部署，客户侧项目购买的决策链条较长，交付周期也经常维持数年，从商业模式的效率上来看，这种2B的项目模式交付效率较低，这部分业务的碎片化交付特征也一定程度拖累了海康威视的业绩表现。对于平台级方案来说，目前行业内仍缺乏较为成熟的标准化可复用方案，这在一定程度上会影响行业内数字化价值的评估结果。

（三）国联股份

国联股份是国内B2B电子商务行业龙头企业，其借助“一体两翼”的业务模式，通过搭建B2B信息服务平台（国联资源网），多个B2B垂直电商平台（涂多多、卫多多、玻多多、纸多多、肥多多、粮油多多等电商平台），以及产业和企业数字化技术服务平台（国联云），编织了一张应用商业生态网络。

国联资源网通过为各行业会员用户提供线上大宗产品的产业链供求商机，营销推广服务，组织各类线下供需对接、技术交流等行业会展活动，能够为多多电商平台持续进行客户引流，不断提高客户转化率。国联云可为企业用户提供定制化的云ERP、云办公等数字化云应用服务和数字供应链、数字工厂和 PTD Cloud 工业互联网平台服务，借助多多电商平台，国联云可进一步触达产业链上下游公司。多多电商平台一是提供产业链上下游即时信息服务，帮助企业提升经营稳定性；二是建立云工厂帮助上游企业降本增效，加深其余企业的绑定强度；三是依托平台规模效应开展集合采购，帮助供应商降低履约和服务成本。

产业电商（B2B）属于产业互联网（产业数字化）范畴，产业互联网不仅把企业和企业、产业的上下游连接起来，更重要的是能够通过订单驱动连接企业内部的生产运营数据，将智能工厂进行共构连接，以工业互联网为基础，推动智能制造。将信息化、数字化技术与各个垂直产业紧密结合，打通产业数字化的最后一公里，这是国联股份的愿景，也是业绩增长的底层逻辑。

三、总结

1. 将人工智能的产业层次分为基础层（算力层）、技术层（算法层）与应用层进行审视，有助于我们从顶层理解这一领域在分工、商业逻辑、商业模式等方面的差异，即算力层的“生产—销售”逻辑、算法层的“研发—收益”逻辑、应用层的“场景—收入”逻辑决定了各层企业的自我定位和经营策略。

2. 算力层企业在 2022 年的表现总体比较亮眼，其中固然有国际环境的因素，也是相关芯片、存储、云计算资源等类型的企业过去多年技术积累的集中价值转化，在大模型快速发展的当下，算力层企业短期内将得到相对宽松的发展环境，中长期来看，如何加快高技术研发，实现芯片设计制造的跨越，是这一层次企业必须认真规划的问题。

3. 算法层、应用层企业，其业务收入的确认环节较多、周期较长，与算力层企业 2022 年的表现形成明显差异。如何运用数字化思维和技术，在企业自身生产环节寻求突破，在 2B 业务的个性化研发与批量化生产之间寻求新的平衡点，是相关企业寻求竞争优势的重要抓手。

人工智能领域是数字产业化和数字经济领域的重要分类，这项分类组合目前的实际阵容还不算大，从这个领域的 ChatGPT 横空出世以来，全球掀起了一股新的人工智能热浪，可以说把数字科技、数字经济的想象力带入了一个全新的境界。生成式预训练大模型不仅会推进算力基础设施、新能源产业、大数据基础设施、人工智能芯片等产业的规模提升，还会因为大模型的各种创新应用，带来一波全新的应用浪潮，产生新的创业企业的同时，提高公司的数字化转型能力，实现创新。

第六节　软件企业分类组合

软件行业是数字经济时代重要的基础设施与数实融合的主要应用，在数字产业化领域软件企业的发展模式非常值得重新思考，我们评价的软件企业分类组合见表 8-6。

一、软件投资组合分类企业

表 8-6　软件领域 TOP20 企业

股票代码	股票简称
603444	吉比特
002841	视源股份
688111	金山办公

续表

股票代码	股票简称
688777	中控技术
688568	中科星图
002555	三七互娱
600131	国网信通
300803	指南针
688201	信安世纪
300628	亿联网络
300525	博思软件
301095	广立微
300996	普联软件
688066	航天宏图
688078	龙软科技
688618	三旺通信
002063	远光软件
603383	顶点软件
300496	中科创达
688188	柏楚电子

软件投资组合分类企业在我国数字经济发展进程中扮演着重要的角色，是各行各业的信息化、数字化的标品供给者和个性化方案设计者、实施者，是数字化“新基建”的重要参与者。随着数字经济的快速发展，各行业对数字化“新基建”的需求在更细粒度、更多层次被持续激发，为该投资组合带来了广阔的增长空间。

为了更好地审视评价，我们不妨对该组合在多个视角下进行划分：根据企业的服务标的，可划分为ICT基础设施、基础软件（操作系统、数据库、EDA等“母软件”）、工具型软件、应用型软件（各类信息管理系统等）、外包开发等多个类型；根据企业服务对象和服务模式，可将软件投资组合中的企业划分为2C平台型和2B2G政企型两大类型；根据企业核心能力，可划分为政务、办公、金融、企业管理、信息安全、工业生产、物联网、GIS、文化娱乐等垂直细分领域。

不同的服务标的，在价值创造模式和效率方面呈现差异。如果我们将这些企业按照价值创造效率的高低自左向右排列，不难得出以下观察：处在最右端的，是ICT基础设施、基础软件产品的生产企业，这些软件产品的标准化程度高，往往采用集中研发生产、批量推广销售的模式，产品迭代周期短、市场响应速度快、交付周期短，企业的核心竞争力更加偏重于软件研发本身。处在最左端的，是提供外包开发服务的企业，这类企业的客户需求个性化、差异化较强，一般难以运用标准化产品或工具满足客户需求，需要将相当比例的开发人员派驻到客户现场进行研发，服务的交付周期往往较长，企业的核心竞争力呈现更加偏重于需求挖掘、项目管理和人力资源管理。

不同的服务对象，决定了不同的商业逻辑和生产方式。一方面，对于政企型客户，客户触达与产品部署实施短期内都将持续采用线下点对点的交付方式，在交付周期、回款周期方面与2C平台型企业具有明显差异，往往需要在交付环节投入较多的人力进行部署和个性化配置改造。尤其是在非基础软件层次的业务领域，不同程度地呈现项目化、定制化、外包化的特点，软件行业经典的“集中研发—批量销售”的盈利杠杆效用持续降低，相关业务线远期的利润创造能力值得关注。另一方面，对于2C平台型企业而言，无论是传统的单机版软件，还是SaaS平台型软件，都充分享受到了云计算基础设施的“基建红利”，自身研发生产效能得以提升的同时，逐渐形成了数据驱动的“产品推广 => 订单收费 => 服务触达 => 能力投送 => 反馈收集 => 迭代优化 => 客群运营”的软件生产和价值创造闭环，驱动软件企业研发生产模式的持续升级。

不同的垂直细分领域对软件企业的禀赋依赖呈现差异。一方面，软件产品的价值与前期需求分析、挖掘、归纳工作的投入关系紧密，而这些工作又更多地依赖于需求团队对于各自领域内客户业务领域知识的理解、消化能力，我们不妨将其概括为“领域知识禀赋”，一般而言，金融、政务、企业管理等领域对于领域知识禀赋的依赖程度更高；另一方面，软件产品的价值与其底层的数字化技术（如加解密、图像处理、音视频处理、数据压缩、软硬件融合等）高度相关，我们将其概括为“数字化技术禀赋”，一般而言，信息安全、物联网、GIS 等领域对于数字化技术禀赋的依赖程度更高。

我们通过筛选挑选出中控技术、金山办公两家涵盖终端、企业与政企等客户类型的企业进行剖析，对这一投资组合的数字化价值评价进行进一步的说明。

二、公司对比分析

（一）中控技术——制造业数字化解决方案供应商

中控技术是典型的产业数字化解决方案提供商。公司的三大核心产品技术平台包括：工厂智能运行管理与控制系统（i-OMC）、“工厂操作系统 + 工业 App”智能工厂技术架构、流程工业过程模拟与设计平台（APEX），覆盖了工业自动化领域全流程，在工业软件和智能制造领域搭建了较为完整的数字化基础设施体系。此外，中控技术也为传统工业企业内部运营管理的数字化转型提供了一整套管理工具，对企业各流程的数据要素进行整合管控。

公司的应用层软件产品充分应用于石化、煤化工、精细化工、冶金、电力、制药食品、造纸、建材等行业，覆盖各行业生产流程的工艺研发、工程设计、工厂运营的全业务周期，在为客户提供数字化、智能化的生产管理工具的同时，积累了大量的工业企业流程化数据与数字化运营的经验，在一定程度上突破了行业传统的单一自动化设备供销模式，逐步形成一个围绕智能制造的新型产业形态。

中控技术具备在产业内搭建一体化网络平台的潜力与实力，通过依托行业头部企业在运营方面的标杆效应，正在形成规范、迅速、有效的网络化、平台化服务体系。从产业数字化的视角来看，中控技术具备联通行业上下游生产要素的潜质，未来，中控技术是否有可能基于自身产品体系发展出一套可以跨越工业各细分行业的产业互联网平台，与国联股份等从事大宗商品电商平台的企业进行应用层与技术层的联动，从而不断堵住我国工业互联网的体系缺口，这或许也是中控技术未来价值规模化增长的一大看点。

（二）金山办公——办公云协同多模态软件服务商

金山办公的客户涵盖了个人、企业和政府机构单位，公司提供了一整套标准化程度高、“单机 +SaaS+PaaS”多模态的 WPS Office 办公软件、金山文档等办公能力产品。除了面向大型政企客户的单机版产品、面向个人用户的 SaaS 版产品外，金山办公还研发出一站式、多平台应用的 PaaS 平台级组织办公解决方案，打造了云和协作办公应用服务体系，进一步丰富了整个线上办公产品生态。

盈利模式方面，公司基于标准化产品，在面向政企客户的许可证计价模式之外，面向个人用户，通过不同类型的 SaaS 订阅付费方案最大化激活客户转化与留存，为客户提供了灵活选择的空间，提高了客户使用与付费黏性。

营收结构方面，公司个人订阅服务的营收比重不断扩大，2022

年《年报》数据显示，该比重已超过一半达到52%，与之相对的是互联网广告推广收入因公司主动战略调整占比逐年缩减，从2020年的18%一路降至2022年的8%。让商业价值回归功能型软件本身，显示了企业战略层面的定力和魄力。

未来，还有两点观察值得关注。一是信创产业的发展，这对金山办公来说将是一次政策性的窗口机遇，借助多年积累，金山办公将在构建信创产业全生态发展方面扮演愈加重要的角色。二是大模型的应用，可以持续关注金山办公对AIGC与LLM的研发投入，观察公司如何将AIGC、LLM技术与办公场景进行融合，生长出新的市场空间。

总之，从服务标的视角来看，提供操作系统、数据库等基础软件产品的企业，研发杠杆效应强、产品交付周期短，企业的核心竞争力更加偏重于软件研发本身；从服务对象的视角来看，2C平台型企业更加充分地享受到了云计算基础设施的“基建红利”，逐渐形成了数据驱动的软件生产和价值创造闭环；从服务的垂直细分领域来看，金融、政务、企业管理等领域对“领域知识禀赋”的依赖程度更高，信息安全、物联网、GIS等领域对“数字化技术禀赋”的依赖程度更高。

从企业基因的视角来看，数字原生企业基于互联网逻辑搭建数字化的商业模式，通过数字化技术赋能，延伸产品附加价值，提供多样化服务内容，从而提高用户使用产品服务的灵活性，进一步提升客户黏性，从而释放新的营收增长潜力。数字化产业公司通过改造升级传统企业的生产运营管理模式，为企业流程降本增效，对企业进行结构优化与升级，进一步提升企业整体的可持续运营。平台数字化公司通过为不同行业搭建一体化的产业互联网，重构产业链上下游交易与互通模式，一方面，优化行业交易链条结构，帮助规避传统交易模式中的结构性缺陷，例如大宗商品供求的周期性特征；另一方面，协助行业搭建可复制的商业模式与平台孵化方式，从平台内部跑通可持续扩张的一整套商业闭环。

软件企业为各行各业提供了大量的数字化产品、解决方案和服务，大大释放了各行各业从业者的生产力，而软件企业自身生产过程的数字化水平、对软件企业内部生产力的释放，过去几十年更多地聚焦于流程优化或辅助于流程优化的工具开发。大模型的出现，让代码助手成为现实，相关能力的整合，有可能重塑软件生产的整体样貌，自动化软件生产线的出现不再是遥不可及的想象，后续可持续关注这一变化。

第九章
产业数字化资本价值

2023 年，我们按照数字经济范畴中的两大内容进行大的分类，分别再进行投资组合分类来发掘数字经济时代价值投资组合关系。这两类是：产业数字化和数字产业化。我们更愿意将数字产业化表达为数字产业。从连续两年的研究评价过程中，我们发现，在目前的数字经济阶段，数字产业发展更快，规模和体量也更大，数字产业发展中不断构成对实体经济的深度影响与融合，所以从数字化角度与实体经济融合创建的新型企业载体是数字科技主导重构实体经济的企业，除了早期成功的阿里巴巴、腾讯、京东、美团、拼多多这类互联网平台企业之外，更加深度融合进入实体经济全要素企业正在崛起。它们到底属于数字产业化，还是产业数字化，这个边界很难界定，越来越模糊。

传统企业中有的是通过数字科技提高企业效率，降低成本，更进一步地，是深度导入数字科技，从而改变产业链、供应链、价值链关系。也有传统企业通过投资数字科技，转型成为数字科技公司。所有演变都在快速地改变工业经济时代的企业和产业价值创造方式。所以，简单的产业数字化、数字产业化分类已经不能覆盖对于数字经济时代企业或者商业组织的变化。

我们更在意自己设计的各种投资组合，在各种扑朔迷离的投资组合关系中，我们将不断深入持续探寻各种投资组合背后隐秘的价值关系与价值创造逻辑，发掘确定与不确定交织的客观规律，找到永远是明天的赚钱机会。

第一节　产业互联网分类组合

产业互联网既可以是数字产业化，也可以是产业数字化。原因在于是谁创建，谁在挣钱，挣谁的钱。

设立产业互联网这样一个数字化价值投资组合是一个战略性的计划。DVI 认为，数字经济在从数字科技向经济渗透进程中，产业数字化对于经济的渗透有一个由浅入深的过程，这个过程从 Web1 到 Web2 已经出现了数字科技从实体经济的传媒、医疗、文化、交通、教育、娱乐、影视向产品零售、销售渠道、消费品生产、服务行业业态等经济领域的逐渐渗透，互联网从 IT 与通信融合成为 ICT；进入通信的 5G 时代，人与人的链接融合成为人与物、物与物的链接，万物互联之后，数字经济将从数字科技定义转化为经济学定义。中国政府已经在全球率先提出“数字经济是继农业经济、工业经济之后的主要经济形态”。从这个角度理解，中国的数字经济将从数字产业化逐渐进入实体经济产品数字化、企业数字化、产业数字化状态。2022 年 DVI 分析得出的数据显示，2021 年中国上市公司数字化程度为 50% 左右，而 2023 年 DVI 评价结果显示，仅 2022 年一年，中国的上市公司数字化进程从 50% 增加到了 75% 左右。

如果说，到目前为止，中国平台型数字化企业主要是服务数字化、产品数字化、销售数字化企业，那么随着中国数字产业化和产业数字化的推进，未来中国乃至世界最大的企业将会以产业数字化平台企业为主。

现在关于产业数字化平台主要有几个概念，一个是工业互联网，一个是物联网，还有一个是产业互联网。DVI 认为，工业互联网局限于工业企业内部产业链通过互联网形成的链接、感知和智慧驱动来创建企业内部生产链之间的关系；而物联网则是通过链接、感知将供应链连接起来，虽然是突破了企业内部之间的要素关系，但主要是供应链之间的链接。而只有产业互联网是从产业链、供应链全要素，突破单一企业内部要素，以产业链上下游全要素贯通的方式，重构产业关系的产业数字化平台企业。这有可能是数字经济时代产业数字化的最高境界。虽然我们也通过大数据、人工智能推选出来 71 家企业，也通过优化、评价出 20 强企业，但是我们认为，这个投资组合远远没有达到产业数字化平台企业的理想状态。

DVI 评价出来的产业互联网上市公司数字化价值投资 20 强如表 9-1 所示。

表 9-1 数字化价值投资 TOP20 产业互联网上市公司

股票代码	股票简称
600845	宝信软件
000062	深圳华强
002410	广联达
688100	威胜信息
688111	金山办公
000938	紫光股份
603613	国联股份
300226	上海钢联
300059	东方财富
300682	朗新科技

续表

股票代码	股票简称
600588	用友网络
300738	奥飞数据
600180	瑞茂通
000725	京东方 A
300098	高新兴
300166	东方国信
300383	光环新网
300538	同益股份
300634	彩讯股份
603038	华立股份

“威胜信息技术股份有限公司成立于 2004 年，是国内最早专业从事能源互联网的企业之一，公司系高新技术企业，2022 年被评为国家级专精特新企业。公司以‘物联世界、芯连未来’为发展战略，布局大数据应用管理、通信芯片和边缘计算等核心自主研发技术，围绕能源流和信息流，提供能源互联网整体解决方案，助力传统电力系统向源网荷储互动的新型电力系统转型发展，致力国家‘双碳’目标实现，服务数字电网、数智城市建设，协同构建新型电力系统和数字孪生城市。”

那么，威胜信息是不是产业互联网呢？通过对公司《年报》分析，公司的业务定位于“虚拟电厂”“物联网”，我们从公司的收入构成来看，公司的收入主要是网络收入、感知收入和应用收入，也就意味着威胜信息是通过数字科技在电力来源、供电载体、客户用电环节创建了数字化平台来实现收入和盈利。我们认为这样的模式不是真正意义上的产业互联网，而是应用数字科技挣了能源行业的钱，并不是能源行业企业利用数字科技提高效率和挣钱能力。这更像是物联网。

和威胜信息所不同的是，深圳华强在2022年就被DVI评价为产业数字化价值投资100强企业，也被认为是比较典型的产业互联网平台企业。“公司的主要业务为面向电子信息产业链的现代高端服务业。经过在电子信息行业多年的精耕细作，公司目前已经形成三大业务板块。公司不仅是中国最大的多品类电子元器件授权分销企业（华强半导体集团），同时还拥有创新发展的电子元器件产业互联网平台（华强电子网集团），以及中国乃至全球最大的电子元器件及电子终端产品实体交易市场（华强电子世界）。”

我们从深圳华强《年报》中，可以清晰地看到它对于产业互联网的描述和定义。

> 电子元器件产业互联网作为产业互联网在电子元器件垂直领域的应用，致力于改造传统的电子元器件现货流通链条，重构生产关系，促进电子元器件长尾现货采购的降本增效。华强电子网集团作为行业的先行者，经过十多年的摸索和不断完善，率先构建了以数字化为核心驱动的商业模式，在数据资源、数字化能力、终端客户资源、人才和品牌等方面已经构筑多重竞争壁垒。随着国家对半导体和产业互联网政策支持力度持续加大，在双重政策支持下，电子元器件产业互联网有望加速发展。

我们看到，在深圳华强三大业务收入构成中，虽然产业互联网业务目前还仅仅占到整个业务收入的16.1%，但是在业务增幅中却是最快的，2022年收入增幅为23.31%。由于深圳华强是在集团传统的电子元器件分销业务基础上发展起来的，是产业领域企业利用数字科技重构了电子元器件的生产供应和销售流程，这才是产业互联网的典型代表。

广联达也是DVI体系2022年评价的典型的产业互联网平台企业。

作为传统建筑产业领域的服务企业，广联达诞生于建筑工程造价服务业务，而目前，公司发展成为“数字建筑平台服务商。立足建筑产业，围绕工程项目的全生命周期，为客户提供数字化软硬件产品、解决方案及相关服务。根据业务阶段及服务客户不同，公司将业务划分为三大业务板块和数个创新业务单元，分别为数字造价、数字施工、数字设计业务板块；数字建设方、数字城市、数字供采、数字高校、数字金融等多个创新业务单元；根据业务区域不同，又分为国内业务和海外业务”。

建筑产业既是中国目前的一个巨大产业，同时也是中国在全球范围规模最大、水平最高的产业。整个建筑产业的规模大约为29万亿元，广联达作为这个行业从建筑产业数字化出发，创建打破企业壁垒、打破产业链上下游关系的产业互联网，目前走在中国建筑产业数字化前列，有机会发展成为中国建筑产业数字化平台的佼佼者。

而宝信软件虽然不是直接的产业互联网企业，但是，作为一家致力于为各行业产业提供工业互联网、产业互联网一站式解决方案的系统架构、系统集成式企业，也是非常值得关注的。

著名的上海钢联这样的企业也被贴上了产业数字化企业的标签。它是不是产业互联网企业呢？作为产业行业的电子商务平台，上海钢联迎来了数字化的巨大商机，但是，从目前收入结构来看，电子商务创造的交易占了99%，远未达到数字化转型的战略目标。

智能网联是汽车和出行行业产业互联网的主要形式，这个领域的技术难度很高，目前大型的成功企业还没有真正涌现出来，高新兴作为这个领域的创新企业具有一定的代表性。

“公司贯彻落实深耕物联网战略在‘车联网及智慧交通’赛道的应用发展。公司‘车联网及智慧交通’解决方案具有完备的‘端＋云’技术架构，总体架构全线覆盖‘车载终端设备层、路侧设备层、平台层和应用层’，整个方案围绕‘人—车—路—网—云’展开，同时具备能提供交通流量采集、信号控制、道路视频监控、态势研判、交通大数据、信息综合发布、指挥调度等综合解决能力，支持智慧交通的车路协同应用场景，是国内少数覆盖公路、铁路及轨交业务，具备车联网全栈式产品覆盖、交通咨询设计规划、大型系统项目交付能力的物联网应用企业。”但是我们从公司收入构成来看，物联网链接创造的收入目前仅仅为13.87亿元，占公司业务总额的59%，未来业务结构能否体现公司的赛道优势需要继续观察。

国联股份上市的时候被称为第一家产业互联网上市公司，DVI在2022年也将国联股份作为产业互联网平台企业评价对象，2021—2022年企业收入增幅翻番，但是我们看到2021财年到2022财年，增幅降下来了。分析收入结构，我们发现国联股份主要的三项业务收入仍是信息收入、商品交易收入和数据收入，远没有创造出产品、企业、产业数字化收入，可以看出中国的产业互联网定位和定义以及产业互联网战略还是有些模糊的。

总体来看，中国产业互联网这个投资组合的质量不高，主要原因有以下几点。

1. 对产业互联网的定义不统一。

2. 多数定义产业互联网的上市公司都是从数字科技的角度通过大数据、感知、链接参与传统产业的一些要素整合成为中国产业互联网的主流。

3. 数字科技机构对产业的深度了解，难以站在产业自身规律和产业投资、战略投资者的角度创建产业互联网平台。

4. 产业互联网的创建实际上是需要在传统产业高水平的运作战略、运作能力基础上，与高水平数字科技团队进行非常专业且相互赋能的深度融合，才有可能达成共识，也就需要高水平的产业系统架构。目前相互的能力都还难以胜任。

总的来看，我始终认为，未来20年中国乃至世界最大的企业或者商业组织一定是各种产业数字化平台企业，产业数字化平台企业的基础技术架构就是产业互联网。目前从传媒、社交互联网到服务、医疗、教育、旅游、商品互联网平台企业才20多年时间，高水平的产业数字化平台企业创建必须站在大成智慧的高度，集合传统企业、传统科技、数字科技、未来科技、文化、哲学、跨境、跨文化等知识和技能，才能创建伟大的产业数字化平台企业，发掘、缔造、投资这样的伟大企业是D12的崇高使命。

第二节　新能源产业数字化分类组合

在DVI评价过程中，新能源产业数字化价值投资组合让我们激情四射。这个投资组合完全出乎意料地排在2023年上市公司数字化价值投资组合最有价值第一名。

在这个投资组合里面，我们通过大数据和设定的因子，发掘出605家上市公司，占上市公司总数的10%以上，这个比重足以看出中国新能源数字化价值投资在中国经济中的重要性。

我们经过反复权衡筛选、研究分析，一方面深度理解了为什么这个投资组合超越所有投资组合数字化价值投资的选择，同时也理解了新能源数字化价值投资的基本逻辑。

新能源数字化价值投资 19 强企业如表 9-2 所示。

表 9-2 新能源产业数字化价值投资 TOP19 企业

股票代码	股票简称
300750	宁德时代
300450	先导智能
300014	亿纬锂能
600875	东方电气
002534	西子洁能
603659	璞泰来
601689	拓普集团
000591	太阳能
601615	明阳智能
002709	天赐材料
002460	赣锋锂业
603799	华友钴业
300073	当升科技
300438	鹏辉能源
688556	高测股份
002466	天齐锂业
603032	德新科技
301268	铭利达
002850	科达利

我们开始希望发掘整个能源领域的上市公司数字化进程带来的投资机会，没想到第一轮竟然发掘出来超过 1 000 家上市公司，即使我们重新设计数据因子，也有 605 家的数量。

我们在通过 DVI 评价系统进行深度研究评价的时候，发现大量的企业 2021 财年到 2022 财年的收入增长都在 50% 以上，甚至不少公司超过 100% 的增长率，在整个中国经济相对低迷、增长乏力、各项经济数据不尽如人意的情况下，新能源产业数字化价值投资让我们看到了中国经济的韧劲和希望。按理说，我们是把能源产业作为产业数字化来进行划分的，但是在实际分析的时候发现，能源，尤其是新能源既属于产业数字化领域，又属于数字产业化的范畴，由此看来，把数字经济简单划分为数字产业化、产业数字化还是存在不少值得商榷的内容。

为什么新能源产业数字化价值投资会有这么多企业，而且大量的企业在新冠疫情肆虐下，还出现 50% 以上的年度收入增幅呢？我们如何从数字化价值投资角度分析理解这样的超级大黑马呢？

DVI 认为，主要有以下原因。

1. 为应对全球气候变化挑战，绿色低碳和可持续发展已成为全球共识。全球碳排放主要来源于电力、交通领域，电力行业碳减排的主要方式为提高风电、光伏等绿色清洁能源发电占比，交通行业碳减排的主要方式为提升出行工具的电动化率且使用绿色、清洁能源。电化学能量存储装置是绿色、清洁能源的重要载体之一，在碳减排背景下广泛应用于绿色、清洁能源的存储、转换、使用，其重要性日益凸显。

2. 近年来，在各国碳减排目标引领下，以光伏、风电等为代表的绿色能源发电装机容量陆续高速增长。储能系统作为解决风光发电间歇性、波动性，增强电力系统安全性和灵活性的必备手段，在其安全性、经济性不断提升的情况下，市场发展潜力巨大。

3. 消费电池业务的全面增长。消费电池主要服务于消费与工业领域，服务的市场包括智能表计、智能安防、智能交通、物联网、智能穿戴、电动工具等，是支持万物互联的关键能源部件之一。“新基建”

的提出与深化，为物联网、智能电网及其他相关产业带来了全新的发展机遇，在新基建重点发展的领域中，5G、大数据中心、人工智能、工业互联网等信息基础设施与物联网有着较强的相关性，物联网、智能电网等产业的快速发展为消费电池提供了更加广阔的应用场景，消费电池有望伴随物联网发展焕发新的活力。

4. 由于全球性的双碳因素，出现了全球性的能源结构大调整；从过去相对单一的化石能源结构，调整为多元化能源结构；我们从 20 强构成中可以看到传统的煤炭企业、煤电企业、煤化工企业都没有机会进入这样的榜单上。

5. 新能源汽车突破产业临界点，生产制造、充电储能技术、续航能力、智能水平全面提升，带动了新能源需求的增长；中国新能源汽车的崛起已经在改变全球汽车产业格局，这种大格局一旦出现就决定了中国在未来汽车或者出行工具领域的领导地位。

6. 数字经济的发展，尤其是中国“东数西算”，使得算力需求大幅度增加，再加上 2022 年开始，生成式人工智能引发全球新一轮低代码大模型竞争，中国巨大的算力需求加大了算力资源的投入，新能源企业受益于数字产业化、产业数字化双重拉动。

在整个 20 强投资组合名单中，宁德时代无疑是这个投资组合中的代表。销售收入、利润、股票市值的大幅度增长成为这个行业、这个投资组合的风向标。从数字化价值投资分析，宁德时代首先是产品数字化，宁德时代的终端产品储能电池广泛应用于数字技术产业领域，包括通信基础设施电池、大数据中心的储能电池以及各种数字产业终端的电池。企业在研发进程中也是广泛采用了数字科技提高研究能力，同时，在企业管理、生产制造都全面应用了智能制造、数字化管理技术。

作为一家接近万亿市值的新能源企业，宁德时代目前的结果远不是终点，销售收入、利润、市场占有还有很大空间，也完全符合数字化价值投资方向。但是，作为一家上下游产业链、供应链都涉及也全链条贯通的大型企业，宁德时代完全具备了创建新能源产业数字化平台企业的能力，如果走向产业数字化平台企业方向，宁德时代完全有机会成为全球第一个能源行业产业数字化平台，如果走到这个境界，宁德时代应该是10万亿元市值以上的企业。我们不知道宁德时代能否满足DVI的期待。从目前四大创新战略来看，DVI还没有发现宁德时代创建这样的战略系统架构。

同样是新能源电池企业，亿纬锂能的重点是消费电池（包括锂原电池、小型锂离子电池、圆柱电池）与动力电池（包括新能源汽车电池及其电池系统）和储能电池的研发、生产和销售并重，原因是亿纬锂能成为国内少数同时掌握消费电池和动力电池核心技术的锂电池平台型龙头企业。企业业绩年度增长114%，也是踩上了高速增长的节奏，产品数字化、企业数字化生产也是公司的亮点，但是依然没有看到产业数字化平台战略。

我们从拓普集团身上看到了新能源产业数字化价值投资组合的多元性，作为一家从事新能源汽车零部件生产制造的企业，拓普集团并不是直接生产新能源电池的行业，也不是储能或者新能源发电行业，这也看出新能源产业数字化价值投资组合的组合特性，完全摆脱了工业化时代的组合逻辑。在公司战略中，拓普集团提出了平台化战略，但是遗憾的是，没有把平台化和数字化结合起来。

东方电气作为中国电力行业装备制造的国家队，在企业数字化方面下足了功夫。“公司坚定数字化转型方向，持续推进管理数字化、产品智慧化、制造智能化。管理数字化能力整体提升，公司‘管控型’

司库建设顺利完成，财务共享、合同管理、采购管理等系统实现全级次全覆盖，跨组织、跨业务流程全面打通。产品智慧化水平不断提高，以智慧化为赋能要素，打造智慧水电、智慧风电、智慧火电等解决方案，开发机组智慧检修仿真系统、远程专家系统、三维数字化手册等数字化服务新产品。智能制造推进成果不断涌现，全年完成6个数字化车间建设；东方汽轮机、东方电机智能制造成熟度达到3级。东方汽轮机建成国内领先的汽轮机叶片‘黑灯产线’；东方研究院‘清洁能源装备制造工业互联网平台’入选工信部2022年新一代信息技术与制造业融合发展试点示范，东方电机‘大型清洁高效发电设备智能制造示范工厂’入选工信部2022年度智能制造示范工厂。2022世界清洁能源装备大会期间，公司对多个智能制造场景进行展示，转型成果得到充分肯定。”

从入选的20强投资组合名单来看，最大的特点就是行业出现爆发性增长，在前20强中，年度收入增长超过100%的企业有8家之多，占40%，其余的也基本在50%左右，这在所有26个数字化价值投资组合中远远超过其他投资组合。

市场的全方位爆发性增长，带动的是整个新能源产业的全产业链增长，不管是宁德时代、亿纬锂能这些龙头企业，还是锂电池材料企业、新能源装备企业，都获得全面增长。

随着数字经济、数字中国进程以及双碳策略和新能源汽车、“东数西算”战略的实施，这些企业至少还有5年的持续发展空间。我们相信还会有很多新兴企业诞生，包括氢能源企业。以上入选企业也还会在后续市场应用尤其是在产业数字化平台大规模涌现的时候，改变这个行业和这个投资组合的内在结构。

第三节　物联网分类组合

物联网分类组合在定义上相对比较困难。早期定义的时候主要区别于互联网，后来有了工业互联网、产业互联网的定义。我们目前认为这个分类是一个阶段性分类。物联网数字化价值投资 20 强企业如表 9–3 所示。

表 9–3　物联网数字化价值投资 TOP20 企业

股票代码	股票简称
600845	宝信软件
002415	海康威视
688100	威胜信息
688099	晶晨股份
002236	大华股份
000725	京东方 A
601138	工业富联
002421	达实智能
688051	佳华科技
688175	高凌信息
600562	国睿科技
300353	东土科技
688589	力合微
002241	歌尔股份
600131	国网信通
300134	大富科技
002414	高德红外
688159	有方科技
688288	鸿泉物联
002383	合众思壮

物联网行业的分析一般从传感器、传输、平台和应用创新几个维度来分析，这个概念相关的企业高达500余家。我们结合数字化以及行业分类进行分析。

一、从应用层

移动互联：非手机类消费电子存量巨大，联网主要依靠有线、Wi-Fi等非蜂窝形式，高速蜂窝模组渗透率较低。随着蜂窝模组价格、流量单价持续下降，高速蜂窝模组快速增长。

汽车网联：存量汽车升级换代周期缩短，新能源汽车高速增长，驱动车载数据通信模块前装渗透率迅速提升。这个领域的代表企业有鸿泉物联，从车载记录仪这个看似比较小的细分领域切入，逐步覆盖了智能座舱、控制器和软件平台产品。

智能网联产品：报告期内，公司已开发了符合新国标要求的行驶记录仪，陆续提供给客户试装；T-BOX产品获得了多个客户的定点，包括德力新能源、山河智能等商用车客户，同时也获得了乘用车客户定点。

智能座舱产品：报告期内，公司新开发了仪表产品，正在为陕汽、三一等客户进行配套，未来公司将仪表与中控屏产品进行合并开发和供货，将推出轻量化智能座舱，同时也将不断丰富智能座舱包含的其他产品。

控制器产品：报告期内，公司承接的多个商用车控制器项目推进顺利，车身控制器、车门控制器、空调控制器、网关等产品已逐步进入量产阶段，尚未大规模放量；应用于新能源乘用车的热管理控制器、座椅控制器、冰箱控制器等产品的开发进展较快，其中热管理控制器已开发完成，预计 2023 年第二季度批量销售。

万物智联：以智能电网为代表，从电表到各类基础设施的自动控制系统，都将接入物联网。

以东土科技和威胜信息为例，东土科技的产品分为四类：①工业级网络通信产品；②操作系统及工业软件；③工业级边缘控制服务器；④大数据网络服务及工业“互联网 +”解决方案。威胜信息倾心服务数字电网、数智化城市建设，不断完善和布局能源物联网的应用系统、物联网芯片和智能装置等核心技术和产品。

二、从平台层

平台也有多种类型，包括通信厂商平台（三大运营商）、互联网厂商平台（京东、小米）、工业厂商平台（工业富联、宝信 Xin3Plat）、物联网厂商平台（广云物联）、ICT 厂商平台（华为云、浪潮云）、AI 平台（商汤、云从）和大数据平台（海云、明略）。

三、从传输层

传输层包括通信模块（广和通、有方科技）、网关（新华三）、卫星地图。

合众思壮：“公司作为具备全球竞争力的卫星导航行业龙头企业之一，多年来始终坚持以卫星导航高精度应用为主营业务方向，以高精度卫星导航技术为基础进行相关产品的研发、制造和销售，并在专业市场拓展行业应用，为众多行业提供高精度产品服务和时空信息‘端 + 云’全方位行业解决方案。”

有方科技为智慧能源领域、商业零售领域和车联网领域提供通信终端模块。

四、从传感器层

歌尔股份："公司聚焦于消费电子和汽车电子等行业领域，主要产品包括声学、光学、微电子、结构件等精密零组件，以及 VR（虚拟现实）/AR（增强现实）、TWS 智能无线耳机、智能可穿戴、智能家用电子游戏机及配件、智能家居等智能硬件产品。"

海康威视在感知技术领域的积累，覆盖从可见光到近红外、中红外、远红外和毫米波等长波方向，以及紫外光、X 光等短波方向的电磁波；覆盖从声波到超声波的机械波；并进一步拓展温度、湿度、压力、磁力等物理传感技术，构建了全面感知的技术基础。在感知技术不断研发和积累的基础上，将感知、多维感知、智能感知通过产品赋能给各个行业各个领域，使得人与物、物与物可以感知、交互，使得更多应用可以在此基础上得以实现和发展。

智能物联是一种基础能力，为人与物、物与物提供相连接、相交互的可能性，这种可能性首先需要感知技术的支持。由于物本身不具备主动或被动感知的能力，感知技术的全面发展，赋予万物"知"与"被知"的可能性。当前，感知技术正在从人类熟悉的感知方式向人类不熟悉的、无法直接感知的领域发展，从单一感知方式向多维感知融合发展，从非智能感知向智能感知发展，实现物到"智物"的转变。

物联网技术无论对于产品数字化，行业数字化还是资产数字化来说都是必不可少的环节，目前物联网概念相关的企业成长正在进入一个高速发展阶段。从几个层面上来看，应用层的企业增长更值得关注。

第四节　金融科技分类组合

金融科技也是一个阶级性分类，我们将在观察、分析之后进行调整。金融科技数字化价值投资 20 强企业名单如表 9–4 所示。

表 9–4　金融科技数字化价值投资 TOP20 企业

股票代码	股票简称
000948	南天信息
002152	广电运通
002065	东华软件
300205	天喻信息
300380	安硕信息
300872	天阳科技
300339	润和软件
688590	新致软件
002987	京北方
300348	长亮科技
000555	神州信息
300468	四方精创
002657	中科金财
300663	科蓝软件
603927	中科软
300033	同花顺
300674	宇信科技
600446	金证科技
300377	赢时胜
600570	恒生电子

金融科技的英文是 Financial Technology，缩写为 Fintech，指通过利用各类科技手段创新传统金融行业所提供的产品和服务，提升效率并有效降低运营成本。金融科技公司主要作为中介服务机构，既要承担支付、资金清算、信用评估、风险管理等传统金融机构的职能，还要结合创新技术，持续创造新的业务模式、产品和服务，以打造差异化的竞争优势。

根据不同的原生背景和用户群体，金融科技企业分为金融 IT 厂商、传统金融机构的科技子公司、互联网金融服务提供商、互联网金融科技公司等。

1. 金融 IT 厂商：拥有深厚的行业科技服务经验，熟知金融行业运作方式，主要是为金融机构提供咨询、软件产品、软件开发和实施、运营维护、系统集成等信息化服务，代表企业有恒生电子、长亮科技。

2. 传统金融机构的科技子公司：拥有行业应用服务能力，对行业理解深入，主要是将传统金融机构的科技能力对外服务，代表企业有兴业数金、建信金科。

3. 互联网金融服务提供商：拥有海量的金融数据资源，具有高效的数据处理能力与服务能力，主要是提供基于互联网平台应用的金融信息产品和服务，代表企业有同花顺、大智慧等。

4. 互联网金融科技公司：拥有技术、数据、平台和人才优势，主要依托互联网企业的数据和技术切入互联网金融服务领域，代表企业有蚂蚁金服、腾讯理财通等。

根据上文的定义，本次金融科技投资组合的数字化价值评估，主要是从金融科技公司技术自主可控、自主软件开发及服务能力，以及从金融行业客户业务流程的数字化咨询、设计、开发、运营和创新能力等几个角度，对选取了 120 家国内上市的金融科技公司进行初步筛选，要求金融科技公司必须是正向盈利，营业收入规模达到 5 亿元以上，其中主营业务收入——中金融行业收入超过 50% 的占比，或者金融行业为该公司最大的行业收入，同时要求以自主软件产品、技术支持或者运营服务为主，剔除以系统集成和金融及占主要收入的一些科技公司，但保留了一些金融科技外包服务。

技术创新、金融普惠、专业化、生态化和国际化是金融科技公司未来发展的主要趋势，将出现以下几个主要方向发展。

1. 人工智能、区块链、大数据分析等先进技术将成为金融科技改变金融行业的核心。例如，人工智能可以用于风险管理，通过分析客户数据，及时发现和降低风险。传统的金融核心应用 IT 厂商有长亮科技、中科软、恒生电子、赢时胜。

2. 金融科技的发展将促进金融普惠。金融科技公司将切入金融市场人口较少的群体，包括大量的年轻人和中小企业，为他们提供更易于接受和便利的金融服务。例如，传统银行可能更偏向于为小企业提供贷款而不是为它们提供更多的技术支持，而金融科技公司则拥有一定的技术优势，能够更有效地满足这些需求。传统的业务侧应用科技公司有宇信科技、东华软件、南天信息。

3. 金融科技与不同产业结合，实现金融服务数字化和生态化发展，把综合金融服务嵌入不同的产业流程，为企业客户提供端到端的一站式金融服务。此类公司有广电运通、润和软件、神州信息、金证科技、天阳科技。

4. 金融科技公司将积极开展国际化业务。随着全球化程度的加深，国际化业务成为金融企业抢夺市场和实现全球化战略的必备条件。金融科技公司将绕过传统金融机构的限制，创造更流畅和更安全的支付方法，并与不同国家的政府和金融机构进行合作，推动全球金融行业的升级。此类公司有四方精创、中科软。

第五节　数字传媒分类组合

数字经济时代的传播方式彻底颠覆了工业经济时代的传播方式，这个领域的重构正在剧烈变化进程中。目前的分类组合是这个阶段的特征，如表 9-5 所示。

表 9-5　数字传媒数字化价值投资 TOP20 企业

股票代码	股票简称
300226	上海钢联
301052	果麦文化
002605	姚记科技
002362	汉王科技
002396	星网锐捷
300785	值得买
300364	中文在线
300556	丝路视觉
603000	人民网
002238	天威视讯
300017	网宿科技
600571	信雅达
300413	芒果超媒
300846	首都在线
000665	湖北广电
600831	广电网络
603103	横店影视
600088	中视传媒
600892	大晟文化
002905	金逸影视

鉴于行业本性，总体上来说，该板块中的大部分公司展现出了数字化基因，对推动行业和企业的数字化进程相对积极主动，有的公司还承担了相关领域的国家重大项目。但是，也有少数公司在其财报中对数字化事项着墨不多，因此不同公司之间会有比较大的差异。

我们选取了 20 家公司，从产品数字化（包括生产数字化、销售数字化等）、企业数字化（包括公司数字化战略、公司自身数字化技术能力）、产业数字化（包括公司产业链数字化、公司数字化对其价值链重构的影响）等角度对它们进行了量化统计。

来自这 20 个样本的量化数据显示，约 80% 的公司的生产过程涉及较多的数字化技术；有 35% 的公司对数字化销售有较好运用；90% 的公司提出了相关数字化战略；55% 的公司具备数字化技术能力；65% 的公司对产业链数字化做了比较系统的布局。

从产业特点来看，数字技术是该板块公司的最大价值。总体上，数字出版传媒板块公司的数字化水平相对较高，相当一些公司具有较前沿的数字技术，这也使得该板块中的公司在一段时间颇受资本追捧。在 20 家公司样本中，丝路视觉、果麦文化、汉王科技、中文在线、人民网等公司的数字化渗透能力凸显，值得进一步跟踪。

但同时，我们也看到，在这 20 个样本中，大晟文化在财报中对公司数字化表述甚少，让人感到公司存在数字化程度相对不高、数字化技术不足的差异。

该板块的 20 家公司样本还暴露出一个问题，就是相对传统的公司比起新业态企业，在销售数字化方面短板明显，比如影视公司的销售数字化就较弱，而果麦文化、值得买、中文在线、姚记科技等新业态企业的销售数字化水平相对较高。

简单归纳有以下几点。

1. 数字技术和出版传媒公司在业务生态上的融合具有天然性，其方式具有多样性；而相应的数字技术的发展空间取决于出版传媒公司对数字化的认知，积极推动和具备创新欲望的公司潜力无限。

2. 数字出版传媒公司对数字技术的应用，将创造出无穷无尽的产业数字化创新方案。例如汉王科技作为现在新技术背景下的“传统”数字出版传媒公司，显然技术的快速迭代已经迫使它无法停下脚步，必须以“重新再来”的勇气突破自己，所幸它还拥有不错的技术进步能力。

3. 数字出版传媒领域的数字化进程潜力巨大，也将是最早一批享受数字化产业红利的领域。因此，板块中那些相对传统的公司的数字化重构进程，将影响着它们的未来存亡。例如，如果一些影视公司不尽快行动起来，将会面临新数字公司的颠覆。

4. 从价值投资逻辑来看，数字出版传媒公司的未来理应可期。其影响因子可侧重自有技术、内容创新创造、大数据处理能力，以及企业自身数字化程度、产业链整合资源等。

第六节　数字医疗分类组合

医药、医疗行业的数字化有着不一样的特征，目前的分类组合仅仅是开端。数字医疗数字化价值投资 20 强企业名单如表 9–6 所示。

表 9–6　数字医疗数字化价值投资 TOP20 企业

股票代码	股票简称
000538	云南白药
000333	美的集团
300937	药易购
300760	迈瑞医疗

续表

股票代码	股票简称
600998	九州通
300244	迪安诊断
601318	中国平安
688139	海尔生物
300298	三诺生物
300015	爱尔眼科
600196	复星医药
300888	稳健医疗
600713	南京医药
603883	老百姓
002799	环球印务
603368	柳药集团
301103	何氏眼科
603939	益丰药房
688393	安必平
000028	国药一致

我们从药品、医疗器械、医疗服务、数字医疗、医疗流通和销售以及保险支付这六大板块来对医疗行业进行分析，筛选了这个概念相关的企业共 594 家。我们结合传统价值投资（盈利性、成长性、流动性、资产负债率等指标）和产业数字化（产品数字化、销售数字化、生产数字化、企业数字化战略、产业链数字化等维度和相关指标）对企业进行分析。

一、中药、西药

中药、西药板块主要包含生物药（蛋白质层面、基因层面、细胞层面和疫苗）、化学药（化学治疗药物、中枢神经系统药物、传出神经药物、心血管系统药物、泌尿系统药物、呼吸系统药物、消化系统药物、免疫系统药物、内分泌系统药物和维生素类药物）和中药（原料类、未配方类和已配方类）等制药企业。代表性企业有云南白药、复星医药。

制药企业整体产业数字化水平不高，例如沃华医药，是一家拥有200多年历史，集研发、生产、销售为一体的中成药企业，公司从生产到销售的数字化水平都偏低，根据2022年《年报》，生产方面："生产部根据各品种年度销售计划、库存情况，结合生产能力，制定年度生产大纲及月度分解计划。每月通过产销联席会、精细化审核和调整作业计划，使产销有效衔接，并跟踪、调度生产过程，督导月度计划按时完成，确保产品市场需求。通过精细化调度设备运行和人员组织，严控损耗，不断降低成本、提高效率。"销售方面："公司拥有国内少有的全终端、全模式的营销体系。预算制专业化临床学术推广模式为主、终端居间服务商模式和OTC零售模式相互促进，全面覆盖等级医院、零售药店、基层医疗机构等全类别线下终端。"从《年报》分析该企业的生产可知，它仅仅完成了信息化改造，谈不上数字化和智能制造，其销售模式还是以线下销售为主，也谈不上数字化。再例如众生药业，是一家集药品研发、生产和销售为一体的高新技术企业。该企业的生产和销售仍然以传统模式为主，数字化水平偏低，但管理层对数字化有一定的认识和重视，所以销售方面"积极探索线上产品推广模式，通过互联网平台及数字化技术为营销赋能，给企业带来更透明、更高效、更专业的医药销售通路和市场，同时也给百姓带来高效、便捷、优质的服务，提质增效，助力销售业绩增长"。

在制药企业产业数字化方面，云南白药和复星医药走在了前面，特别是云南白药。云南白药已经建立了在天然药物、中药材饮片、特色药、医疗器械、健康日化产品、保健食品等多个领域的业务布局，实现了从一家传统中药制造企业向现代化大健康企业的转型。在企业战略层面体现了对数字化转型的高度重视："全球医疗行业正在经历从循证医疗向精准医疗的转型过程，由此推动了全球制药行业从大工业生产向个体化的制剂和疗法的转型，市场需求也从单一'产品'转向'综合解决方案'。在此背景下，云南白药的商业模式正逐步从提供产品的传统制造企业向综合解决方案提供商转型……公司致力于围绕客户需求提供服务，基于用户大数据底座与柔性生产能力，有机整合精准定制化产品和个性化服务，最终输出具有差异化的'综合解决方案'。同时，基于数字化和平台化的构建，公司正在构建以用户为中心的新型服务模式，从一家 2B 企业向 2C 企业迈进……在全生命周期管理用户，为客户提供综合解决方案。"2022 年，公司制订《云南白药集团数字化发展 2022—2026 规划》和《云南白药集团数字化建设管理办法》，将在规划期间全面推进业务数字化和经营管理数字化，实现对商业模式、流程管理以及创新研发的全面赋能。

云南白药产业数字化的成绩离不开其在战略层面对数字化的重视，更离不开其在人才建设方面的功劳："混合所有制改革以来，公司利用市场化的体制机制优势，开展了多层次的人才引进，引进了以董明首席执行官为代表的各领域优秀人才，为公司的管理提升、新业务孵化、商务拓展、数字化建设等多个领域注入新鲜血液和全新业务能力。"目前，云南白药实现产业化和智能化的众多应用场景已成为行业发展标杆，主要包括：人才管理上，构建了 ONE-BY 数字化人才全生命周期管理平台，制定了人力资源数字化转型战略，通过场景化、自动化、集团化、角色化、数据化逐步实现了人力资源数字化的落地；药品事业部通过 IP 活动项目联动线上线下，打造会员营销平台、构建眼视光门店体系、拓展互联网医院等，深耕以用户价值为导向的营销场景；健康品事业部打造了AI智能美肤和口腔智能整体解决方案，牙膏工厂完成了工业4.0的智能制造和数字孪生；中药资源事业部的数字三七产业平台深度连接用户与三七产业参与者，实现了自动化生产，形成了产业生态圈，已升级到了2.0版，应用大数据、人工智能等科技，以全新的数字技术做好用户与三七产业参与者的深度连接，从而缩短产品和服务抵达用户的时间，实现从关注“内部能力”到关注“用户体验”的转变，使合作商、农户、消费者及产业兴趣者都能参与三七产业的重构焕新；云南省医药有限公司药品持续构建覆盖全省的药品智能物流配送体系；医药电子商务有限公司创立人工智能大数据平台支撑智能化发展，推动数字健康从“医＋药＋险”闭环向“服务＋产品＋支付”全链路升级；以北大—白药医学中心为枢纽，依托人工智能技术，充分将研发新范式运用于药物研发领域；公司与华为技术有限公司签订《全面合作协议》，双方将在人工智能药物研发领域，开展广泛的交流和合作，探索联合科研创新的机制，扩大双方合作的广度和深度，包括但不限于大小分子设计、相关病症研究、数据库开发等。

大部分制药企业因为现有医疗体制很难从2B走向2C，局限于现有渠道，很难触达终端客户，但更重要的原因还在于对数字化的理解和重视不够，还停留在药品通过传统的方式进行研发、生产、制造和销售。

二、医疗器械

医疗器械主要包含耗材（高值耗材、低值耗材和体外诊断IVD）、设备（治疗设备、诊断设备和康复设备）以及医疗器械软件（影像处理软件、数据处理软件、治疗计划软件、决策支持软件、体外诊断类软件和康复训练软件）的开发和制造企业。代表性企业有三诺生物、稳健医疗、迈瑞医疗、海尔生物、安必平。

医疗器械企业的整体产业数字化水平比制药企业高，我们评选的20强企业里面，30%的企业属于该领域。

三诺生物致力于利用生物传感技术研发、生产、销售可以快速检测慢性疾病的产品，从血糖监测起步，其生产的“三诺”系列血糖仪在国内血糖仪零售市场份额占50%以上，拥有超过2 100万用户，血糖仪产品覆盖超过180 000家药店，已经迈入全球血糖仪领先阵营，并通过公司与海外子公司的全球协同发展，实现了从血糖监测系统提供商向慢性疾病即时检测（POCT）产品的提供商和服务商的转变，构建了以血糖为基础，以慢病相关检测为抓手，以及用指尖血测多项指标的立体的多指标慢性疾病检测产品体系，为慢病防治提供更全面的整体解决方案。

三诺生物确定了打造“生物传感+互联网+医疗+服务”的综合慢病管理模式的发展战略，即基于创新的生物传感器实现对检测参数的精准感知，基于物联网实现万物互联，基于人工智能实现健康生活方式的引导和高效率同等级医院相当的同质智慧医疗，建立“感知+评估+干预”的闭环。在生产方面，公司以打造数字化工厂为核心，建立了围绕装备集成化、产品检测智能化以及生产过程追溯自动化为一体的智能化生产线，生产线自动化率超过90%。公司实施以ERP、MES、APS为核心的集研、产、供、销、质一体化协同的智能集成应用平台。通过设备与设备、设备与系统之间数据互联互通，实现生产全流程闭环管理；运用“BI看板+智能App”等对各项指标进行可视化、预警和预控管理，及时响应、快速改善，打造高效率的生产制造管理体系；通过信息系统全覆盖、数据自动采集实现生产制造数据实时、透明、在线管理，数据驱动管理、驱动改善，为精准决策奠定基础；通过建立数字化运营车间以及数字化管理平台实现生产制造数字化运营管理。

通过构建基于三诺核心的物联网、IoT，以及数智运营的iSee、BGM的BT和糖尿病互联网医院，推动公司数智化能力的建设，得以让三诺生物迅速从零售市场拓展到医院市场和海外市场，打通院内医疗服务与院外健康管理壁垒，实现医患之间的互联互通，将住院患者血糖管理和出院患者自我监测智能结合，实现医患交流、线上复诊、跟踪随访等院内外全病程管理，最终实现患者的院内外一体化糖尿病自我管理。同时通过数字技术的综合应用，公司实现了对产业链的赋能，例如其为医院提供的血糖管理主动会诊系统通过信息化、数字化方式帮助医务人员提升血糖测试效率，减少数据录入工作量，提升管理效率等；同时提供数据平台助力临床医生开展相关科学研究。公司结合自身优势，不断加大技术投入，实现多级医疗机构的信息互联互通，建立县、乡、村三级“医防融合、上下协同、分级管理”的医联体慢病健康管理模式，以提高区域慢性病综合防治水平。

三、医疗服务

医疗服务主要包含医疗机构（综合性医院、专科医院等）和专业服务机构（产业合同外包服务机构和第三方医疗服务机构）。代表性企业有迪安诊断、爱尔眼科、何氏眼科。

爱尔眼科作为眼科连锁医疗机构第一股，提出“数字眼科”战略，以电子病历、智慧管理、智慧服务为抓手，推进医疗服务、质量管理、集团运营的数字化转型。

在医疗服务数字化方面，持续加强集团医院信息系统、互联网医院系统、智慧医院系统、智能客服系统、电子病历系统、青少年近视防控系统、视光系统、眼健康档案系统、患者管理系统、合理用药系统等的升级与推广应用；移动医护系统、医院感染系统建成，逐步推广；建成围手术期系统，实现手术全流程信息化管理……集团互联网医院已实现“在线挂号、在线缴费、报告查询、健康咨询、复诊续方、远程阅片、眼健康科普”等功能……推进屈光跟诊系统、新版屈光病历管理系统上线；推进医院感染系统实现集团医院全覆盖；上线互联网医院线上商城，并持续优化；接入爱尔会员体系，为爱尔会员提供更便捷的线上服务；持续对接各地医保移动支付，为患者提供更加便捷的支付服务；进一步提升集团眼科服务数字化水平，全面满足患者眼健康咨询、问诊、就诊、查询、用药以及健康管理需求。

在业务管理数字化方面，持续完善医疗业务云系统，BI 建设有效辅助决策，药耗供应链系统全面上线，设备资产管理系统建设稳步推进，供应链数字工程项目进入开发与试点阶段，利用信息化建设促进业财融合机制持续完善，上线不良事件管理系统、医疗督查系统，标准管理平台向 ADP 平台转移重构。通过不断建设、升级、完善、运用相关信息化系统，集团在医疗管理、运营管理、财务管理、供应链管理等方面的数据监测更加灵敏，业务运行更加顺畅，协调联动更加紧密，精细化水平不断提升，管理效率明显提高。

爱尔眼科的产业数字化建设目前在实现数字服务和数字化管理方面卓有成效，作为眼科连锁机构龙头，通过深化数字化转型，其还可以在产业链数字化及产业链数字化对价值链的重构方面有更大的发挥空间。

四、数字医疗

数字医疗主要包含从事研究类（AI 药物研发）、诊疗类、联通类（互联网医院）和管理类（医疗信息化系统等）的企业。

目前该领域尚未有独立的代表性企业，但在评选过程中我们发现很多医疗企业都加强了互联网医院的建设，例如爱尔眼科、药易购等，从而实现线上线下的协同，实现直达终端和用户的数字化销售和服务。

五、医疗流通和销售

医疗流通和销售主要包含从事药械流通（院外流通和院内流通）和药械销售（医药批发、医药零售、医药电商和线下零售）的企业。代表性企业有九州通、药易购、益丰药房、南京医药、老百姓、国药一致、柳药集团。

药易购是国内第一家医药产业互联网上市公司，致力于全渠道医药服务，主营业务涵盖医药 B2B 电商、医药批发、医药零售、新工业模式、智能物流、医疗新媒体矩阵（见图 9–1）。

在战略方面，公司坚定院外市场与医药产业互联网发展道路，坚持以全渠道供应链为核心，以数智创新技术为驱动，通过人才与资本加速发展的战略，在工业、商业、终端和消费者等多端持续发力，构筑 SBBC 医药服务生态体系，打造从工业到终端再到用户的一站式服务体系，为客户带去高效购药体验和便捷的健康服务，致力于成为数智医药大健康生态领导者。

在销售方面，公司已成功建设完成集医药批发、医药 B2B 电商、医药零售（线上 + 线下）、医药终端有序营销、互联网医药单品运营等为一体的全渠道销售网络，为公司向医药上游产业链转型提供了有力支撑。

在提供数智化赋能的增值服务方面，公司依托自有技术研发中心已完成了与 SBBC 健康产业互联网生态体系相匹配的技术平台建设，主要包括业务中台、数据中台、产业生态应用层系统的研发（见图 9–2）。

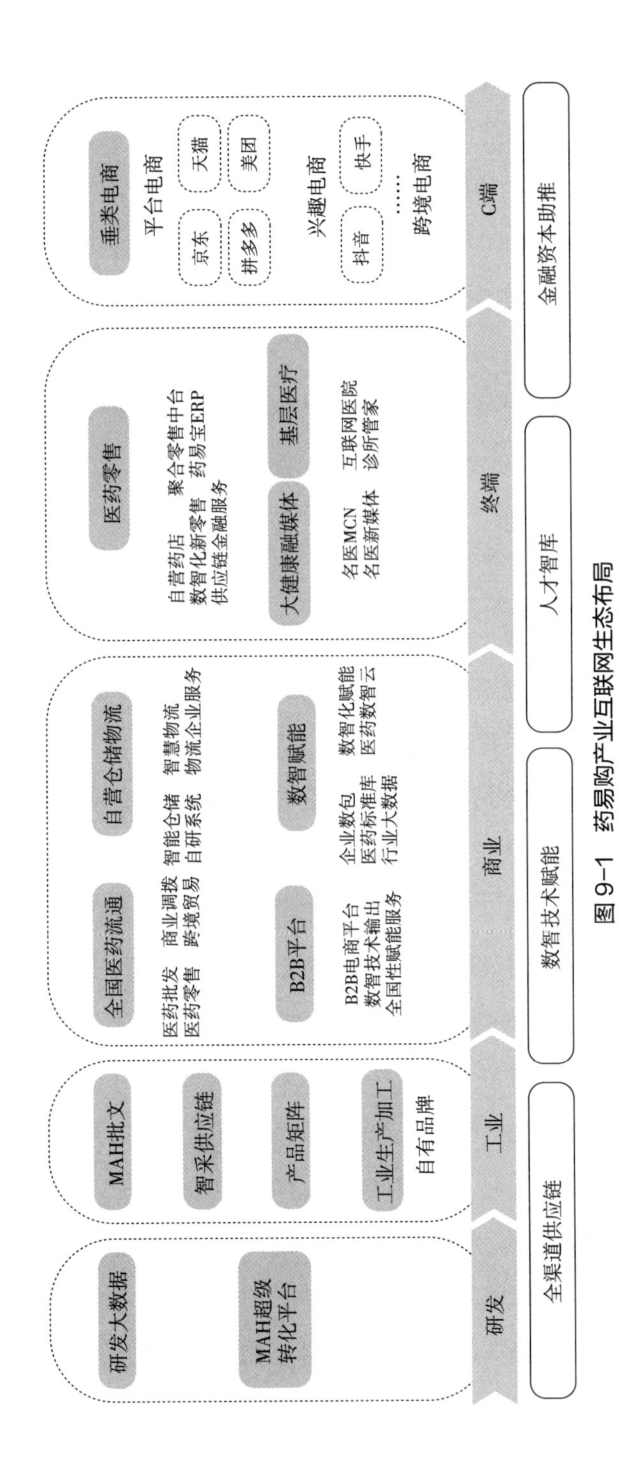

图 9-1　药易购产业互联网生态布局

图9-2 药易购健康产业互联网生态系统中的技术驱动引擎

公司通过数智创新与组合创新，重构行业价值生态，加速数智化大健康产业发展，为工业、商业、零售、医疗机构、消费者提供综合服务。在产业链数字化赋能方面，公司基于智能化信息平台及下游渠道优势设立了工业赋能领航计划：领航计划基于公司在下游渠道的广度和深度，利用公司自有智能物流平台，以智能化中台为技术平台，为各类型工业企业提供包括渠道研究分析、市场进入服务、产品推广服务、产品宣传服务、渠道智能铺货、市场实时反馈等渠道市场闭环推广服务，进一步深化了与医药上游企业的合作。

六、保险支付

保险支付主要包含从事医疗保险和保险科技的企业。代表企业有中国平安。

中国平安紧紧围绕“综合金融 + 医疗健康”的双轮并行、科技驱动战略，积极整合其庞大的医疗健康服务资源。截至 2022 年 12 月 31 日，平安自有医生团队近 4 000 人、外部签约医生超 4.5 万人，自有三甲级医院 6 家，合作医院超 1 万家，已实现国内百强医院和三甲医院 100% 合作覆盖，合作健康管理机构超过 10 万家，合作药店达 22.4 万家。在平安近 2.27 亿的个人客户中有近 64% 的客户同时使用了医疗健康生态圈提供的服务。

平安独有的医疗健康生态圈有以下三方面特点：第一，通过旗下互联网医疗平台、旗舰医疗机构打造全面的诊疗网络，使商保与医疗资源链接更紧密；第二，通过自有、全职的医疗团队提供服务，以更好地保证质量、提升效率；第三，通过集团的主营金融业务提供“综合金融 + 医疗健康”的产品及服务，从而带来长期价值增长。作为医疗健康产业链中支付方与供应方的桥梁，平安健康助力集团个人及团体客户，及时获取集团医疗健康生态圈覆盖的线上和线下服务资源。此外，平安收购的北大医疗集团将进一步巩固线上及线下医疗资源的布局。平安创新推出中国版“管理式医疗模式”，将差异化的医疗健康服务与作为支付方的金融业务无缝结合。此模式下，平安提供的“保险+”服务与医疗健康生态圈的能力紧密结合，研发“保险+健康”“保险+医疗”“保险+居家养老”“保险+高端养老”等产品。平安健康致力于构筑一站式的生态平台和专业的医患桥梁。平安健康通过专属家庭医生团队提供会员制医疗健康服务，串联“到线、到店、到家”服务网络，涵盖咨询、诊断、诊疗、服务全流程，实现7×24小时“秒级”管理。

平安持续深入医疗科技研发。截至2022年12月31日，平安数字医疗专利申请数量位居全球第一位，拥有世界上最大的医疗数据库之一，精准诊断覆盖疾病4 000种，并积极搭建领先的远程诊疗平台。平安借助科技端的提前布局，有效支撑医疗健康生态圈的可持续发展。

在上市公司的评价过程中，我们发现数字经济时代的一大特征和趋势，即行业的界限越来越模糊，跨界的竞争和融合越来越明显。

例如在医疗健康领域，美的已与近6 000家医院建立合作关系，美的医疗于2022年7月对外发布“尊重生命的每一秒”的品牌使命和五大医疗场景解决方案，涵盖医技楼场景、手术部场景、门诊药房场景、住院病区场景以及后勤指挥中心场景。其中，医技楼场景是通过万东医疗、美的生物医疗等技术融合，提供全身各部位的影像检查诊断和智慧冷链监控系统、智慧实验室管理系统等；手术部场景是通过库卡机器人、瑞仕格医疗、万东医疗、美的生物医疗和楼宇科技等技术融合，提供心脏介入等各种介入手术、粒子放疗手术环境和行为管理、物资发送追溯库存管理、智能照明应用等；住院病区场景是通过瑞仕格医疗、美的生物医疗和楼宇科技等技术打通，提供综合病区管理、综合院内物流管理、智能输液与提醒等系统应用，打造智慧病区空间解决方案；门诊药房场景是通过美的旗下的瑞仕格医疗与美的生物医疗协同，深耕医院药房自动化和物流自动化领域，为医院提供院内药房和物流自动化综合解决方案；后勤指挥中心场景是通过临床医技与建设运维实现双轮驱动，提供完整覆盖医院建设全过程的系统解决方案，构建 LIFE20 智慧医院框架体系，并通过美的楼宇科技 iBUILDING 自上而下的顶层设计与规划，完成系统集成、数据洞察、辅助决策和行动闭环的全链路建设，助力医疗行业完成医院智慧升级。

第七节　数字教育分类组合

数字教育是数字化与教育行业的深度融合，这个分类组合样本不多，这次评价出 16 家上市公司，如表 9–7 所示。

表 9–7　数字教育数字化价值投资 TOP16 企业

股票代码	股票简称
300168	万达信息
300365	恒华科技
300235	方直科技
002467	二六三
002841	视源股份
002261	拓维信息
300559	佳发教育

续表

股票代码	股票简称
002230	科大讯飞
300364	中文在线
300248	新开普
300074	华平股份
300205	天喻信息
002955	鸿合科技
600636	国新文化
300182	捷成股份
300359	全通教育

由于教育行业的特殊性，A 股教育板块上市企业主要是服务于教育行业的软件及硬件企业，特别又以提供软件、信息服务类居多，约 70% 的企业属于信息传输、软件和信息技术服务业。因此，教育行业上市公司数字技术水平相对较高，大部分属于赋能教育行业转型的服务提供商。

总体而言，16 家样本公司教育板块相关业务主要集中在以下几个方面。

1. 为学校提供数字化解决方案，实现数字化教育转型。

2. 提供在线教育和课程设计服务，满足学生不同学科和兴趣的需求。

3. 基于大数据和人工智能技术，开发教育智能化产品和服务。

4. 提供文化教育和语言教育产品和服务，推动文化教育和语言教育的发展。

在教育云平台方面，万达信息、二六三、拓维信息、鸿合科技等已经建设了数字化教育平台，服务学校信息化建设。

在在线教育和课程设计方面，恒华科技、方直科技、视源股份、佳发教育、新开普、捷成股份等公司均提出了数字化教育和在线教育的解决方案。

在教育大数据和智能化课堂方面，华平股份和天喻信息通过开发教育智能化产品和服务，帮助学校提高教学效率和教学质量。

在文化教育方面，中文在线、国新文化等公司积极推动语言教育和文化教育的数字化转型。

此外，一些综合性教育公司如全通教育，采取教育一体化解决方案，把数字化教育和在线教育、教育信息化、大数据技术等综合应用于学校教学管理中，进一步推进数字化教育转型。

教育行业上市公司有一个明显特点就是数字技术自主可控程度较高。例如万达信息：报告期内，公司获得自主知识产权 400 余项，累计拥有自主知识产权 2 700 余项；拓维信息：深耕数字化领域 27 年，为多个重点行业超 1 500 家政企客户提供从需求咨询、解决方案到开发交付、产品运营全流程服务，打造了拓维·梧桐云原生平台等一系列自有平台产品；科大讯飞：在核心技术研发底座自主可控和国产化适配等方面坚定投入，2022 年累计获得 16 项国际权威评测冠军；持续加厚 AI 核心技术研发底座，自主研发深度学习训练和推理框架。

这些企业在数字化教育领域拥有较为深厚的技术积累和研发实力，能够独立完成核心技术的开发和升级，并在市场上取得了较好的表现和口碑。只有小部分企业仍然需要依赖外部的技术支持，这些企业在数字化教育领域虽然有一定的业务规模和市场份额，但需要不断地投入技术研发和合作，才能保持市场竞争力。

总的来说，教育行业数字化转型的进展对于提高教育质量、推进教育公平、促进教育创新具有重要意义，也为教育行业的长期稳健发展注入了新动力。

未来，上市企业还应在以下几方面进行探讨和研究，助力我国教育数字化转型。

1. 教育云平台：未来数字化教育将更加注重云端化，企业需要构建分布式、智能化的教育云平台，提供全面的在线教育服务，包括教学平台、智慧校园解决方案、数字化教材等。

2. 人工智能：数字化教育需要大量的数据智能和科技支持，人工智能将是未来数字化教育发展的重要驱动力，企业需要加强人工智能技术研发和创新，提高智能化教学等领域的技术水平。

3. 课程定制化：数字化教育不仅可以提供标准化的在线课程，还可以开辟个性化定制的教育模式。企业需要加强课程研发和定制化服务，为不同学生提供更加有针对性、个性化的教学方案。

4. 教育资源整合：数字化教育需要整合全球的教育资源，才能实现教育跨越式的发展。企业需要加强国际合作和交流，整合全球的优质教育资源，提供更加高质量的在线教育服务。

整个教育行业开展数字化的上市公司业绩都不好，主要原因在于前两年中国教育行业政策调整对这个行业带来的巨大影响。作为一个人口大国，中国在教育事业和教育产业的定义和划分上一直有些边界不清，政策不稳定，给这个领域的商业行为带来很大的不确定性，也导致这个巨大的市场没有出现大型的上市公司。数字经济时代，这个领域的投资组合在数字科技上存在巨大的变革机会，但是，是否能够做到把数字科技变革和清晰稳定的政策结合起来，还是一个未知数。

第八节　数字娱乐、游戏分类组合

数字娱乐、游戏分类组合是一个非常具有价值投资前景的领域，数字科技，尤其是生成式大模型的突飞猛进以及元宇宙技术，都将给这个组合带来新的机遇。数字娱乐、游戏数字化价值投资 19 强企业名单如表 9–8 所示。

表 9–8　数字娱乐、游戏数字化价值投资 TOP19 企业

股票代码	股票简称
603444	吉比特
002555	三七互娱
300113	顺网科技
600228	返利科技
002624	完美世界
002354	天娱数科
300792	壹网壹创
300459	汤姆猫
002558	巨人网络
300052	中青宝
603258	电魂网络
002602	世纪华通
600037	歌华有线
002123	梦网科技
300467	迅游科技
300315	掌趣科技
002174	游族网络
000156	华数传媒
300043	星辉娱乐

鉴于行业本性，总体上来说，该板块的公司基本上都拥有数字化基因，是整个市场的数字化进程先行者，多家公司承担着行业数字化课题。同时，数字化运用和技术进程在该行业体现出较丰富的多元化发展，也从另一个层面上表现出公司之间的差异。

我们选取了19家公司，从产品数字化（包括生产数字化、销售数字化等）、企业数字化（包括公司数字化战略、公司自身数字化技术能力）、产业数字化（包括公司产业链数字化、公司数字化对其价值链重构的影响）等角度对它们进行了量化统计。

来自这19家公司样本的量化数据显示，约90%的公司的生产过程展现出突出的数字化技术；30%的公司对数字化销售有较好运用；75%的公司提出了相关的数字化战略；60%的公司具备数字化技术能力。

从产业特点来看，数字化内容和数字技术是该板块公司的最大价值。总体上，该板块公司的数字化水平相对较高，相当一些公司具有较前沿的数字技术，这也使得该板块公司颇受资本追捧。在19家公司样本中，吉比特、完美世界、天娱数科、返利科技、壹网壹创等公司的数字化渗透能力凸显，值得进一步跟踪。

与数字出版传媒公司不同，该板块公司的产品数字化差异不大。19家公司样本显示，行业里传统老牌公司依然展现出了技术实力。尤为重要的是，在销售数字化方面，天娱数科表现突出，公司对销售数字化有较高的认识和实践，特别明确提出了公司将借助数字化最终走向智能营销的理念，从而提升了行业销售数字化的水平。

简单归纳，数字娱乐游戏板块有以下几个关注点。

1. 数字技术和该板块在业务生态上的融合具有天然性，而其方式具有多样性；板块中公司对数字技术的发展有着本能的追求和推动力。从技术发展脉络上看，数字娱乐游戏公司借助技术优势和已经建立的初步数字化市场获客能力，具有创造出全新的产业数字化创新业务的更多可能性。

2. 作为数字技术运用的先行者，数字娱乐游戏公司也是创新业务实践的急先锋。例如星辉娱乐，其旗下的西班牙人足球俱乐部与区块链平台合作，提供全新的支付方案。

3. 由数字化催生的新业态公司，正带来公司内部结构的改变。例如壹网壹创开设了“天猫、京东、唯品会、拼多多、小红书私域事业部”，这意味着其资产数字化、数字资产权益化之途正式开始。

4. 从价值投资逻辑来看，数字娱乐游戏公司的未来值得关注。在数字化新技术和新运用的推动下，数字娱乐游戏产业的产业链上下游有望进一步延展，显然对其价值链重构形成支撑，行业增长有一定的可能。

数字科技在应用上经常是通过创造出虚拟环境下的想象，然后再赋能社会和市场，最典型的就是元宇宙概念的提出。所以，未来这个投资组合领域还有更多创新空间。这些创新空间主要体现在数字科技在虚拟现实、增强现实以及混合现实、数字孪生、元宇宙技术进一步发展之后，显示空间与数字空间所创造的全新经济、社会、文明形态的商业价值。

第九节　工业互联网分类组合

工业互联网、物联网、产业互联网都在定义和进化过程中，我们需要不断深入。表 9–9 中所列的 20 家上市公司是我们的初步分类。

表 9-9 工业互联网数字化价值投资 TOP20 企业

股票代码	股票简称
600845	宝信软件
600690	海尔智家
000425	徐工机械
688777	中控技术
002010	传化智联
603613	国联股份
600031	三一重工
600089	特变电工
000157	中联重科
300166	东方国信
600019	宝钢股份
688561	奇安信
601608	中信重工
000901	航天科技
000651	格力电器
000928	中钢国际
688090	瑞松科技
000619	海螺新材
300415	伊之密
300466	赛摩智能

工业互联网领域的这 20 家企业有着不同的基因，有做制造业出身的，有互联网出身的，有做工控出身的，有做机械设备出身的。虽然都是在工业互联网的大赛道，但无论是企业战略还是产品体系，它们都有着较为显著的区别。

一、第一类是从制造业进入工业互联网的企业

这类企业以海尔为代表，既有面向消费者的经验和产品，又有智

能化工厂的经验，因此在提供工业互联网解决方案方面比较全面。

二、第二类是从工业控制领域进入工业互联网的企业

这类企业以宝信和中控为代表，它们的产品体系围绕生产设备的数字化和互联，由于拥有丰富的行业知识积累，所以在流程行业有极高的占有率，市值也处在高位。

宝信“拥有国内领先的钢铁全流程、全层次和全生命周期自动化集成技术，以 PLC 产品为核心，具备全自主知识产权的工业控制软硬件产品矩阵；在工厂综合集成管控、智能边缘计算和数据创新应用等方面，为客户提供全过程数字化监控、全流程智能化衔接、全工序无人化操作、全要素智慧化生产、全区域节能减排降碳等全方位的智能工厂数字化转型解决方案。面向矿山、电力、化工、新材料等行业，提供能源、双碳管理相关领域的软件开发、模型研发和整体解决方案”。

中控不仅在产品上做了新的发布，而且在商业模式上进行了新的探索，实现了“5S 店 + S2B”的模式。“国内流程工业数字化、智能化转型加速推进，公司特有的‘5S 店 + S2B’商业模式成功推行，牢牢抓住下游客户的旺盛需求，支撑公司业务快速增长。从产品来看，工业软件及含有工业软件的解决方案业务共实现收入 19.27 亿元，同比增长 121.13%；其他工业自动化及智能制造解决方案业务共实现收入 30.72 亿元，同比增长 12.02%；仪器仪表实现收入 3.45 亿元，同比增长 23.59%。从行业来看，电池、制药食品、油气、建材、冶金行业收入持续保持较快增长趋势，制药食品行业收入增长 70.85%，油气行业收入增长 69.02%，建材行业收入增长 68.67%，冶金行业收入增

长 63.70%。”“公司持续深化‘5S 店 + S2B’商业模式建设，公司已累计建设完成 150 家 5S 店，基本覆盖国内中大型化工园区，首次实现单店合同额突破 2 亿元，‘亿元店’达 32 家，同比增幅 106%，公司已有 26 909 个签约客户，新增客户约 4 000 家。S2B 业务高速增长，实现收入 8.74 亿元，较上年同期增长 138.74%，公司已打造‘集采代采’‘联储联备’及‘供应链金融’三大创新业务模式，客户黏性进一步增强。”

三、第三类是有互联网基因的企业

除了代表企业东方国信和奇安信之外，还有不少从互联网进入工业互联网的企业，比如阿里、腾讯都曾经高调介入，但是工业领域所需要的长期积累和比较难以规模复制的特点让这些企业在经历了热潮之后都调整了产品线。东方国信和奇安信分别从网络基础设施和安全的方向上介入工业领域。

东方国信有数据库、工业互联网、公有云、人工智能、数据工具和地理信息系统 6 大产品线，其中东方国信工业互联网平台 Cloudiip 完全由东方国信自主研发打造，在深度服务炼铁、热力、电力、能源、轨道交通、汽车、机械制造等行业的同时，面向资产管理、能源管理等工业领域和空压机、工业锅炉等重要设备，优化设备管理、研发设计、运营管理、生产执行、产品全生命周期管理和供应链协同，形成覆盖研发、生产、管理和服务领域的智能制造全面解决方案。

奇安信也有全面的信息安全解决方案，其中工控安全也得到越来越多的重视。

四、第四类是从设备后运维需求出发往生产端延伸的企业

中信重工、徐工、三一和中联则是属于另一类型的工业互联网企业，它们主要在产品的运维环境有应用场景，因此其产品的重点在于运维和互联出发，对于数字经济中的资产数字化有着较短的实现路径。

五、第五类是有着深厚的行业积累的企业

特变电工、海螺新材和宝钢股份则在行业上有着深厚的积累。这一类企业在行业数字化平台上有潜力。东方精工在造纸设备上有多年积累，进而围绕造纸行业的工业互联网进行了开拓。

其他类型的企业则处在这几种类型之间。

第十节　银行数字化分类组合

银行数字化分类组合是金融数字化的重点，目前正处在初级阶段。银行数字化价值投资 20 强企业名单如表 9-10 所示。

表 9-10　银行数字化价值投资 TOP20 企业

股票代码	股票简称
000001	平安银行
600036	招商银行
601009	南京银行
601328	交通银行
601998	中信银行
601398	工商银行

续表

股票代码	股票简称
601939	建设银行
601166	兴业银行
601288	农业银行
601818	光大银行
601988	中国银行
601658	邮储银行
600919	江苏银行
002142	宁波银行
601838	成都银行
601229	上海银行
002966	苏州银行
600926	杭州银行
601825	沪农商行
601187	厦门银行

一、银行数字化投资组合现状概述

银行投资组合的评价具有一定的难度，原因有三。第一，银行业是持牌经营、具有特殊监管要求的行业，“表层”的渠道建设、产品设计、客群营销等常见的经营动作，都是围绕“风险经营”这一“内核”展开，如何表里兼顾地进行评价是难点；第二，银行业的业务极少涉及实物生产和流转，是市场上信息化起步最早、拥抱数字化变革最积极的行业，数字化、信息化工作已经渗入日常经营的各个层次和领域，如何进行全面评价是难点；第三，尽管各家银行面向客户的服务高度同质化，在数字化研发管理、服务商生态等方面相似性很强，但不同体量、不同禀赋的银行机构在数字化成熟度、数据治理水平等方面各有差异，如何客观解读和对比不同银行机构的公开信息是难点。

从数字化价值的产出逻辑来看，商业银行是通过经营风险、管理风险获得风险收益的机构，“风险”是银行机构价值创造的重要支撑，评估数字化建设，必须纳入风险数字化这一维度。银行机构是国家金融体系的重要组成部分，是风险偏好最为审慎的一类金融机构，不仅要下大力气持续强化自身的风险管理和审计能力，全面管理好信用风险、市场风险、流动性风险、操作风险、声誉风险等各类风险，还需要接受国内监管机构和人民银行的监管，大型商业银行还需要参与国际银行业监管标准的制定与评估。因此，在评价银行机构数字化建设水平和效果的过程中，除了一般企业都要考虑的促进生产、提高效率、释放人力资源等因素之外，还需要增加一个特有的维度，即风险管理和经营维度。

从数字化建设的内生动力来看，信息化水平、数据治理能力是银行机构极其重要的核心竞争力。中国银行业经历了电算化、信息化、数字化等几个重要的建设阶段，对于各家银行《年报》中披露的数字化进展，需要结合其所处的数字化建设阶段来综合评价。在 20 世纪 80 年代中后期，银行业通过普及电算化，在账务记载和清算核算方面解放了人力；20 世纪 90 年代中后期，大型银行机构开始构建机构内部的核心账务系统和跨区域的通信网络，并在中国人民银行的组织下，以金卡工程为代表，用十几年的时间完成了欧美国家几十年建成的、覆盖全国的、打通各家银行的清算系统；21 世纪初，大型银行开始实施信息化系统集中部署和数据大集中，将分布于各分支机构的异构业务系统归集到总行层面，并将多个主要业务系统中产生的结构化账务、业务数据归集到数据仓库，形成了信息化时代的数据资产；近十年来，银行机构迈入数字化建设的快速发展时期，进一步细分，可分为面向客户的、浅层的渠道数字化和面向内部经营管理的、深层的业务数字化两个阶段。

从数字化建设的实施路径来看，既要理解银行业研发管理的通用框架和理念，也要考虑各机构在体量、禀赋、数字化成熟度等方面的差异，公开信息中相似的描述或数字，对于不同的银行机构，需要结合其背景进行深入解读。一方面，经过近几十年的信息化、数字化建设，银行业已经形成了相对通用的研发管理框架，即在信息科技部门的规划、设计和指导下，统筹自研能力和各类市场服务商的研发服务开展建设；另一方面，资产规模大、数字化战略强的银行的研发经费相对充足，自主研发投入大，对服务商的统筹管理力度更强，数字化和数据治理的成熟度相对更高，反之亦然。总体而言，银行机构的数字化投入与资产规模相关度较高，自然形成了十万亿元、万亿元、千亿元等多个集群，基本与国有银行、股份制银行、城商农商银行、村镇银行相对应，对于单个银行个体，应将其放入同类型的银行群体中集中进行分析。

基于上述考虑，2023 年我们分别从国有银行、股份制银行、城商农商银行三个群体中分别筛选出建设银行、邮政储蓄银行、招商银行、南京银行等四家银行机构进行剖析，期待能从数字化价值创造的角度，初步解析银行机构的经营逻辑，比较不同规模和禀赋的银行机构之间的差异。

二、公司对比分析

（一）中国建设银行——数字化普惠信贷的引领者

中国建设银行是国有大型商业银行，2022 年《年报》披露的资产规模超过 30 万亿元，净利润超过 3 000 亿元，不良贷款率为 1.38%，拨备覆盖率为 241.53%，净利差为 1.82%。

中国建设银行是最早推动“银税互动”、批量化运用税务数据给予小微企业普惠贷款的国有银行，通过近几年的持续发力，建行开辟了“大银行”服务小企业的新路径，已经成为全球普惠金融供给总量最大的金融机构。中国建设银行在普惠信贷业务领域的成功实践证明，只要做好业务数字化，大型银行可以将普惠信贷的体量优势转化为数据积累优势，进而转化为数字化风控和营销优势，形成“体量—数据—风控—营销”的增长飞轮。

在业务创新领域，打造以“批量化获客、精准化画像、自动化审批、智能化风控、综合化服务”为核心的数字普惠金融模式。2022年末，普惠金融贷款余额达 2.35 万亿元，贷款客户 253 万户，全年新发放普惠信贷利率 4.00%。在这一成绩的背后，是中国建设银行在数字化基础设施方面的持续投入，持续完善“数字化、全流程、标准化”的普惠金融智能化风控管理体系；充分发挥大数据作用，推出“云税贷”“抵押快贷”等一批普惠金融产品；升级打造“建行惠懂你 App”3.0 综合化生态型服务平台，截至 2022 年年底，下载量超过 2 650 万次，注册个人用户 1 773 万户，认证企业 897 万户，授信金额 1.64 万亿元。

在数字化领域，中国建设银行金融科技人员超过 1.5 万人，占集团总人数的 4.20%，金融科技投入 232.90 亿元，占营业总收入的 2.83%。在《数字建行建设规划（2022—2025 年）》中，明确了数字化经营的发展方向，即以数字化经营为重要基础和工具方法，通过业务数据化和数据业务化双向驱动，着力提升数字化经营效能，逐步实现运营模式生态化、业务流程自动化、风控合规智能化，加速推进业务、数据、技术“三大中台”建设。业务中台方面，持续迭代完善用户、商户、权益、支付“3+1”能力中心，启动账户、产品、内容、流量、营销、智能风控等6大新能力中心；数据中台方面，打造企业级“数据与分析”智能中枢，运用图数据库技术，建立了17亿个人节点、1.8亿公司节点及4 600亿条关系边的关系图谱，识别家庭、股权、实际控制人等72种关系；技术中台方面，以共享、敏捷、协同为理念对应用研发、交付、运行所依赖的技术进行平台化、组件化处理，并以云服务方式交付，实现技术基础能力的快速供给。

（二）中国邮政储蓄银行——资产增速抢眼的奔跑者

中国邮政储蓄银行是资产端业务（特别是贷款业务）成长速度最快且资产质量稳定在较高水平的国有银行。2022年《年报》披露的资产规模超过14万亿元，净利润超过850亿元，不良贷款率为0.84%，拨备覆盖率为385.51%，净利差为2.18%。

中国邮政储蓄银行近几年贷款业务的增长速度在国有大行中十分抢眼，2022年末贷款增速达到11.7%，连续两年站上了6万亿元、7万亿元两个台阶。其中，个人小额贷款规模达到1.1万亿元，年增长24.0%；公司贷款规模达到2.67万亿元，年增长18.4%；线上化小微企业贷款余额1.12万亿元，年增长56.53%。同时，不良贷款率、拨备覆盖率在国有银行中处于领先水平。在抢眼的业绩表现背后，是邮储银行在业务、组织和数字化领域的有效协同，将数字化建设的增益与独有的网点覆盖优势相结合，给组织插上数字化的“大脑”和“引擎”，让网点众多、体量庞大的大象“轻盈起舞”。

在个人信贷领域，对创新业务模式开展主动授信，精准匹配客户消费金融需求，挖掘主动授信白名单，指导分支行开展客户精准营销；以“大数据+评分卡+新技术”全流程数字化风控体系和零售信贷工厂集中运营模式为支撑，依托广布网点渠道资源禀赋，多渠道协同精准触达、线上受理贷款申请，向客户提供“秒批秒贷”优质体验，打造零售信贷业务新的增长点。

在普惠信贷领域，一是构建产品可灵活装配的全流程数字化信贷业务平台。广泛对接外部税务、发票、知识产权等数据，打造税务、发票、综合、政务政采、工程等十大服务模式，推出极速贷、小微易贷等线上产品。二是推动主动授信和总部直客运营。运用大数据技术挖掘存量客群，打造总行“一竿到底”的直客运营体系，通过短信、弹窗、智能外呼、人工外呼等触客渠道开展名单转化。三是科技赋能线下作业模式。以移动展业为载体，赋能银行人员携带移动设备上门服务，将“窗口服务”变为“门口服务”。四是构建风险智能监控预警体系。运用大数据、云计算等技术，整合行内外数据，实施360度立体化、全生命周期智能监控，持续丰富和优化风险预警模型，提高系统风险预警的及时性和准确率。

在数字化领域，全行金融科技人员超过6 300万人，科技人员占比达到3.27%，金融科技投入106.52亿元，占营业总收入的3.18%。全行坚持“数字生态银行转型”这一主线，立足网点优势、队伍优势，强化线上与线下、智能与人工的有机融合，规划了“123456”数字化转型战略布局，构建了垂直管理、横向协同、多方参与的“矩阵式”总分协同数字化转型推进机制，全力推动“数字生态银行”建设。

（三）招商银行——数字化组织创新的践行者

招商银行是目前唯一的资产规模超过十万亿元的股份制银行。2022年《年报》披露的资产规模超过10万亿元，净利润超过1 300亿元，不良贷款率为0.96%，拨备覆盖率为450.79%，净利差为2.28%。

招商银行在超过10万亿元的资产规模下，保持了高水平的资产质量、相对较高的净利差，在超过450%的拨备覆盖率水平下，实现

1 300亿元的利润，显现出行业领先的盈利能力和风险管理能力。这背后，是招商银行在做好信息化、数字化建设的同时，持续推进数字化组织变革、将数字化赋能由“科技部门驱动”转变为“全员驱动”的远见和努力。

在组织变革领域，作为银行业最早实施“科技 + 业务”融合的银行，2022年，招商银行在组织创新领域发力，一是探索更深层次的公私融合经营模式，在支行层面形成对公、零售、运营的统筹管理和综合服务能力；二是做强做大科技金融，服务“科技 + 产业 + 金融”的新发展模式，在北京、深圳、上海、南京、杭州、合肥6家一级分行及嘉兴1家二级分行试点科技金融支行，以新架构、新模式、新内涵、新机制进一步推动普惠金融事业发展；三是优化全行风险管理组织架构及职能，加强全面风险管理能力。

在数字化领域，招行研发人员接近1.1万人，占全集团人数的9.60%；信息科技投入141.68亿元，占营业总收入的4.51%。2022年，招商银行围绕线上化、数据化、智能化、平台化、生态化的目标，从客户服务、风险管理、经营管理、内部运营等层面持续推进“数字招行”建设。客户服务方面，围绕产品、平台和渠道等持续提升服务质效。招商银行App和掌上生活App的月活跃用户（MAU）达1.11亿人，公司客户基础服务线上化率达95.65%，融资业务线上化率从67.26%提升至82.14%，外汇业务线上化率从33.30%提升至65.49%。风险管理方面，智慧风控引擎将企业级的风控能力以模块化的方式沉淀，智能风控平台“天秤”提升交易风险管控能力，建立数字化、智能化的监测和预警体系，实现集团层面的预警信息共享、风险联防联控。经营管理方面，进一步降低数据应用门槛，大数据服务覆盖率达到全行员工五成以上，打造零售条线统一的场景化用数平台“数智零售”，月活跃用户数达 1.23 万人。内部运营方面，推动信贷流程优化，远程放款每笔业务平均为客户经理节约 6 小时，较传统流程效率提升 32%。智慧运营引擎充分利用数字化能力，提高运营的自动化和智能化水平，智能化应用已在智能客服、流程智能化、语音质检、海螺 RPA（机器人流程自动化）等场景实现全职人力替代超过 1.2 万人。

（四）南京银行——业务数字化内功的修行者

南京银行是国内较早在上海证券交易所主板上市的城市商业银行，服务区域立足江苏，服务辐射长三角及北京地区。2022 年《年报》披露的资产规模超过 2 万亿元，净利润超过 180 亿元，不良贷款率为 0.90%，拨备覆盖率为 397.20%，净利差为 1.93%。

2022 年南京银行在保持较高资产质量的前提下，实现资产和贷款规模增幅分别超过了 17.76%、19.69%，其背后是数字化建设与全行经营战略的高度匹配。南京银行多年来持续推进业务数字化，是行业内最早推出数字化对公风控、线上化普惠信贷业务的一家城市商业银行，也是渠道数字化成熟度较高并在业务数字化领域多有建树的城市商业银行。

在经营战略层面，南京银行的发展战略愿景是“做强做精做出特色，成为中小银行中一流的综合金融服务商”，公司金融、零售金融、金融市场是全行业务发展的 3 大板块。在公司发展战略中，南京银行对数字化高度重视，将“科技”列为“客户”同样重要的全行发展战略的两大主题之一，将“IT 与数据”列为公司发展的六大基石之一。

在数字化建设层面，南京银行强化科技治理，持续加快敏捷组织转型和开放创新机制建设，积极推动数字化转型战略在全行层面的实施，为全行客户营销、渠道建设、产品创新、风险合规、运营服务、绩效管理等方面充分赋能。在科技治理方面，一是搭建敏捷高效的前台、开放共享的中台、稳定可靠的后台；二是建立“存算分离”和“协同开放”的湖仓一体的基础平台体系，打造全行数据枢纽；三是深化推进全行敏捷转型，敏捷团队实现业务板块全覆盖，月均投产需求数为敏捷前的1.5倍。在数字化转型方面，一是推进全行技术“云化”，使用私有云平台支撑对公零售等各板块业务，形成“云终端+云桌面+云盘”的云化办公模式；二是推进各类业务线上化，稳定提升业务线上迁徙率，以线上服务模式丰富客户服务维度及服务深度；三是推进智能化应用建设，RPA 支撑 14 个部门 175 个场景，节省工作量 120 人年，智能语音服务覆盖 40 多项渠道场景，AI 智能营销辅助完成销售额超 15 亿元。在科技赋能方面，一是以 N Card 为抓手赋能“大零售”战略、打造数字金融生态，N Card 发卡规模突破 100 万张，小程序累计用户数超 120 万人；二是推进对公线上渠道全面铺开，报告期内，对公板块线上渠道客户增加 6.4 万户，占全年新增公司客户数的 77%；三是推进产品及业务线上化改造，以线上服务模式丰富客户服务维度及服务深度，推进客户收付结算频率及金额的提升。在数字化赋能方面，一是搭建数字化营销体系，通过数据深度挖掘，下发理财、贷款、基本户开户等各类线索；二是打造全行数字化风控体系，完成从客户准入、反欺诈、贷中监测到贷后预警的全流程风险管理；三是构建数字化运营体系，构建总分行机构、支行网点、柜员和设备四大画像，丰富运营大数据平台，升级资产负债大数据平台，在用户促活、体验优化、价值提升、产品创新等方面持续为业务赋能。

三、总结

从银行规模的视角来看，资产规模是对银行机构开展评价的一个重要维度。一方面，总体上，更大的资产规模意味着更重的金融体系占位、更大的营收和利润规模、更全的金融服务覆盖面和产品种类、更广的展业地理范围、更多的线下网点、更多的雇员、更大的信息科技研发团队规模、更大的信息化数字化投入、更多的信贷样本积累、更高的信息化数字化收益；另一方面，更大的资产规模也往往意味着更重的社会和市场责任、更高的整体运营成本、更低的资产回报率、更低的净利差、更多的分支行管理层次、更难的客户服务质量保障。国内银行机构可以按照资产规模分为十万亿、万亿、千亿、百亿等几个台阶，不同台阶的银行机构呈现出明显的群体差异。

从数字化进展的视角来看，目前大多数银行都已经实现了较高水平的渠道数字化，进入业务数字化的充分竞争阶段。渠道数字化方面，无论是哪个台阶的银行，都在零售和对公业务线推出了线上化服务渠道，包括但不限于网上银行、掌上银行、小程序、公众号等，并在过去几年实现了较高的客户覆盖度和业务覆盖度。业务数字化方面，由于银行的业务线和主导部门众多，涉及的业务流程和信息系统的复杂度更大，各家银行都在各自的业务发展重点上优先投入，并且快速获得了收益。各家银行的业务数字化工作，可以归纳到数字化风控、数字化运营、数字化营销三个主要领域中。

从风险管理的视角来看，数字化风险管理升级，是各个银行机构都在着力构建的核心竞争力。在当前“资产荒”的背景下，哪家银行的数字化风控能力能够更准确地对企业的经营能力进行量化排序，哪家银行就能够通过风险分层分级管理，为优质企业提供足额低价的信贷服务，同时将经营能力弱、履约习惯差的企业阻挡在信贷申请环节。只有基于强大可靠的数字化风控能力，数字化营销、数字化运营能力才能拥有展现的舞台。

从数字化升级的路径来看，不同规模的银行展现出了各自的特点。大型银行采用的是“大投入、大平台、大规模集群作战”的模式，数字化建设的体系性、完备性较强，但也存在数字化升级过程中牵扯的存量业务和系统约束较多，推广过程中所面临的潜在阻力较大、实施周期偏长等问题。中小型银行采用的是“业务牵头、快迭代”的模式，具有较高的灵活性，并可充分利用市场在云源生、微服务、大数据、开源社区等领域的成熟积累，使用较低成本和较短的建设周期快速满足业务需求；但对于资产规模偏小的银行而言，也存在着对服务商体系化引导力偏弱、成型软件套件对银行个性化需求匹配度偏低等问题。在 ChatGPT 引导的大模型应用浪潮下，为银行内部的信息科技研发模式和工作流程带来了提质增效的很多可能性，可以预期在大型银行内部首先看到相关应用。

第十一节 农业产业数字化分类组合

农业产业数字化是一个巨大的领域。农业生产方式从农耕文明进入工业文明跨越了数千年，数字化时代的农业纵跨农业生产方式、农业的工业化生产方式和农业的数字化生产方式。目前仅仅是一个开始。农业产业数字化价值投资 20 强企业名单如表 9-11 所示。

表 9-11 农业产业数字化价值投资 TOP20 企业

股票代码	股票简称
603003	龙宇股份
000157	中联重科
300387	富邦股份

续表

股票代码	股票简称
600535	天士力
600704	物产中大
600572	康恩贝
600057	厦门象屿
300021	大禹节水
000528	柳工
603896	寿仙谷
002567	唐人神
600596	新安股份
600967	内蒙一机
002758	浙农股份
002170	芭田股份
300119	瑞普生物
605388	均瑶健康
600075	新疆天业
002701	奥瑞金
600300	维维股份

农业产业是食品、医药等行业的上游产业，本次农业抽样库中既包含部分食品企业（如维维股份、均瑶健康等），又包含部分医药化工企业（主要涉及中药种植如天士力，以及农药化肥如芭田股份等），同时还包含部分制造业（农用设备如中联重科、内蒙一机等）。因此，各类企业数字化转型侧重点有所不同，如制造业注重数字化生产，食品企业注重数字化营销，种植业注重智慧农业等。

1. 生产自动化升级。物产中大、柳工集团、新疆天业、奥瑞金等公司都在推进生产线上的数字化转型，采用大数据、人工智能等技术实现自动化和智能化生产。

2. 供应链数字化管理。富邦股份、维维股份等公司都在建设数字化供应链管理系统，通过数字化技术实现供应链上下游的快速响应和高效配送。

3. 农业数字化服务。康恩贝、厦门象屿、寿仙谷、浙农股份、芭田股份、嘉必优等公司在数字化农业方面寻求突破，通过数字化技术实现种植、养殖、销售等环节的管理和服务。如芭田股份独立开发了面向种植户服务的手机 App 平台——农财 App，帮助种植户在线对接农业专家，提供专业咨询、在线进行田间管理、定制农业服务、获取预期农产品产量的作物专属科学施肥及种植方案、形成的数据自动进入溯源系统等农产品种植全方位的种植服务。

4. 营销数字化管理。唐人神等公司的数字化战略侧重点在于建设数字化营销渠道，通过数据分析和机器学习技术实现精准营销和数据驱动决策。深粮控股旗下深粮多喜米积极推进“互联网 + 粮食”“社区自动售卖粮站”等新型粮食零售业态发展，在天猫商城、京东商城等电商平台开通渠道，促进电子商务平台线上线下深度融合。

综上所述，这些上市公司的数字化战略侧重点各不相同，但都在数字化转型的浪潮中寻找突破口和创新之路，为推进企业数字化转型、提升生产效率、提高产品质量和优化客户体验做出了积极的探索和尝试。

当前 A 股农业上市公司数字化转型整体较为滞后，农业公司数字化转型的进程仍需进一步加速，从行业信息普遍反馈来看，农业公司数字化转型难点主要包括以下几个方面。

1. 农业生产环节信息不透明。农业生产环节比较烦琐，信息流转不畅。除了人力、物力等基础生产数据外，还可能受到自然因素的影响；种植、养殖等生产环节往往需要耗费一定的时间，这给农业数字化转型带来了一定的困难。

2. 基础设施建设滞后。与其他行业相比，农业的基础设施建设相对滞后，这也给数字化转型带来困难。

3. 信任问题。在农业领域，人们更多地依赖传统的试错方式而非数据分析。因此推广数字化农业的前提，就是加强对教育和公共认知的投入，引导大家学会使用新型技术，从而对数字化农业更有信任感。

4. 农业数据标准化缺乏。由于农业生产环节存在大量的自然因素影响，导致产品数据标准化难度较大。不同品种、不同环境条件下，同样的产品指标数据可能会有所出入，这对数据采集、处理和分析都提出了更高的要求。

5. 人才素质不足。实施数字化农业需要各种各样的技能，包括数据分析、算法、嵌入式系统设计、传感技术、信息网络等。现实中，拥有这些技能的人才还相对较少，这也给数字化农业的实施带来了一定的困难。

因此，要解决农业数字化转型的难点，未来需要加强技术创新，建设数字化农业生产系统，促进多部门、多领域的协调配合。在政策保障和人才培养等方面，也需要加大资金和投入，进一步推进数字化农业的发展。随着技术的不断进步，越来越多的农业企业也会认识到数字化转型的重要性，并积极探索数字化转型的路径。

第十二节　制造业数字化分类组合

制造业数字化目前更多体现在智能制造这样一个标签里，主要是制造业企业对智能技术在制造领域的应用。制造产业数字化价值投资20强企业名单如表9-12所示。

表 9-12　制造产业数字化（智能制造）价值投资 TOP20 企业

股票代码	股票简称
300750	宁德时代
002010	传化智联
000333	美的集团
600875	东方电气
000157	中联重科
300124	汇川技术
600019	宝钢股份
600406	国电南瑞
000651	格力电器
600528	中铁工业
603195	公牛集团
301039	中集车辆
600583	海油工程
601369	陕鼓动力
600803	新奥股份
000528	柳工
600346	恒力石化
601766	中国中车
600496	精工钢构
601238	广汽集团

具体到智能制造所关注的领域则分为产品的智能化、装备的智能化和过程的智能化。这是智能制造的三个支点。

第一个支点是产品：产品是企业给社会呈现的结果。智能制造的目标是产品，而不是智能制造本身。因此，产品的智能化是企业必须考虑的首要问题之一。智能制造如果不能生产出智能的产品，智能制造的效果就没有完全达到。

第二个支点是装备：生产过程（包括研发、设计）中的每一个关键环节上的装备是否智能化。如果这个智能化实现不了，劳动生产力和劳动效率就不可能得到很大提高。不是数字化、网络化和智能化的生产装备，就不是这个时代的先进制造装备。这是一系列从事生产设备的企业的目标。

第三个支点：企业生产过程的智能化。装备智能化解决的是生产过程中"点"的智能化问题；企业只有实现生产全过程的智能化，才能实现企业全局的智能化，才能够实现智能化效益的最大化。这是企业信息系统所解决的问题。在这里与工业互联网和产业互联网概念的企业有交集。

一、产品智能化相关

产品的智能化，是通过产品中包含各种复杂程度不等的计算机系统，尤其是嵌入式系统来实现的。嵌入式系统不仅可以成为智能制造最重要、最具有代表性的技术，还会形成一个庞大的产业链。

美的的战略中明确提出 to C 和 to B 并重的业务矩阵，前者是智能家居事业部，后者则包括了工业技术、楼宇和机器人，覆盖了产线、建筑和设备。

> 工业技术事业群，以科技为核心驱动力，聚合智慧交通、工业自动化、绿色能源和消费电器四大领域的核心科技力量，拥有美芝、威灵、合康、日业、高创、东菱、美仁、美垦、东芝等多个品牌，产品覆盖压缩机、电机、芯片、汽车部件、电子膨胀阀、变频器、伺服及运动控制系统、减速机和散热部件等高精密核心部件，为全球泛工业客户提供绿色、高效、智慧的产品和技术解

决方案。

楼宇科技事业部，作为负责楼宇产品、服务及相关产业的经营主体，以iBUILDING美的楼宇数字化服务平台为核心，业务覆盖暖通、电梯、能源、楼宇控制等，产品包括多联机组、大型冷水机组、单元机、机房空调、扶梯、直梯、货梯等以及楼宇自控软件和建筑弱电集成解决方案，利用"楼宇设备设施+数字化技术+产业生态布局"，打通建筑的交通流、信息流、体验流、能源流，以数字化和低碳化技术为楼宇赋能，共建可持续的智慧空间。

机器人与自动化事业部，主要围绕未来工厂相关领域，提供包括工业机器人、物流自动化系统及传输系统解决方案，以及面向医疗、娱乐、新消费领域的相关解决方案等。

汽车类型的消费品的数字化是下一个重点，除了造车新势力以外，传统车企的数字化也非常值得关注，如广汽、上汽等。

二、装备智能化相关

装备智能化相关的企业覆盖了从PLC到机器人的企业，比如汇川技术在设备自动化、产线自动化、工厂自动化领域提供变频器、伺服系统、PLC/HMI、高性能电机、传感器、机器视觉领域等工业自动化核心部件及工业机器人产品。

三、过程智能化相关

宁德时代拥有两座全球灯塔工厂，这是对全过程智能化最高的认可。

第十三节　食品产业数字化分类组合

食品产业数字化是一个大门类的数字化分析，我们还需要看到数字化时代食品行业垂直产业数字化平台的涌现。食品产业数字化价值投资 20 强企业名单如表 9–13 所示。

表 9–13　食品产业数字化价值投资 TOP20 企业

股票代码	股票简称
002946	新乳业
600153	建发股份
002183	怡亚通
002116	中国海诚
603668	天马科技
603237	五芳斋
002690	美亚光电
600702	舍得酒业
300012	华测检测
600600	青岛啤酒
600750	江中药业
000019	深粮控股
603288	海天味业
603755	日辰股份
600059	古越龙山
000061	农产品
600597	光明乳业
603866	桃李面包
300673	佩蒂股份
603719	良品铺子

食品行业是典型的传统行业，也是产品数字化属性比较高的行业，几乎能直达消费终端。食品行业上市企业数字化转型在近年来进展较快，不少企业已经开始在数字化技术的应用和数字化转型的战略上取得了一定的成果。

总体而言，食品行业上市企业的数字化转型现状包括以下几个方面。

1. 制造智能化：企业在生产制造和物流方面的数字化转型较为成熟，逐步实现工厂智能化生产，能够通过数字化技术的应用实现生产过程的实时监测和控制，提高了生产效率和质量。

2. 产品溯源系统：一些企业开始建立起数字化产品溯源体系，通过将数字技术与物联网技术进行结合，实现对产品生产、流通、销售等全过程的监控和管理。

3. 电子商务渠道：越来越多的企业开始建立起自己的电子商务渠道，通过应用数字化技术，实现了线上和线下的互动和数字化转型。

4. 人工智能和大数据应用：企业开始广泛应用人工智能和大数据技术，通过大数据分析和挖掘，实现精准营销和销售预测，提高了营销效率和客户满意度。

我们对 20 个样本进行评分之后发现，随着电商的兴起，行业营销数字化表现最为突出，应用最为广泛；企业典型传统行业的自身数字技术不强，数字技术自主可控有限，但行业龙头企业如伊利股份、青岛啤酒等比较重视自主数字技术研发，应用也更深入。

具体来看，行业数字化转型比较领先的企业还是主要集中在头部企业，比如伊利股份和舍得酒业。

1. 伊利股份：伊利股份已经成为数字化转型领域的佼佼者。其在数字化技术应用方面投入了大量的资金和精力，已经建立了涵盖供应链、营销管理、研发管理、数字化工厂等方面的数字化管理系统，实现了数字化转型的全面覆盖。

2. 舍得酒业：舍得酒业也是数字化转型的领先者之一，其在数字化应用方面细分为两大块，一是数字化供应链管理，二是数字化销售和营销管理，通过数字化技术的应用，大大提高了销售效率和营销效果。

部分企业虽然起步较晚，但数字化转型进展较为迅速，比如佩蒂股份和深粮控股。

1. 佩蒂股份：佩蒂股份在数字化应用方面具有比较高的应用成熟度，包括生产流程智能化、数字化客户关系管理和数字化供应链等方面。

2. 深粮控股：深粮控股在应用 IT 工程和数字化技术的管理方面表现优异，其通过应用数字化技术，实现库存管控和供应链优化，提高了生产效率和服务水平。

从数字化转型侧重点来看，各个企业目前的数字化战略有所不同。

新乳业、怡亚通、五芳斋、舍得酒业、光明乳业、佩蒂股份等公司都推进了数字化供应链、数字化营销、智能制造等方面的建设，旨在提高生产效率和产品品质，同时增强市场竞争力。

建发股份、青岛啤酒、深粮控股等公司注重信息化建设和数字化转型，以提高运营效率和管理水平为目标，同时优化了企业内部管理架构和流程，为未来发展奠定了基础。

天马科技、美亚光电、日辰股份等公司属于为行业数字化转型赋能企业，则更注重技术创新和研发能力提升。通过加强数字化产品和技术研发，这些公司积极应对市场需求变化，提高了市场竞争力和品牌价值。

中国海诚、江中药业、海天味业、古越龙山、农产品等公司也在数字化转型方面进行了实践和尝试，以提高服务质量和产品品质为目标。

伊利股份则以全面数字化和智能化为指导思想，在数字化供应链、数字化营销、智能制造等多个领域实现了全面数字化和智能化。

总的来说，这些上市公司都意识到数字化转型对企业的重要性，积极进行探索和实践，不断提高企业的运营效率和管理水平，同时不断优化产品和服务，增强市场竞争力。随着数字化与智能化技术的不断发展和成熟应用，未来食品行业数字化转型的发展方向将更加多元化，同时也将更加关注食品安全和以消费者为中心的个性化定制需求。

第十四节　文旅产业数字化分类组合

文旅产业数字化分类组合目前正是从工业化形成的产业进行的分类，这个分类方法在数字经济时代如何演进还需要观察。文旅产业数字化价值投资 20 强企业名单如表 9-14 所示。

表 9-14　文旅产业数字化价值投资 TOP20 企业

股票代码	股票简称
600258	首旅酒店
600749	西藏旅游
600754	锦江酒店
600054	黄山旅游
000793	华闻集团
002858	力盛体育
300795	米奥会展
600576	祥源文旅
600706	曲江文旅
301073	君亭酒店
000888	峨眉山 A

续表

股票代码	股票简称
300144	宋城演艺
603136	天目湖
002059	云南旅游
002707	众信旅游
600640	国脉文化
601111	中国国航
600029	南方航空
600009	上海机场
600004	白云机场

文旅行业具有很高的数字化属性，大多和各类组织、个人和家庭息息相关。总体来看，早在信息化时代，文旅行业的信息化水平和程度都是很高的，但是我们从数字化的角度发现，中国文旅类上市公司的产业数字化进程落后于部分在境外上市的文旅平台公司。

经过我们的评价，在最后进入 20 强名单的文旅机构中，交通运输类有 4 家（其中两家航空公司、两家机场集团）、酒店类有 3 家、文旅类有 9 家、传媒类有 1 家、体育类有 1 家、会展类有 1 家、元宇宙类有 1 家。

我们关注到，所有交通运输、酒店、文旅、餐饮类上市公司，都非常重视企业自身管理和运营的数字化，在提高经营效率、降低经营劳动强度、提高业务精准性等方面投入巨大，效果显著。但是，在产业数字化尤其是对行业数字化整合应用、供应链协同、资产数字化和数字资产化、数智智能等方面还远远不够。但在会展、体育、元宇宙文旅等方面，则涌现出了几个具备产业数字化特征的上市公司代表。

我们在这里比较一下中国国航、首旅酒店、力盛体育、国脉文化等几家上市公司的数字化情况，希望对文旅主管部门、各文旅类从业机构、价值投资者等有所帮助。

我们分析这四家公司，不是重点分析它们今天的投资价值，也不从它们在传统文旅领域的各种数据去分析它们的资产质量和业务优势，主要讨论它们在数字化方面的方案、内容、战略以及未来趋势。

一、中国国航

中国国航作为中国航空公司的“一哥”，在《年报》中提到要数字化转型，提到了数字化团队融合、资产管理系统顶层设计、商业模式二期工程、提升数据资产管理能力、全面投产运行国航全球地面航班保障平台；扩大数字化、智能化服务支持，数字化水平稳步提高，国航App实现北京、成都等4个机场的智能中转引导，30个国内航站开通行李全流程实时跟踪查询；完成354架飞机舱内无线局域网改装，实现23架A350飞机具备空地互联服务能力；服务知识库系统、服务质量管理系统等服务管理信息系统持续优化完善，服务数字化水平提升。

总体来讲，作为行业巨无霸的国航，其在数字化方面的主要精力还是放在了内部管理和服务产品的数字化提升方面，在供应链协同、产业整合等方面还没有起好链主和龙头作用。

二、首旅酒店

首旅酒店集团经历20多年的发展，是全国三大连锁酒店集团之一，专注于中高端及经济型酒店的投资与运营管理，并兼有景区经营业务。旗下拥有27个品牌，40多个产品，覆盖高端、中高端、经济型、休闲度假、社交娱乐全系列的酒店产品，2022年《年报》批露公司共经营 879 家酒店（97% 左右为加盟连锁），储备酒店 2 085 家，会员总数已达 1.38 亿。

公司坚持在线化、数字化和智慧化的技术战略。在线化方面，公司将宾客在线和员工在线作为实现全面管理在线化的重要组成部分。宾客在线方面，公司全面对接了线上渠道，开设了微信、抖音和支付宝直营店，借助强大的会员 CRM 及基于企微的 SCRM 系统，提升宾客活跃度和在线化服务能力。员工在线方面，全面引入飞书作为公司在线入口，并融合了企业管家宝移动应用，大幅提高了员工在线活跃度，并大大提升了穿透式管理能力和上下一致的执行力。数字化方面，公司经过多年的研发，实现了基于大数据的中台数据统一管理，并落地了多个数字化产品，包括 AI 收益管理系统、PRI 官网推荐指数、“天眼”风险管理系统等。公司将持续投入并建设数字化产品，实现数字驱动的流程管理体系。通过数字化产品的应用，不但提升了宾客的洞察能力，提升了宾客活跃度，同时也大大提升了管理透明度和执行效率。智慧化方面，公司积极落地自助前台、智能送物机器人、智能电视、智能客房、AI 智能客服、智能洗衣机等智慧场景，减少人力投入；公司量身定制了新一代智能酒店服务系统文殊智慧平台，借助该平台为宾客提供个性化的服务，实现了宾客的一键触达和服务的一键响应，有效提升了酒店客需、智能客控和自动场景的服务效率及宾客体验满意度。

公司拥有强大的面客系统、运营系统和后端支持系统，分别应用于服务、经营和管理，并持续地进行改进和研发，为连锁酒店的高效管理和服务提供了强大的 IT 系统支撑。公司将不断加强 IT 投入，本着宾客体验优先、效率优先、持续创新的原则，推动 IT 建设，并使 IT 系统在行业里处于领先水平。

总体来讲，首旅酒店还处于企业数字化阶段，在行业整合、产业数字化、资产数字化和数字资产化等方面尚无建树。

三、力盛体育

力盛体育是中国全民健身、数字体育的领跑者，也是领先的汽车运动运营服务商。2017 年，公司于深圳证券交易所上市，获得“国家体育产业示范单位”称号。公司专注于体育运动业务开展，以体育赛事经营、体育俱乐部经营、体育场馆经营、体育装备制造与销售及市场营销服务为主要经营业务。

力盛体育重点围绕空间、IP 和数字化三大业务板块，打造全民健身服务的数字化平台，为客户和消费者提供全方位、多维度的线上和线下运动服务，着力构建全新经济业态下的体育生态平台。

数字化业务以打造全民健身服务的数字化平台为目标，通过推动广大市民积极、科学地参与运动，构建全民健身的激励与服务平台，实现产业化发展；加大与行业的合作，重点投入人工智能及物联网技术研发，将运动行为数字化、运动设备数字化、运动空间数字化作为基础，为客户提供全方位、多维度的线上和线下运动服务。

总体来看，在文旅投资组合中，力盛体育是一大亮点，是体育产业的一匹数字化黑马，假以时日，有望成为体育产业数字化的领导者。

四、国脉文化

2022 年，国脉文化公司紧紧抓住“止血、回归、重构、重生”工作主线，全力开展提质增效工作，推进业务整合转型，将业务重构为数字内容、数智应用、元宇宙云中台、实体场景、数字资产五大板块，回归中国电信大网，聚焦内容运营主业，培育新的业务增长点。

2022年，公司锚定元宇宙新赛道，成立元宇宙云中台事业部，打造生态开放的元宇宙平台，实现多个行业场景下的应用。一是应用创新，推进业务数字化。上线国脉文化元宇宙家园，为运营商行业首个发布的元宇宙产品。国脉文化元宇宙家园以科技写实风及沉浸式家园概念，采用云端渲染、即时光迹追踪、HDR光照技术、虚拟位移等技术，全方位立体化展示公司形象和产品，并以此为基础，实现产品化，使元宇宙家园成为客户宣传自身公司形象和业务的全新选择。二是省专协同，推进产业数字化。紧密与中国电信各省公司协同，接应各地政府、重点客户的元宇宙研发项目，拓展了一批在文博、会展、党建等场景的元宇宙项目。

国脉文化作为专注于数字文化领域的公司，将依托中国电信云网融合及5G、AI等核心优势，担负中国电信元宇宙发展“主力军”的重任，整合中国电信海量用户、国脉文化全资质及丰富的内容资源，夯实元宇宙云中台能力及MSP算力，构建城市及企业元宇宙经济场景，助力元宇宙社会体系建设。国脉文化将不断完善产品体系，持续探索虚拟数字人、沉浸式娱乐等元宇宙形态的文化传媒项目，助力文化产业数字化发展。

在实体场景应用方面，提升旗下尊茂酒店集团实体资产业务，作为中国酒店集团50强之一，目前拥有尊茂、尊茂精选、辰茂、茂居、尊茂营地、尊茂智慧商管等品牌，通过融入文化和科技，推进酒店数字化转型，打造卓越的城市生活方式体验和旅游目的地体验。同时基于原会展业务，提升数智会展创新能力，做强线下全案策划，科技赋能线上服务，实现线上线下融合办会。

在数字资产方面，国脉文化基于电信积分运营能力，围绕流量汇聚、场景导入、私域运营、持续触达等，形成一站式数字化营销能力，向电信运营商、外部企业客户提供积分兑换、会员运营、权益定制、数字藏品定制等服务。

总体来看，国脉文化继承和依托中国电信的基因和资源，在元宇宙技术研发及应用场景开发方面具有先天优势，但需要在用户聚焦、商业模式设计等方面尽快定型，方才可能跟上数字经济时代的发展步伐。

第十五节　物流产业数字化分类组合

物流产业数字化分类也是一个初级分类。从物流到供应链，数字化正在升级中，供应链的数字化大有可为。我们期待它的变更。物流产业数字化价值投资 20 强企业名单如表 9–15 所示。

表 9–15　物流产业数字化价值投资 TOP20 企业

股票代码	股票简称
600755	厦门国贸
603535	嘉诚国际
300873	海晨股份
600233	圆通速递
600704	物产中大
002010	传化智联
600153	建发股份
601598	中国外运
603066	音飞储存
002120	韵达股份

续表

股票代码	股票简称
002183	怡亚通
600057	厦门象屿
603056	德邦股份
600787	中储股份
002352	顺丰控股
300240	飞力达
603713	密尔克卫
601919	中远海控
000927	中国铁物
600018	上港集团

物流行业的主要业务包括货物运输、仓储、配送、包装、装卸、信息处理等。其中，货物运输是物流行业的核心业务，包括公路运输、铁路运输、水路运输、航空运输等多种运输方式。仓储是指对货物进行储存、保管、管理等活动，包括仓库、冷库、集装箱堆场等。配送是指将货物从仓库或生产厂家送到客户手中的活动，包括配送中心、快递公司等。包装是指对货物进行包装、标识、封装等活动，以保证货物在运输过程中的安全性和完整性。装卸是指对货物进行装载、卸载、搬运等活动，包括码头、货运站等。信息处理是指对物流信息进行收集、处理、分析、传递等活动，以提高物流效率和服务质量。

物流行业的发展对于经济的发展和社会的进步都有着重要的作用。随着经济全球化和信息化的加速发展，物流行业也在不断发展和壮大。目前，物流行业已经成为国民经济的支柱产业之一，对于促进经济增长、提高生产效率、降低成本、提高服务质量等方面都有着重要的作用。

通过对国内上市的 84 家物流企业的《年报》分析，并结合行业的一些经验，对中国上市物流企业数字化转型进行分析，我们发现随着5G、大数据、物联网、人工智能以及区块链等技术手段的加速发展，物流行业也迎来了数字化发展的快速增长期。物流行业中的数字化转型与创新已成为行业发展的关键驱动力，成为物流行业发展的重要方向。通过运用先进的信息技术、物联网技术和大数据分析等手段，物流企业可以提高运营效率、降低成本，提升服务质量和客户体验，从而增加物流企业的经济效益，占领未来发展的主动权，实现产业的可持续发展，更有颠覆者利用数字化技术积极探索新的业务模式和服务方式，出现了依托于数字化技术上形成的新型物流服务和业务模式，比如智慧物流公司、智慧仓储公司等。中国物流企业数字化发展方向主要分为以下几类。

1. 传统物流企业通过数字化技术，大大提高运营效率，降低成本，比如中国外运、圆通速递、德邦股份、韵达股份、上港集团等。

2. 传统物流企业通过数字化技术实现信息的实时共享，提高物流服务的透明度，优化资源配置，提高物流网络的灵活性和可持续性，提供线上线下相结合的物流服务，比如中储股份、传化智联等。

3. 充分利用数字化技术对资源和业务流程的协同，打通物流行业的各个业务环节，同时向产业前端的贸易端和后端的企业服务端延展，成为供应链服务企业：飞力达向电子产业供应链公司发展，怡亚通向消费品产业供应链公司发展，厦门象屿、厦门国贸、物产中大、建发股份等向大宗商品供应链公司发展。

4. 充分利用数字化软件平台和硬件平台，提供物流行业创新的业务模式，如共享物流、即时配送、跨境电商，这些新模式能够满足市场对于物流服务的多样化需求，推动物流行业的持续创新和发展，比如嘉诚国际、音飞储存、密尔克卫。

第十六节　零售数字化分类组合

零售行业数字化是数字化初期的概念，主要涵盖了企业的数字化营销和营销数字化两个维度。数字零售数字化价值投资 20 强企业名单如表 9-16 所示。

表 9-16　数字零售数字化价值投资 TOP20 企业

股票代码	股票简称
002416	爱施德
600511	国药股份
300058	蓝色光标
002183	怡亚通
000062	深圳华强
300612	宣亚国际
002242	九阳股份
300755	华致酒行
600556	天下秀
600415	小商品城
600690	海尔智家
000333	美的集团
600640	国脉文化
002352	顺丰控股
603031	安孚科技
000785	居然之家
603466	风语筑
603535	嘉诚国际
301078	孩子王
300616	尚品宅配

我们针对零售相关上市公司进行了逐一分析，有30%的企业在《年报》中都反复提及了数字化相关内容，约有30%的企业则很少或完全没有提及数字化。我们认为，零售业信息化水平普遍较高，反过来这也可能会成为数字化的桎梏，对数字化认知的模糊导致未能有清醒的认知。

约半数企业在数字化实际投入中低于1 000万元，2家企业投入超过百亿元，4家企业投入超过5亿元，17家企业投入超过1亿元，可以看到，在数字化的投入方面，差异非常明显，而企业收入与数字化的投入基本成正比，这也符合我们对数字化"高投入高产出"的认知。另外，我们看到，如果上市公司每年的数字化投入未能达到1 000万元，基本只能进行基础的运维，而无法形成数字化对业务的推动。

我们也看到，对于数字化投入较高的企业，员工人均营收和人均利润都比同样业态的企业有数量级上的差异，对于其中比较异常的企业，我们评估后基本看到是在数字化上走错了方向或者落地执行出了问题。数字化对企业价值带来的长期增长是明显有效的。

对于《年报》中提及数字化营销的企业，可以看到明显的竞争优势，也说明数字化营销对于企业的重要程度越来越高。另外，零售行业是人力密集型行业，通过引入AI可以降低人力投入，提升收益，约25%的企业都看到了这个问题，在《年报》中提及了通过AI进行数字化价值转化。

在评估过程中，我们发现，零售作为最早实施信息化的行业之一，在数字化基础上普遍做得不差，但是零售本身的低利润特点也导致了无法投入过多，大量企业还是将精力和资源花在了效率工具上，对营销工具的重视程度不足。已有的数字化营销做得比较好的企业可能是因为受到疫情影响，未能将数字化营销能力转换为利润。但在国家颁布了企业数据资源相关会计处理暂行规定后，数字化营销积累的大量私域用户将会迅速地产生可量化的价值，从而对企业的估值产生影响，比较遗憾的是，在本次评估中，未见到有企业在《年报》中对数据资产化有所提及。

综上所述，我们知道，零售行业是特别典型的服务行业，管理SKU多，交易层级少，服务对象广，精细化要求高，人员密集，对于零售行业而言，信息化是基础，数字化则是未来，数字化的价值真实可见，但也需要有对应的认知与投资。

随着社交媒体对人类认知的信息茧房效应，导致消费者认知迅速碎片化，无论是对产品、品牌、服务都会产生巨大的认知差异，在这种情况下，为了“讨好”消费者，势必需要零售商进行精细化操作，针对不同消费者进行不同的差异化触达及互动，精心挑选更适合不同消费者喜好的品类与服务模式，这一切如果没有数字化的支持，是不可想象也无法完成的，而针对消费者的这些差异化认知和影响力，则是最有价值的数据资产。

从零售的交易本质来看，在现在严重供大于求的市场环境下，我们认为有三大维度带来优势，首先，通过差异化取得市场，无论是商品本身还是服务方式与内容，只有差异化才能吸引消费者，只有符合顾客喜好的差异化才能从竞争对手那里攫取份额；其次，通过标准化产生利润，零售业对效率的要求极高，零售业的成功是标准的成功，通过把商品的标准、服务的标准、流程的标准稳定地在每一个服务终端进行复制，才能产生利润。以上两点对于传统的零售企业都可以在信息化中找到答案，但是在数字化年代，从D12模式来衡量，从数字化战略角度思考，我们认为需要增加第三点：通过确权产生资产，数字化年代的资产已经跨越了传统意义上的资产概念，数字资产是零售企业先天拥有的基因，数字化年代的资产需要数字化的确权方式。

零售业离不开数字化，当然只有数字化也不行，经营业绩还会和产品服务的差异化、顾客服务的优劣、供应链的议价能力与强壮度，甚至包括企业文化的强势与否都有很大的关系。但是，我们始终认为，数字化程度低的企业、不重视数字化价值的企业，在零售行业中终会落伍。

2024 年《年报》发布之后，我们将会开展一项新的评价，那就是上市公司数据要素资产的评价。我们将通过上市公司数据要素资产的评价，研究分析上市公司数据要素资产和资本之间的关系，评价数据要素生产、创造数据要素的场景以及数据要素和场景之间的关系，研究分析上市公司数据要素到数据要素资产的发掘、定价和交易逻辑，研究分析数据要素资产和其他要素资产之间的关系，研究分析评价数据要素资产和资本之间的关系。这对于上市公司数字化价值投资也将会是一个新课题。

第十章
数据资产

数据资产是一个非常敏感也一直不太统一的概念，但又极其重要。

在中国关于数字经济的官方定义范畴中，只有数字产业化、产业数字化两个内容。如果数字化经济的范畴仅仅是以上两个内容，那么目前国家数据局成立以后主要推动的数据要素资产化在数字经济的哪个范畴呢？笔者从研究数字经济开始就认为数字经济还有一个非常重要的内容，那就是资产数字化带来的数字资产，所以我们认为中国数字经济的范畴应该包括数字产业化、产业数字化、资产数字化三个内容。数据要素资产化所带来的数据资产应属于数字经济的主要范畴，否则，数字经济的范畴就不完整。

数据资产虽然没有在官方定义的数字经济范畴中，但是，在实际操作的时候，数据资产已经成为一个新的热点，只不过是以数据要素的名义出来的。

从本质上说，2008 年横空出世的比特币及十多年来一再引起争议的虚拟货币，以及目前在试点阶段的中国的数字人民币都可以理解为数字资产。这都是数字金融的组成部分。

第一节 数据要素

2020年3月30日，中共中央、国务院发布了《关于构建更加完善的要素市场化配置体制机制的意见》，提出加快培育数据要素市场，将数据要素作为生产要素之一，作为与土地、劳动力、资本、技术并列的生产要素。这一文件实际上就是重新定义了一个新的生产力，这个生产力就是数据要素。这是中国推进数据资产的起点。

2022年12月19日，中共中央、国务院发布了《关于构建数据基础制度更好发挥数据要素作用的意见》，这个文件被简称为“数据二十条”。

“数据二十条”在国内引起非常大的反响，这是中国数字经济在数据资产量化和可操作性上迈出的一大步。中国在反对、禁止在全球存在争议的虚拟数字货币的同时，开始创建具有金融属性的资产数字化。中国的数字金融选择了数据要素资产的金融属性开发。“数据二十条”构建了四个制度。

1. 建立保障权益、合规使用的数据产权制度，探索数据产权结构性分置制度，建立数据资源持有权、数据加工使用权、数据产品经营权“三权”分置的数据产权制度框架。

“三权”分置是一个重大的权益创新，让所有权和使用权、经营权分开，分清了权益关系，解决了数据要素资源开发的根本问题。国有数据资源、机构数据资源、个人数据资源并没有统一为国家所有、为全民虚拟概念所有，也没有进行国有数据资源、集体数据资源和个人数据资源的限制和设置所有制障碍。

2. 建立合规高效、场内外结合的数据要素流通和交易制度，从规则、市场、生态、跨境四个方面构建适应中国制度优势的数据要素市场体系。

3. 建立体现效率、促进公平的数据要素收益分配制度，在初次分配阶段，按照“谁投入、谁贡献、谁受益”原则，推动数据要素收益向数据价值和使用价值创造者合理倾斜，在二次分配、三次分配阶段，重点关注公共利益和相对弱势群体，防止和依法规制资本在数据领域无序扩张形成市场垄断等各类风险挑战。

4. 建立安全可控、弹性包容的数据要素治理制度，构建政府、企业、社会多方协同的治理模式。

其中，数据产权“三权”分置是一大创新。在数据生产、流通、使用等过程中，个人、企业、社会、国家等相关主体对数据有着不同的利益诉求，且呈现复杂共生、相互依存、动态变化等特点，传统权利制度框架难以突破数据产权困境。“数据二十条”创新数据产权观念，淡化所有权、强调使用权，聚焦数据使用权流通，创造性地提出“三权”分置的数据产权制度框架，构建中国特色数据产权制度体系。

2023 年 8 月 21 日，财政部对外发布《企业数据资源相关会计处理暂行规定》(以下简称《暂行规定》)，明确数据资源的确认范围和会计处理适用准则等，将于 2024 年 1 月 1 日起施行。

《暂行规定》适用于企业按照企业会计准则相关规定确认为无形资产或存货等资产类别的数据资源，以及企业合法拥有或控制的、预期会给企业带来经济利益的、但由于不满足企业会计准则相关资产确认条件而未确认为资产的数据资源的相关会计处理。

2023 年全国两会上，全国人大通过决议成立国家数据局。2023 年 10 月 25 日，筹备半年的国家数据局正式揭牌，国家数据局负责协调推进数据基础设施建设，统筹数据资源整合共享和开发利用，统筹推进数字中国、数字经济、数字社会规划和建设等。

在成立国家数据局之前，中国的数字经济从定义到主管，主要是工信部和网信办在负责。到 2022 年，国务院同意建立由发展改革委牵头的，由 20 个部门组成的“数字经济发展部际联席会议制度”。国家数据局的成立让中国数字经济第一次有了全国性统一机构领导。

在国家数据局正式挂牌成立之前，我们在想，国家数据局正式成立之后，需要面对“数字基础设施建设、数据要素资源整合、数字中国、数字经济、数字化治理”这么多内容，国家数据局以及这位首任国家数据局局长重点抓什么呢?

2023 年 11 月 10 日，国家数据局局长刘烈宏第一次公开演讲指向数据要素制度建设。他表示，国家数据局正在推进的重点工作之一，就是不断完善数据基础制度体系，充分发挥数据的基础资源和创新引擎作用。

从 2020 年到 2023 年三年多时间的这样一个时间轴，可以看到国家层面对于数据要素资源开发的良苦用心。数据要素、数字经济、数字中国、数字社会都是国家数据局要抓的事情，唯独把重点放在了“数据要素”这个已经被国家确定为和“土地、资本、技术、劳动力”同等的生产要素。

2023 年 11 月 25 日，国家数据局局长刘烈宏在 2023 全球数商大会开幕式上表示，党中央、国务院高度重视发挥数据要素作用。习近平主席指出，要积极探索推进数据要素市场化，加快构建以数据为关键要素的数字经济。

刘烈宏总结性指出，国家数据局将围绕发挥数据要素乘数作用，与相关部门一道研究实施“数据要素 ×”行动，从供需两端发力，在智能制造、商贸流通、交通物流、金融服务、医疗健康等若干重点领域，加强场景需求牵引，打通流通障碍、提升供给质量，推动数据要素与其他要素结合，催生新产业、新业态、新模式、新应用、新治理。希望数商积极关注并参与后续我们将推出的“数据要素 ×”行动，让数据供得出、流得动、用得好，促进我国数据基础资源优势转化为经济发展新优势，推动数据在不同场景中发挥出千姿百态的乘数效应。

第二节　如何理解数据要素

从个人的角度，我对于数据要素有自己的独特理解，而我更愿意把数据要素放到一个更大的思考维度去认知。

在工业经济几百年间，有一个广义的资产定义，那就是资本和财产的统称。如果按照国务院的定义，数字经济是一个主要的经济形态，那这个经济形态就是和农业经济、工业经济并列的。农业经济有农业经济时代的产业和资产，工业经济有工业经济时代的产业和资产，那么数字经济时代呢？我认为，数字经济同样有数字经济时代的资产形态。

工业经济时代的土地、劳动力、技术、资本等主要生产要素都是工业经济时代的资产。

数字经济形态下，除了农业经济时代的资产、工业经济时代的资产以外，还增加了一个新的资产概念，当数据要素列为生产要素之后，数据要素当然也成为资产了。

我的问题是，数字资产仅仅是数据要素资产化吗？数字人民币、虚拟数字货币、实体资产的数字化权益（RWA）是不是数字资产呢？

我的回答是肯定的。所以我在思考数字经济定义和数字经济范畴的时候，认为应当把资产数字化定义为数字经济的范畴，而目前数据要素仅仅是数字资产中完全由计算机、网络、软件生产开发出来所形成的由数据构成的资产，目前被定为数据资产。我认为，数据资产除了数据要素这个资产形态之外，还需要包括各种资产形态的数字化权益或者数字化表达。否则，我们连数字人民币都没法定义为数据资产。

如果这样定义，数字经济作为一个独立的经济形态才是完整的。有了这样的定义，我们不仅可以发掘巨大的数据要素资源，还可以发掘比数据资源更大的数字资产价值。只是目前我们缺乏对数字资产进行全面的开发、经营、管理、治理的能力。比如，目前在香港开展的以分布式的、加密的、自主的新一代移动互联网技术 Web3 作为底层技术，创建基于实体资产的虚拟数字资产交易平台就是在经历比特币以及各种虚拟数字货币之后出现的创新和尝试。

2023 年 3 月 25 日在澳门创建的滴灌通交易所，也是一个资产数字化交易平台的早期项目。滴灌通看起来是给中小微企业现金流提供每日现金分红的投资融资模式，市场上的所有关注点都在这个上面，但是，在我们看来，未来的滴灌通一定是一个数字化的资产交易平台，它交易的不是数据要素，不能定义为数据要素资产；它交易的也不是股票、债券。一旦它的交易达到一定规模，它就可以把目前的现金流分红交易发展成为具有收益权的数字化权益。

滴灌通不到一年时间签约客户已经超过一万家，按照它制定的战略，它可能在 2030 年发展到 300 万家，而交易平台上的交易资产有可能超过 1.5 万亿元，如果我们按照数据要素来定义，滴灌通的 1.5 万亿元就不可以被定义为数据要素，也不是数字资产，但如果我们从资产数字化角度来定义滴灌通，我们认为滴灌通平台上交易的权益完全可以理解为资产数字化权益，应该属于数字资产的范畴，如果能够这样统计，未来中国数字资产将远远超过我们对于数据要素资产的理解。中国可以开发的数字资产价值也将远远超过数据要素价值。

站在国家层面来理解，我们一直在关注国家数据局成立之后的主要落脚点到底在哪里，我们一直在期待和关注新组建的国家数据局和新上任的局长的工作重点是什么，第一把火烧向哪里。

我始终相信数据要素发展还有另一个维度，那就是从产品数字化、企业数字化、产业数字化、金融数字化以及整个经济的数字化进程中，必然创造出比数据要素大很多的、相互融合的、赋能促进的资产数字化带来的数据资产。

如果说工业经济时代最核心的纽带是资产资本化，那么数字经济时代的核心纽带就是一切资产数字化。

资本主义社会的本质如果是生产资料的私有制形成生产关系，那么未来社会主义的本质就是数据资产的社会和全民拥有形成生产关系和社会形态。

开发数据要素资源，最重要的就是如何定义数据要素来源、权属，然后确定数据要素价值，通过“三权”分置的方式开展数据要素流通和交易。

随着财政部数据要素入表的技术手段进入试点，中国数据要素和数据资产就成为数字经济的一大热点，甚至有人乐观地估计可以用数据要素资产形成的财政收入替代土地财政。对于这样的观点，我们持谨慎的态度，但是数据要素入表对于上市公司和资本市场来说，打开了一扇巨大的充满想象的窗户。

几年前贵阳的大数据交易所、上海数据交易所以及目前已经在国内多个地方创建成立的数据要素交易平台，已经开始交易各种数据资产，上海数据交易所单月的数据资产交易额突破一亿元，相信这个数据也将会高速发展。

数据要素入表对于上市公司来说是一个标志性事件，虽然目前仅仅是数据要素资产的定价和确权交易，但一旦这扇门被打开，从数据要素开始，慢慢就会有同样通过数据要素作为价值呈现的、不仅仅是数据资产的资产数字化进入我们的视线。

第三节　数据要素与价值投资

2024 年的上市公司《年报》将会历史性地记载上市公司数据要素资产在财务报表上的反映。我们非常期待这个历史性时刻。

资本的左面是股份有限公司，几百年来在财务报表上从来就没有过这样的记账内容，据目前已知信息，全球只有中国采用了数据要素作为资产在财务报表上体现的方式。这一方式的推广也意味着从价值投资的角度研究上市公司价值的时候，需要研究一个新的资产内容，那就是数据要素所形成的数据资产。由于现实样本要到 2024 年《年报》公布之后才会呈现，而且第一年上市公司披露出来的数据要素到底有多大规模，在整个资产总额比重上到底有多少，目前尚不得知，一开始应该不会太高，但是，我们相信随着数字基础设施不断完善及上市公司数字化进程的不断提高，上市公司在数字化领域的投入将不断加大，数据要素资产在上市公司中的比重也会越来越大。

从价值投资的角度，尤其是从数字经济价值投资的角度，我们对于数据要素的关注绝不仅仅满足于这个开始，我们需要关注的更多内容包括以下几个方面。

1. 随着数字化进程加快，上市公司的数字化呈现方式越来越丰富

从公司形态来看，数字产业化上市公司已经超过 1 000 家，占到上市公司的比重超过 20%，而且这个数据还在不断增长。

数字产业化上市公司主要包括数字基础设施建设、数字硬件科技、数字软件技术以及数字化应用上市公司。这类公司未来在数据要素资产领域将会出现各种模态的数据资产，包括数字文本、数字音频、数字视频、数字人、元宇宙、区块链、大数据、数字孪生、数字客户、私域流量等各种各样的数据资产。数字产业化上市公司还包括专业从事数据要素的数字产业化企业，它们可能从事数据资源挖掘、数据资产生产、数字安全、数据要素交易等。数字产业化上市公司未来将是最大的数据要素和数据要素能力的生产者。

2. 产业数字化领域的数据要素

目前，中国几乎所有产业领域的上市公司都在开展数字化，从产品、设计、供应、生产、管理、市场、销售等产品全生命周期以及全管理周期、全企业要素都在展开数字化。通过各种链接、数据交互、存储，必然产生海量数据，大量的数据都已经具备资产价值，都可以通过数据权益确定、数据采集，整理清洗之后成为数据资产。

3. 上市公司数字原生

上市公司在数字化进程中，不仅可以通过对于存量资产开展数字化产生数据要素和数字资源，来挖掘出数据资产，还可以在企业存量资产之外，创建数字原生企业，将存量资产和数字原生企业的数字化平台打通，让原生数据和企业存量资产形成数据交互，从而创造出新的多模态数字资产。

4. 数字原生类上市公司

随着数字科技和数实融合发展，越来越多的数字原生产业数字化

平台企业将脱颖而出。数字原生企业主要是指企业创业的时候完全没有在原有实体企业平台基础上进行数字化改造，而是采用数字科技和数字化解决方案对单一传统产业要素或者产业集群进行产业数字化创新和重构，通过互联网组织创新，改变实体经济产品、服务、供应、物流、生产、销售或者消费方式，这类企业具有天生的数字化优势，对数据要素更加敏感。数据要素资产将成为这类企业未来数据资产的主要贡献者。

我们目前研究的主要还是数据要素资产，随着数字化进程的深入，以及数字科技与实体经济的深度融合，数据要素绝不仅仅是纯粹的数据，企业和产业包括金融活动中各种有形资产、无形资产、金融资产以及各种经营、服务活动都有机会出现实体权益资产的数字化表达和呈现，发展成为 NFT（非同质化通证）或者 NFR（非同质化权益）。

以上这些关于上市公司的数据要素资产或者数据资产都会给未来带来巨大的价值空间，这些价值空间和工业经济时代价值投资进行比较的时候，第一个问题就出现了，工业经济时代生产要素没有数据要素资产，所以，工业经济时代价值投资分析体系中就没有这样的内容，也没有为此创建价值投资估值方式。

而目前在全国创建的各种数据交易所存在的问题是，它们只关注数据要素拥有主体或者数字经纪商提供给交易平台上的各类交易的数据，至于这些数据的价值也仅仅是反映在交易所平台上的交易价值，而真正拥有、存在或者潜在的数据资源必须从各种上市公司行业、产品、企业、产业场景中去发现、研究、分析或者挖掘、创造数据要素价值。数据交易所交易的数据要素价值完全有可能与数据生存场景的价值信息不对称。这就需要创建上市公司数据要素价值评价模型和方式，建立数字经济形态下上市公司价值投资数据要素估值体系。

这在资本市场上将会出现一个新的场景，一个企业的产品可能在产品市场上、服务市场上交易，生产要素可以在生产要素市场上交易，数据要素就会在数据交易所交易，而股票将会在股票交易所交易。

公司市值和数据资产的价值将会成为股份公司这个商业组织的主要的价值创造方式和价值量化方式。在公司的市值管理和数据资产管理交相辉映下，将是一个什么场景呢？

投资银行在过去主要是配置资本，到了数字化和数字资产时代，除了配置资本之外，还将同时善于配置数据资产，这就是数字经济时代的投资银行功能，我把这个称为“数字投行”。

不要以为这些展望很遥远，未来已经来临，2024 年就要开启上市公司数据要素经营新价值之旅。

数据要素也好，数字资产也好，它们都贯穿于整个资本市场的全部。

第一，在上市公司，数据要素将重塑上市公司财务报表，让我们必须从数据资产这个科目内增加一个价值分析内容，分析数据要素价值对公司价值、资本价值的影响；不同的上市公司以及拥有不同数据要素资源的上市公司也将会制定数据要素资产经营战略，一方面需要发掘上市公司数据要素资源；另一方面需要创建数据要素经营战略和计划，实现数据要素价值最大化。

从 2024 年开始，上市公司数字化将拥有更加丰富的内容。不管是数字科技产业化上市公司还是传统产业数字化上市公司以及数字原生类上市公司，数字化对于上市公司的内容将包括：产品数字化、企业数字化、产业数字化、资产数字化（数据要素资产）等内容，产品数字化主要是指数字科技企业产品和服务；企业数字化主要是指企业全要素、全过程、全生命周期数字化；产业数字化主要是指企业在产业链、供应链、分类组合等更大范围和空间的数字化；这些数字化内容主要是企业经营端的，而数据要素资产以及资产数字化是企业资产价值和资本价值的重要内容，企业和产业数字化进程和资产数字化又极其相关，相互赋能，完全没有数字化经营的公司不可能产生巨大的数据资产。数据资产和其他资产构成数字经济时代上市公司新的资产价值和资本价值关系。

从事数字科技产业的上市公司天然带有数据资产的属性，尤其是将大数据作为产品的上市公司具有丰富的数据要素资源，包括文化、传媒、社交媒体、广告等领域的上市公司。

出版行业、影视行业具有非常丰富的数据要素资源，可以开发的数据资产也很丰富，具有巨大的数字资产的潜在价值。但如果这些领域的企业没有利用好人工智能、数字孪生、元宇宙等数字科技，也无法形成数据要素资产。

从事传统产业生产制造和服务的上市公司，目前还主要是研究产品数字化、企业数字化转型以及数字化供应链等内容，都还没有关注到如何在数字化进程中同时注重数据资产的发掘和数据资产的价值创造。

第二，在上市公司右面的资本端，随着上市公司数据资源的发掘，进入财务报表的数据资产的质量和内容越来越丰富，数据资产的价值就会不断被充分发掘出来，数据要素将和资本一起构成公司资本和公司数据资产的二元价值结构，数据要素数字资产规模和比重将会不断提升，数据要素创造的价值会让资本的价值重构和提升，数据要素和资本价值之间的协同、延伸将会成为资本运营的新内容。

在上市公司资本这个环节，数据要素构成的资产和工业经济时代构成资本的资产具有完全不同的特征。

土地这类资产在上市公司中的比重很高，包括土地上面的建筑物，这些资产投资规模很大，是制造业、商业、不动产行业的主要资产，这些资产创造价值的能力在逐年下降，资产创造的收益率不高，所以市场偏爱“轻资产”；生产制造设备这类资产存在折旧和经常需要更新等问题；人力资产成为工业化后期非常重要的资产，但是成本越来越高；科技这类要素资产已经成为现代发达工业经济时代最重要的资产，但是存在技术更替频繁的风险，需要持续投入。

而数据资产的投入除了链接泛在的企业资产要素，重构传统资产价值之外，还会构成并且不断生成边际成本忽略不计的数据资源，这些资源可以转化成为数据资产。一旦创建起从数据要素挖掘到数据资产治理、流通、交易的市场机制，企业资本向下，资本价值就会因为数据要素资产的价值发掘而重构。

这将是一个改变世界经济史和经济文明内涵的事件。

如果资本的诞生，并且资本作为一个纽带和抽象的工具能够和土地、劳动力、技术一起作为生产力要素，改变了从农耕文明到工业文明的生产方式、生活方式的话，那么数据要素的诞生，终有一天会超越资本的作用和价值，甚至取代资本成为新的经济文明形态最重要的生产力要素。

在数据要素作为生产力要素之前，将土地、劳动力、技术这些具象生产力连接到一起的是资本这个抽象的要素，资本配置着土地、劳动力、科技要素，其他要素的作用、价值、表达方式、分配方式都以资本为尺度。

数据要素入表也是将数据这个要素作为资本的配置对象开始体现价值的，但这仅仅是初级阶段。2024 年中国的上市公司《年报》发布之后，我们可以统计中国资本市场总市值，同时还将统计第一个新的市值，就是数据要素市值。大约在100万亿元左右的资本市值总量中，将会出现一个不知道多少亿元的数据要素市值，第一年一定微不足道。但是，随着时间的变化，这个比例关系一定会发生变化。数据要素资产迟早有一天会变成所有有形资产和无形资产的价值尺度。

一个将资本运营与数据要素运营相结合的战略性运营模式即将开启。

第三，在股票端，价值投资者分析股票或者分析公司投资价值的时候，也需要分析数据要素资产的价值，同时，数据要素端的交易不在股票市场，而是在数据要素交易平台，股票交易者可以同时研究股票和数据要素在不同市场交易之间的对冲关系，给终端交易创造新的空间。

数据要素交易目前才刚刚开始在数据交易所展开，国家数据局局长上任之后，迅速推进了上海数据交易所召开的“全球数商大会”，这个大会最重要的工作就是创建数据交易二级市场。从数据资源到数据资产需要通过资源发掘、数据采集、存储、治理、确权、定价，才能从数据资产一级市场进入二级市场，目前进入数据资产二级市场的产品还只允许机构投资者交易，相当于资本市场的“法人股”，目前交易频率、交易规模、产品形态还非常初级。

目前国内创建的数据资产交易平台提供的集中性场内交易，仅仅是数据资产交易的一种形式，作为企业数字资产价值关键还是要看数据要素资产的应用场景和多模态的数据形式以及生成方式，场内交易和场景交易一定是并存的，同时还由于数据资产在生产进程中直接就和应用场景产生价值，因此及时性交易行为也是随机的。

一旦上市公司的数据资产达到一定规模，数据资产价值和交易同股票价格之间是存在关联的，虽然处在不同的两个交易市场，但其价值表现都在资本端，都是构成资本价值的重要内容，也因此影响着股票价格。

从股票市场和投资者角度，我认为数据要素资产完全有机会和股票绑定、和指数绑定形成资产组合之一，形成和股票 ETF 之间的增强型组合。

当然，最大的可能性就是股票也许会成为可以标注的数字权益，作为生产力要素的所有要素都通过数字化成为数字权益的时候，公司可能就消亡了，资本也可能消亡了，一切皆可数字化。

第四节　数据与资本

这是一个相对超前的但是又不得不提前进行讨论的话题。

自 2023 年国家数据局成立，数据要素就成为数字经济发展的热门。国家数据局推出了一系列重大措施来发展数据要素以及数据要素和各行各业的融合。于是，数据要素资产化、数据要素资本化成为主流观点，有的人已经写了大部头的史诗般的巨著——《数字资本论》，静待出版，期待能够成为经济学领域的里程碑式理论。也有学者在酝酿写作《数据论》，期待媲美《资本论》。人类社会从农耕文明进入工业文明，诞生了很多伟大的经济学理论，包括亚当·斯密的《国富论》、马克思的《资本论》，我也曾经在各种场合呼唤数字经济时代的经济学理论诞生，我相信一定会出现。但是，数据要素资产化的尽头就是资本化吗？数据和资本到底是什么关系呢？针对这个方面的讨论目前还是空白，普遍的观点认为数据要素资产化的结果就是数据要素资本化。

在中国将数据要素列为生产要素之前，生产要素主要是土地、技术、劳动力、资本四大要素。这四大要素构成生产力和生产关系，从而形成了工业化生产方式。而在农业经济时代，生产要素主要是土地和劳动力以及畜力，由于土地是农业经济的主要生产因素，所以谁拥有最多的土地，谁就拥有了财富和权力。通过级差地租，就可以获得农业生产的剩余价值。

工业经济时代的四大生产要素，都形成了各自的要素市场，包括劳动力、土地、科技成果都有自己独立的评价体系、权属确定、拥有主体、交易市场，这些要素也都可以发挥独立的价值、使用价值和交易价值。土地、劳动力、科技成果可以属于各种主体，可以是个人，可以是政府。但工业经济时代和农业经济时代有一个巨大的区别就是农业经济时代的要素是通过简单的要素组织来从事生产经营活动的，而工业经济时代创造了公司组织这样一个要素组织来从事生产经营活动，于是，所有要素就被组织到庞大而复杂的公司组织进行生产和经营，这就诞生了资本。资本成为工业经济时代的生产要素。资本是有形的，它是所有有形生产要素的总和，同时它又是无形和抽象的，因为资本可以和其他生产要素分立，同样可以标准化、定量化、权益化、可交易，甚至反过来可以形成一种权利配置其他生产要素。

当资本以外的生产要素各自成为一个公司组织的生产要素的时候，它们的价值都会构成公司的资产权益，成为公司资本。也就是说，在任何一个公司主体内，所有生产要素都可以体现为公司资产形成公司资本，而不存在公司资本这个要素可以是劳动力、科技成果或者土地。这些关系目前在全世界都已经成为被认可的市场规则以及市场秩序。这就是资本主义的伟大创造。这个伟大创造和工业经济时代的另一个伟大创造双星闪耀，另一个伟大创造是现代公司制度。没有现代公司制度的伟大创造，就没有资本的伟大创业。

我们目前所理解的数据是指各种潜在的数据资源通过互联网、计算机、软件、人工智能这些生产工具所生产出来的文本、图像、视频、音频、动漫、元宇宙等海量的数据形式，这些数据具有完全不同于工业经济时代的生产要素属性，已经被列为新的生产要素，将作为数字化生产方式的主要生产要素，与工业经济时代已经存在的各种生产要素共同构成数字经济形态的主要生产方式。当数字化生产方式在某一个行业超过工业化生产方式所创造的价值的时候，这个行业就会由工业化生产方式主导转化为数字化生产方式主导，而当整个经济总量构成中，数字化生产方式超越工业化生产方式成为价值创造的主要方式的时候，整个社会生产就由工业化进入了数字化，形成工业化生产方式和数字化生产方式的迭代，人类也就全面进入数字经济社会，人类社会也将进入数字文明。在通信、互联网、人工智能这些技术形成综合性、系统性、协同性进程中，我们已经看到传播、新闻、教育、健康、资讯、商品贸易等很多行业全面进入数字化生产方式进程，种植、养殖、捕捞、工业生产、制造、生产性服务等行业也在从工业化进入数字化生产方式进程，一些行业的经济形态迭代的临界点已经出现。

在这些进程中，随着现代信息技术、数字科技快速发展，数字科技在和经济、社会、文化、生态各方面深度融合过程中，不断产生着海量数据，这些数据被不断地采集、存储、治理，已经在经济政治和社会生活中发挥越来越重要的作用，形成了巨大的数据要素，这些要素都具有资产属性和价值。同样，我们也应当关注到，就像资本和公司的孪生关系一样，如果没有互联网，数据要素就是孤立的。所以，数据要素和互联网的关系就像工业经济时代资本和公司的关系。我们既要关注要素的关系，又要关注公司和互联网的关系。

这个时候，将数据作为生产要素入表，在公司组织中作为资产的一部分完全符合数字化生产方式的发展趋势，也是顺应时代的举措。

DVI 在 2024 年的评价计划中，已经把上市公司数据要素资产化作为重要评价工作。那么，在 2024 年度的评价结果中，就会出现很有意思的两个生产要素价值，一个是上市公司资本总市值，另一个就是上市公司数据要素资产总市值。

因为是第一年，上市公司的大量数据要素还来不及成为数据要素资产，所以资本市值第一年的比重一定大大高于数据要素资产的比重。但是我们相信，数据要素本身会呈几何级数增长，而数据要素资产化也将会呈几何级数增长，五年、十年后会怎样呢？我相信，就像工业经济时代资本价值超过土地价值一样，数据要素价值将会超过数据要素价值以外的资本价值。也就是说，当资本要素总市值构成中，数据要素价值超过资本要素总市值 50% 之后，数据要素价值就会成为生产力、生产关系的主导力量。

数据要素入表是数据资本化的开始，国内的主流机构与学者都把数据要素资产化解读为数据要素资本化。这无可厚非，我也非常赞成，但是我们从理论上、学术上需要好好研究和讨论这个问题。我认为数字经济的本质最终一定是数据要素取代资本成为核心生产要素。如果说农业经济时代的生产要素主要是土地、劳动力和畜力，工业经济时代的主要生产要素是土地、科技、资本、劳动力，那么数字经济时代的主要生产要素就应该是土地、劳动力、科技、资本和数字资产。

数据要素将会超越资本要素成为主要生产要素。由于这是一个非常重大也非常重要的理论问题，目前讨论还有些为时尚早，但是我们可以看到这个趋势已经出现。我认为有以下几个原因。

（一）数据要素和资本要素有其共同性

资本的特性在于资本作为生产要素的时候包括了生产资料，也包括货币，也就是资本具有有形价值，也具有无形价值，使得广义的资本成为创造整个社会财富的总和。

数据是综合性、系统性、协同性数字科技体系发展的产物，数字科技体系是由多项有形和无形的数字技术基础设施和软件系统、网络系统构成的，它们自身成为数字经济时代的庞大产业，同时，它们在生产经营活动中通过互联网这样一个技术载体和工业经济时代的所有产业形成深度融合并不断创造海量数据要素，这些数据要素逐渐发展成为庞大的数字资产。这些数字资产具有和资本相同的属性，也就是土地、劳动力、科技这些生产要素同样可以既表达为资本，也可以被数据或者数字技术表达。

（二）数据要素将优于资本要素

如果说资本是工业经济时代创造整个社会财富的总和，那么数字经济时代的数据要素以及进一步发展的数字资产同样可以超越资本，甚至囊括资本成为数字经济时代一切社会财富的总和。

资本从诞生以来由于其垄断性、集约性、掠夺性、分配不公平造成了工业经济时代经济与社会、资源开发与利用、全球经济政治等很多不平衡，资本在创造工业文明期间做出了巨大贡献的同时，其作为经济要素的副作用也对人类文明造成了巨大的破坏。

数据以及数据资产由于数据资源的无所不在，通过数字基础设施建设，可以广泛覆盖世界每一个角落，可以让世界上任何一个地方的资源和人与数据相连，每个数据原生节点都拥有数据资源价值，导致数据价值的分布式呈现，不会成为垄断资源。

数据要素的边际成本递减、可复用价值、可叠加、可信任、可追溯、可标注、可对价交易流通形成中心化与非中心化融合机制，可以创造出优于公司组织、与公司组织相互交织的数字化商业组织分配形式，规避了资本要素的很多弊端，有利于促进全球经济要素和资源的平衡。

（三）数据要素的价值取决于数据要素对应的场景

数据要素的发展来自数字基础设施以及数字科技的发展，在数字科技早期，数据规模不大，数据质量不高。数据要素的高速度、高质量发展取决于数字科技与整个经济社会发展的融合程度，数字科技发展速度越快，质量越高，数据要素就会被全面而深度地发掘出来，从而形成对实体资产和经济的深度影响，反过来，数字科技水平越高，发掘数据要素的能力越强，实体资产和经济也会反过来促进数字科技的进一步提升，融合程度越深，数据产生的规模越大，速度越快，质量越高，反过来不仅促进各行业数字化进程，也促进数字科技的升级和迭代，形成数字经济的快速发展，最终形成数字经济形态。在数字科技与实体经济深度融合中，数据要素与实体经济之间的关系也越来越紧密，数据更加深度地依附于实体产品和生产方式，同样，整个经济领域的所有产品也更加仰仗数字化与智能化，产品、技术、企业、产业以及所有企业要素、产业要素和数据之间的关系也更加密不可分，也很难把数据要素价值和实体经济要素价值以及资本要素价值分开，对数据要素已经难以估值，实际上就会出现资产的数字化，这个时候数据要素和实体资产之间的关系很难分离，到底是数据要素资产化还是资产数字化，需要在场景中去寻求规律。

（四）数据要素可以与资本兼容

在数据要素开发和数据要素资产化形成初期，数据要素资产化可以作为资产的形式成为资本的一部分，也就是现在很多学者提出的数据资产资本化。同样，资本早期诞生的时候，其规模也是从小到大，从少到多，从量变到质变。资本主义也不是一天炼成的。但是我们相信，资本的总量增长早已经走过了高速增长的年代。过去几十年来，数字科技领域的企业创造了十年时间成为世界500强的历史，目前世界最大100强企业已经有一半以上属于数字科技企业。未来若干年，数据要素将会呈现出几何级数量的增长，虽然这些增长都可以作为资本贡献给全球资本和经济的总量，但是，不可忽略的是，在数据要素以及由于数据与所有产品、技术、企业、产业的深度融合而创造出来的所有社会价值创造方式中，数据可以逐渐成为独立的交易要素和交易市场，数据要素和资本要素一定在各自不同的交易空间里，此消彼长。这个时候，一个全新的形式就会大规模出现，那就是很多有形资产在和数据要素深度融合之后成为数据资产。也就是说，许多有形资产会直接通过数据要素作为标注价值进入交换，目前虚拟数字货币以及实体资产的数字化权益已经在海外大规模出现。

数据要素、数据资产、资产数字化可能会更有空间和广度地与资本融合，当这种融合达到裂变性比例的时候，全球经济形态必然完成从工业化到数字化的全面迭代。

（五）数字化生产方式的组织

工业经济时代的资本之所以能够成功地发展成为最大的生产要素，关键是创造性地诞生了公司这个现代法律组织，通过公司这个有限责任法律组织所形成的治理结构和组织结构，让资本与公司组织形成了非常协调的组合机制，这就是现代公司制度。

数字经济时代，数据要素存在于一个公司组织内是没有多大意义的，数据要素之所以成为数据要素，关键在于数据要素被网络泛在链接，这种泛在链接远远超出公司组织之外，可以链接公司组织难以企及的无边界、无约束、无障碍、虚拟性节点，尤其是 Web3 新一代移动互联网的诞生，更是形成了通过网络链接的组织机制，工业经济时代的所有要素都有可能被数字化、智能化网络组织所链接。公司与资本在数字化生产方式状况下就会演进为网络与数据之间的关系。两者之间的融合就会形成数字经济时代公司与网络、数据与资本之间的生产组织融合关系。公司组织体系内拥有网络组织，网络组织的节点有可能是公司组织。

所以，未来的资本市场还会独立存在，但是资本市场会成为要素市场之一，不会主导要素市场；“公司—资本—股票”作为主导的市场经济将会让位于“公司 × 数字化”—“资本 × 数字资产”—“股票 × ETF”的市场体系。

由于这个内容包含了太多的科技、经济、社会的重大理论问题，不是本书的讨论重点，本书在这里仅仅表达观点，希望不要把数据要素的尽头解读为数据要素资本化，否则我们还会在资本主义话语权里打转。数据与资本之间的关系需要等到数字经济进一步发展之后，数据要素诞生了更多场景应用以及价值创造与价值发现规律，这样才会带给我们更多的分析内容。

总之，一切刚刚开始，我们需要在数字化进程中不断研究，不断思考，不断总结，发现规律。

第三篇

资本的右面：“股票 ×ETF”

这一篇的观点在世界范围内，前所未有。2024 年 1 月 10 日，美国证券交易委员会（SEC）批准 11 只比特币现货 ETF，这一引起世界金融界关注的事件，相当于给了本篇内容和观点一个很有力度的支持。

第二篇的几章内容主要分享数字经济时代分类组合生态下，上市公司通过数字化以及数字化上市公司创造资本价值的方式，也讨论了上市公司如何构成资本要素的价值。

在工业经济时代，我们经常把资本比作纽带，它的左边连接着股份公司，股份公司的价值创造能力决定了资本的价值，使得资本可以从股份公司中分离出来，一方面可以通过资本的增加给公司注入血液；另一方面可以通过资本的运营，包括资本性投资、资本重组、并购、分立、分拆，给股份公司创造价值。除此之外，资本还有另外一个功能，那就是资本的右面还连接着资本的交易市场，以及股票的发行、流通和交易。这样一个历史进程今天总结起来看似很简单，但这都是过去 200 多年工业经济形态进化的结果，是人类文明的结晶，不是由哪个人、哪个政府规划、设计出来的。

芒格说过：“所有明智的投资都是价值投资——获得比付出更多。必须对企业进行估值，才能对股票进行估值。”

工业经济时代价值投资通过公司估值确定资本价值，再确定股票价值。

资本的左面——股份公司在工业经济时代和数字经济时代已经存

在不一样的价值创造方法，这就需要研究数字化时代的公司估值和数字化时代的资本估值以及股票价值。

工业经济时代和数字经济时代的资本本身也通过不同的价值创造方法产生着不同的价值和不同的估值方法。进入数字经济时代，由于数字资产的出现，资本已经不仅仅是单一的公司价值表达方式，数据要素和数字资产将创造公司价值的新形态，数字资产这个资产新型态不仅通过资本化表现出其资本价值，丰富着资本的价值内核，同时，资本项下的数字资产还可以在生产经营环节发挥作用。公司数据要素资产和其他数字资产的价值变化将影响资本的价值和资本的运营方式，同时还影响股票价格。未来除了交易股票之外，公司资产的又一个形态将会形成新的价值和权益进行交易。数字化进程不仅改变着公司价值、资本价值，数字化和数字科技带来的颠覆还出现了对股票交易市场秩序的重构。主动投资越来越少，被动投资越来越多。过去投资是和机构投资人、明星基金经理、基金规模有关，目前却是和数字化、智能化相关。

通过对数据要素资产化和资本的讨论，我们发现一旦数据要素资产在资本的构成中实现一段时间几何级数的增长，数据要素资产化的价值就会超过资本要素的价值，到那个时候，资本市场历史又会发生一场蘖变，那就是资产数字化以及资本数字化。最新的消息是，美国已经通过规章，允许 ETF 投资比特币，也就意味着以股票为主的 ETF 也会出现更多的数据要素 ETF，以及股票和 ETF 的组合等。

因此，股票投资这个端口也随着数字经济进入 3.0 时代，那就是从全面主动投资进入基金经理管理的大规模、大比例被动投资；再从基金经理的被动投资进入大数据、人工智能选股和量化的 ETF 时代。

自此，资本市场的全面数字化秩序雏形已经显现。

“公司 × 数字化”—“资本 × 数字资产”—“股票 ×ETF”将重构资本市场秩序。

这一里程碑式的变化，从中国开始。

第十一章
DVI的使命和功能

本章之前的内容是我们连续两年来站在数字经济的角度对中国上市公司创建的评价体系以及两年来的评价结果。我们认为，通过评价，大量阅读上市公司《年报》，研究分析上市公司数字化进程以及各种数字化表现，我们理解的数字经济形态是成立的，我们关于数字经济时代的价值投资理论和方法的研究、创新也是成立的，我们创建的 DVI 体系也是成立的。虽然我们的工作仅仅进行了两年，所累积的历史数据远远不够，但是，我们会通过我们的持续研究、评价去逐渐丰富我们的数据，完善我们的模型，创建我们的平台。

令人欣喜的是，我们的初衷本来仅仅是研究和创建数字经济时代的价值投资评价体系和投资生态，没想到通过评价我们发现了更大的惊喜。

1. 通过连续两年的评价，我们不仅可以创立数字化价值投资理论体系、数字化价值投资评价体系，更重要的是我们发现了数字经济时代上市公司数字化分类组合的各种完全区别于工业经济时代行业分类的组合规律。

2. 通过数字化的分类组合，可以不断根据数字科技发展进程、数据要素资产发展进程、资产数字化的发展进程、人工智能和数字智能的发展进程以及产业数字化创新的发展进程，呈现出数字经济时代无穷无尽的分类组合规律。

3. 这些规律又可以通过我们的大数据积累、数字智能的大数据分析评价模型，创建丰富多彩的数字化分类投资组合。

4. 这些数字化分类投资组合可以作为数字经济时代价值投资者的选股逻辑，推荐给价值投资者，开展深度的、持续的、长期的主动价值投资。

5. 根据这些投资组合可以设计出无穷无尽的股票指数，开发出无穷无尽的 ETF 产品，构成丰富多彩的数字权益。通过数字化价值投资体系，我们看到了数字经济时代整个资本市场秩序和规则重构的可能。

当然，通过评价，我们更深层次地看到了数字化、数据要素、数字资产、数字权益和上市公司、资本、股票市场三个要素相互之间的关系。对这些关系的探索、发现、创新就确立了 DVI 的使命和功能。

第一节　DVI的使命

从 2022 年 3 月 9 日开始到 2023 年，我们对 2021 年、2022 年连续两年上市公司的《年报》开展了数字化价值投资评价工作。我一直在思考 DVI 到底是为了什么，到底要干什么。

我是从 2021 年底开始萌生对上市公司进行数字化价值投资评价体系研究想法的，初衷是希望通过对上市公司数字化进程的研究以及数字科技对上市公司的渗透，观察和分析数字化对上市公司商业模式、盈利模式、价值创造方式的影响，从而分析上市公司数字经济时代价值投资规律。希望通过研究分析，让上市公司更加清晰数字化的路径和方法，也希望让投资者看到上市公司数字化价值投资新机会。

230年前创建的资本市场规则和140年前创建的资本市场秩序运行到今天一直没有被颠覆过。我认为，从工业经济向数字经济的进化必然带来资本市场规则和秩序的重建。通过连续两年的研究分析，通过对数字经济作为一个独立经济形态初期的观察，我们已经充分意识到，资本市场秩序重建和规则重建的时机已经到来。

秩序的重建首先是工业经济时代上市公司主体构成将逐渐被数字经济时代的上市公司主体取代，形成“公司 × 数字化与数据资源”；其次是数字产业化以及通过数字科技重建的实体经济主体都不是工业经济时代的上市公司主体形式；最后是工业经济时代的上市公司主体也将在产业数字化进程中逐渐改变主体价值创造和实现形式。

这三方面的根本性变化将从现在的量变阶段进入质变阶段，10—15年时间将会全面完成；这种变化必然带来资本这个节点的价值重构，资本的运营和数据资产的运营形成二元价值重估关系，这是“资本 × 数字资产”，对应资本的股票以及选股逻辑变化，带来资本市场投资者和上市公司发行、交易秩序的变化形成“股票 ×ETF”。

除此之外，我们还将看到以人工智能作为生产力和Web3作为生产关系的商业组织创新的变化以及资产数字化和数字资产交易市场的出现，还将带来上市公司这个资本市场主体交易形态的变化，股票交易、产品和业务交易、数字资产交易之间的相互协同，必将改变资本市场游戏规则。虽然这个规则的变化会晚于秩序的变化，但是，这个规则变化的基础条件已经形成，障碍来自我们的认知。因此，从2024年开始，DVI将为了重构资本市场秩序而工作。我们将不遗余力地持续研究数字化价值投资规律和秩序；我们将成为旧秩序的挑战者和新秩序的创建者。

一、资本市场历史与现状

现代资本市场创建于 17 世纪的荷兰。1792 年 5 月 17 日，美国纽约曼哈顿河边诞生的《梧桐树协议》（Buttonwood Agreement）成为美国证券市场的开端，也是现代资本市场的开端。

资本市场作为工业革命的产物，历时 230 多年，已经形成发达的、以工业经济形态为基础的全球资本市场体系。资本市场的本质是通过将股份有限公司的资产资本化，形成可以发行、分散流通、交易的规则，从而形成强大的资本配置能力，现代资本市场已经发展成为覆盖全球的市场体系，成为资本主义和现代市场经济的基石。

美国作为现代资本市场的起源，至今创建了全球最庞大的多层次资本市场体系，通过资本市场秩序和规则，同时在债券、基金、期货、货币等多重证券和金融产品、金融工具协同下，吸引全球企业在美国发行、交易，也吸引全球资本在美国投资、流动，主导和影响着全球经济的走向，形成了以资本市场为核心的现代资本主义市场经济体系。美国资本市场也是美国科技发达、经济繁荣、军事强大、形成全球霸权的基础。2022 年，美国资本市场总市值达到 44.5 万亿美元，雄踞世界第一。

美国资本市场的强大是因为美国资本市场和工业革命两百多年历史的积淀，并且形成了自 1884 年道琼斯工业股票指数创建以来的现代资本市场秩序和规则。

资本市场的规则是目前全球资本市场的通用规则，包括中国资本市场运行的基本制度体系，而资本市场的秩序则是在这些基本规则基础之上所形成的市场秩序。这些秩序主要包括：全球主要资本市场的分布；全球资本市场上市品种的种类和数量；全球资本市场资金的主要供给和需求关系；全球资本市场资金支付结算与交易关系；全球主要资本市场的交易金额；全球资本通过资本市场与货币形成的企业载体、商业组织、金融市场构建的全球产业链、供应链、价值链关系等。

全球主要资本市场通过股票指数的创建，一方面引领投资者的选择，引导全球资金的流向；另一方面通过指数成分股的选择、组织，影响公司信用，从而形成上市公司、投资者、投资资金之间的生态关系。这些生态关系形成资本经济驱动全球化的主要动力。这使得发达国家的产品、技术、企业、产业要素可以在全球范围内流动。

资本市场早期，投资者主要通过证券账户主导选择投资标的，通过证券经纪公司进行交易。由于现代科学技术的发展，尤其是现代信息技术、计算机技术和互联网、人工智能技术、各种量化模型和工具以及令人眼花缭乱的金融衍生品层出不穷，股票指数基金的规模优势更加凸显，全球范围主动投资比重日益下降，被动投资比重已经超过主动投资比重的 51%。

世界主要三大股票指数公司道琼斯、富时罗素、MSCI 的所有指数背后跟踪和绑定的资本规模总量达 53 万亿美元，相当于 375 万亿人民币。而同期，中国股票市场所有股票指数背后跟踪和绑定的资本仅为 1 万亿人民币。

芒格先生的观点可以让我们看到资本市场秩序变化的趋势。他说："作为投资者，还将给基金管理者支付 3% 的管理费是有些夸张的，对于大多数投资者来说，除了投资 ETF 就没有什么资产值得投资的。"

所有这些变化都有一个新的指向，就是全球资本市场秩序已经在随着数字科技和数字经济发生剧烈变化，投资者阵营已经分化为以主动投资为辅，被动投资为主的市场，被动投资也不是简单地跟踪和绑定基金，智能和量化的角逐战场主要在于指数的分类模型创新和竞争，价值投资者将会在大数据和人工智能的帮助下，一方面坚持价值投资原则，高度集中；另一方面分化为价值投资加上 ETF 的融合。全球性大资管出现数以万亿级美元的资产管理公司的垄断不是没有道理的。

二、中国资本市场

中国资本市场创建于 1990 年末，目前有北京、上海、深圳三家证券交易所，5 300 多家上市公司。虽然只有 30 多年历史，但是由于中国经济的高速发展也支持了中国资本市场的高速发展。由于中国经济总量位居世界第二，所以中国资本市场市值也位居世界第二。中国资本市场的基本规则由于中国国情，虽有独特性，但和全球规则相似。

中国资本市场规模虽然已经是全球第二，但总市值仅为美国的 32%，为 14.6 万亿美元。由于人民币没有实现资本项下的自由兑换，海外资本投资中国股票只有通过海外的合格机构投资人审核机制审核之后，获得一定额度才准予投资，保持了中国股票市场的独立性。虽然中国希望更多公司被纳入全球主要股票指数成分股，但是目前也仅有少量股票（222 家）进入发达国家指数成分股，中国资本市场还是一个非国际化、非全球化市场，缺乏在全球配置资源的能力。

中国资本市场的市值总额仅仅相当于四个苹果公司（苹果公司市值 3 万亿美元）。

中国经济要提高经济质量，创建中国式现代化经济体系，必须提高中国资本市场的水平和质量，研究中国资本市场发展战略，创建体现中国式现代化特征的资本市场。同时还需要中国资本市场融入全球化体系，成为全球配置的资本市场。

但是以目前全球资本市场的规则和秩序，要改变以美国为核心的资本市场规则和秩序几乎是不可能的。这对实现中华民族伟大复兴是一个巨大的障碍。

迄今为止，“具有中国特色估值体系”（中特估）提出已经一年了，除了概念之外，没有任何实际内容。当初创建中国资本市场就是从发达国家，主要是美国借鉴的，但是，由于中国是社会主义国家，公有制为主体，对于资本市场的制度设计又不可能完全照搬照抄。

但是，发达国家资本市场巨变的趋势同样会进入中国，虽然指数基金背后跟踪和绑定的规模完全无法和发达国家相比，但是，近十年来中国的 ETF 也是在快速发展进程中，其规模也达到 1.6 万亿元。

我们有没有机会来书写中国资本市场属于自己的篇章呢？当然有。

三、数字经济的新曙光

如果我们在工业经济形态下难以改变资本市场秩序，让资本市场成为实现中华民族伟大复兴的有力支撑，那么我们看到了数字经济形态下，改变全球资本市场秩序和格局的曙光。

数字经济将会重构中国资本市场的基本秩序。

我们发现每一次科技创新带来的工业革命都会推动经济发展规则和秩序的重建：第一次工业革命改变了农业经济时代的规则和秩序，创建了欧洲以商业银行为载体的现代货币金融体系。第二次工业革命改变了金融行业的规则和秩序，曼哈顿、华尔街崛起，货币金融主导的金融市场被资本金融主导的资本市场改变；世界资本市场金融中心也从欧洲转移到美国。第三次工业革命改变了传统工业主导的资本市场秩序，让纳斯达克这样的科技与资本市场的融合主导资本市场新秩序，创建了纳斯达克证券交易所与科技风险投资生态。第四次工业革命不仅仅是工业革命，而是从工业经济向数字经济迭代的拐点。这意味着数字经济形态必然改变工业经济形态资本市场规则和秩序。

作为全球第一个宣布将数字经济作为继农业经济、工业经济之后的主要经济形态的国家，中国将在全球范围内最先创建完备的数字经济形态。

创建数字经济时代的价值投资体系，创建数字经济时代的数据资产交易体系，创建数字经济时代的资本市场秩序，完全有机会让中国资本市场克服体制障碍，在数字化赋能加持下，开创数字经济时代资本市场的辉煌。

四、DVI 的创新实验意义

我们充分认识到，从工业经济到数字经济迭代的拐点和临界点已经到来。

习近平总书记写给 2019 年石家庄中国国际数字经济博览会的贺信指出："当今世界，科技革命和产业变革日新月异，数字经济蓬勃发展，深刻改变着人类生产生活方式，对各国经济社会发展、全球治理、人类文明进程影响深远。"

国务院在 2022 年 1 月 12 日印发的《"十四五"数字经济发展规划》中指出："数字经济是继农业经济、工业经济之后的主要经济形态。"

数字经济时代会颠覆工业经济时代的规则和秩序吗？ D12 数字经济价值投资论坛团队经过四年的研究、探索，得出的结论是：数字经济时代必然改变工业经济时代资本市场创建的规则和秩序，中国极有可能成为规则和秩序重构的引领者。

我们以 D12 模式作为基本架构，在连续四年研究基础逻辑的同时，连续两年对中国资本市场上市公司公布的《年报》数据进行了持续性、系统性研究评价，创建了 DVI 体系，通过连续两年的评价，我们认为，诞生和发展于资本主义市场经济体系内的全球资本市场规则和秩序，有可能在未来 20—30 年内被颠覆和重构。数字经济时代将创建资本和数字资产共生的、由公司组织与数字科技组织作为主体的、集中交易与分散交易场所结合的数字经济时代资本和数字资产要素交易体系，原因如下。

1. 通过分析我们发现，2021 年中国上市公司数字化进程和渗透率已经达到 50%，而 2022 年这个数字已经达到 78%，年度增幅达到 25%。这个数据在 2025 年会超过 90%。这就意味着，上市公司全面数字化时代已经到来。

2. 无论是数字产业化公司还是产业数字化公司，这些公司的数字化进程改变了上市公司价值创造和价值实现方式。很快还将出现大规模的资产数字化对资产价值的重构，这些公司形态是工业经济时代所没有的。工业经济时代所创建的上市公司价值评价体系是不能客观、准确评价数字化时代这些价值创造主体的。

从目前来看，中国新增的上市公司绝大多数都不是工业经济时代的公司资产、产品和服务形态。

3. 我们在研究评价中发现，中国的数字经济进程正在从产品、服务数字化平台企业向产业要素、产业链、供应链产业数字化平台企业过渡。工业经济时代产品、企业、产业关系主要体现为垂直产业线性关系，价值创造方式相对单一，垂直产业之间的横向联系不多，产品价值、企业价值、产业价值清晰可见。而数字化时代的产品、企业、产业关系是泛在的、非线性关系，产业边际被打破，可以通过数字化运营一个产业，而工业经济时代做不到。

我们在 2023 年设计创新的 22 个投资组合和评价结果完全体现了这个特征。

4. 工业经济时代技术创新主要是单一技术成果在单一企业中的应用，技术成果之间相互不兼容，技术成果对产品、企业、产业带来的变化是数量级的。而数字经济时代的技术创新是多种数字科技各自在纵向领域不断深化和迭代的同时，不同数字科技之间形成复杂的融合关系，这些关系产生的综合性、系统性、协同性不仅创造巨大的数字科技产业，还会全面作用、赋能、融合于工业经济时代的所有要素。数字科技生态对经济的影响不仅是量的增长，还是本质性变化和指数级的增长。

正因如此，谷歌、亚马逊、苹果、微软等数字科技公司才有机会发展成为万亿美元市值公司。

5. 工业经济时代的行业分类方式和标准已经难以科学、客观、准确地界定数字经济时代企业的行业分类，数字化时代上市公司纵向的行业分类还存在工业化行业分类特征，而与此同时又出现横向的技术和业务延展，出现产业数字化平台趋势。

消费互联网时代已经出现数千亿人民币市值，而产业数字化平台将会出现数万亿元人民币市值公司。

6. 按照我们打破传统行业分类方法和传统指数成分股构建模型设计的投资组合评价出来的公司业绩大大超过传统工业经济指数构成的业绩。我们第一年设计的数字化价值投资综合指数回测结果，已经跑赢中国所有股票指数。这说明中国资本市场已经出现了数字经济时代的价值重估基础。

以上这些特征将导致工业经济时代的价值投资评价体系无法准确评价数字化时代的企业价值；工业经济时代股票指数也不能体现数字

化时代股票指数的规律性；工业化时代投资组合量化模型也不能准确量化数字化时代组合价值。这就可能出现以下跨越经济形态的资本市场秩序重构机会。

1. 采用投资组合分类方式和标准重构数字化行业分类体系。

2. 采用投资组合内在逻辑和数学模型选择股票指数成分股，彻底改变1884年全球第一个股票指数道琼斯30种工业股票指数成分股创建140年以来的构成方式。

3. 根据中国股票市场数字经济的结构特征，重新设计数字化价值投资综合股票指数。这一指数结构的重塑，将重构中国股票市场指数价值，使中国股票市场从工业经济形态企业价值转型升级为数字经济形态下的企业价值，改变目前综合指数基本成分股，助推股票市场资金流向，在中国创建的数字化价值投资指数背后，创建各种ETF，绑定和跟踪的资本逐渐超越工业化股票指数背后跟踪的资本数额，从而改变中国资本市场秩序，并影响全球资本市场秩序。

4. 我们预计，目前中国即将推出的数字资产并表仅仅是上市公司数据要素资产的财务结构调整，随着数字产业化、产业数字化进程的推进，资产数字化以及数字资产交易市场的培育和创建，数字经济时代将出现企业产品、服务销售，同时企业股票将在资本市场交易，而企业数字资产将在特殊的数字资产交易市场交易。这个交易时代的出现，除了将重构资本市场秩序之外，还将改变资本市场和数字资产市场的交易规则。

5. 以上改变也必然改变股票市场量化模型，重构模型因子。随着投资组合逻辑的变化，全球量化模型基本因子也将随之变化，逐渐创建基于数字化价值投资二级市场投资交易生态体系，形成数字经济时代完全不同的资本市场秩序。

这个结果不仅是对探索创建具有“中国特色估值体系”（中特估）从定性、定量上的积极佐证，还将逐渐从中国走向世界，参与全球资本市场数字化价值投资评价体系的重构。

6. 随着中国数字经济逐渐从中国走向全球，中国资本市场数字化价值投资秩序也将影响世界各国资本市场秩序。

中国资本市场的所有指数将告别美国主导上百年的资本市场规则和秩序。这将全面配合中国式现代化经济体系实现中华民族伟大复兴。

以上这些成果和发现不是建立在国外的产业结构和数字经济底层逻辑基础之上，而是中国独特的经济结构、产业结构、数字经济形态的客观反映，建立在这个趋势基础上的 DVI 体系，完全是中国自主创建的理论体系和投资组合以及模型架构。这是中国第一次在全球范围内改变资本市场定价规则和秩序创建的尝试与创新。

由于以上工作刚刚开始两年，我们对市场研究的力度和程度受限于我们目前的研究能力，一方面，我们需要时间去丰富和积累我们的研究数据，发现和创建更多数字化价值投资规律；另一方面，我们也需要加大投入，更深层次分析数字化价值投资变化的必然规律和趋势。为此，我们建议：第一，中央有关机构组建特别科研智库平台，深度研究数字经济发展对中国乃至全球资本市场规则和秩序的影响；第二，研究制定中国数字经济时代资本市场发展战略和实施方案；第三，重点支持、培育一批代表未来数字经济时代产业数字化平台企业，这些平台企业各自的市值都有可能在 10 万亿人民币以上，这些企业不能去海外资本市场上市。未来十年如果有 20 家这样的上市公司，中国资本市场会在现有基础上新增 200 万亿元市值，加上其他股票，总市值可能达到 350 万亿元到 400 万亿元。

第二节 为什么是怡亚通

前面的评价内容已经从数字化价值投资的角度对数字经济时代价值投资进行了全面分析和评价，我们的基本结论是数字经济时代价值投资的基础已经存在，由于目前整个经济形态正在从工业经济形态向数字经济形态转化，所有上市公司也处在数字化转型的基础阶段，距离我们想要达到的数字经济时代企业组织的高级阶段还有很长的距离。

根据DVI两年来的工作，以及D12对产业数字化的进程分析，我们认为需要10—15年时间，基本上可以形成数字经济形态的一个高级阶段，这个高级阶段就是工业经济时代资本市场“公司—资本—股票”三个节点关系演进为“公司 × 数字化—资本 × 数字资产—股票 × ETF”关系，数字化价值创造体系和方法也已经完全形成，DVI的工作就是通过每年的研究、评价去不断发现和研究上市公司数字化价值创造与数据资源发掘的规律、资本价值与数据资产价值的规律、股票价格与数字权益价格的规律。通过对这三大规律的研究，创新数字化价值投资方法。

对于数字化价值投资取决于数字化价值创造方式的形成，我们通过评价，发现所有上市公司的价值创造方式具有以下特点。

（一）数字化价值创造方式的普遍性

通过前面分析评价的数据，我们可以看到，不管是什么样的上市公司，数字化进程已经占到上市公司总数的78%；我们已经不能怀疑会不会不通过数字化同样可以做强做优做大一家上市公司。如果还有这样的观点，相当于我们今天还在通过手工技术、木匠活制造家具一样，这种方式可能还存在，但不会成为主流。

在工业经济早期，上市公司主要由钢铁、石油、消费品、机械制造、电力等行业的大型企业构成；后来是金融、现代服务、通信、新材料等领域；再后来就是互联网、信息产业等。数字经济时代的上市公司将会成为一个从工业经济到数字经济的分水岭。目前，纯粹属于数字科技、数字产业化领域的上市公司已经超过1 000家，占到上市公司总数的20%以上，这是工业经济时代没有的。传统工业经济时代的所有上市公司中已经有78%的公司开始开展数字化，这也是工业经济时代没有的，充分体现了数字经济时代数字化价值投资的普遍性。

（二）目前处在数字化价值创造的早期

目前，中国的企业组织数字化还处在早期阶段，远远没有走到我们可以预见的未来企业数字化形态。目前，我们对数字经济的定义还局限在数字产业化、产业数字化，再过若干年，这个界限是没有的。因为数字化初期，数字科技和经济的融合才刚刚从产品、服务、销售、制造开始，数字科技也还需要从5G进化到6G，严重制约数字科技发展的芯片技术还需要超越摩尔定律的局限，量子计算机还没有进入实际应用阶段，生成式AI还在从大模型创建到多模态技术开发进入应用阶段。

这个阶段的数字科技企业首先要解决生存与可持续问题，数字科技与实体经济的融合难度不是技术，而是观念。这也是大成智慧的复杂性。数字科技企业对于企业、产业的理解也难有突破，这对人的知识体系要求太高，数字科技时代呈现的知识碎片化也是对数字科技、数字经济发展的巨大伤害。

我们可以看到一些可能走向未来的大型商业组织企业，但是非常稀少，占上市公司总数的不到1%。各产业领域大多数停留在传统产业组织的认知上展开数字化转型，通过采购各种数字化解决方案来实现原有企业组织基础上的数字化。

绝大多数上市公司尤其是传统产业上市公司不知道未来的数字化战略到底是什么，不具备规划设计产业数字化战略的能力，还以为产品数字化、企业数字化、产业数字化就是找数字科技大厂就可以解决问题。这在本质上是一个逻辑问题，因为所有数字科技大厂只能根据数字科技发展现状和规律创新发展数字科技本身，没有一项数字科技是可以针对某一个行业和企业进行研究的，数字科技企业只能解决数字科技在企业和行业的应用，它们的立足点还是数字科技企业自身的商业立足点，不会站在企业思维、产业思维的立足点。这个时机至少目前还没有到来。

数字原生企业除外，这个领域的企业在中国著名的就是小米公司。这也是雷军不可能在金山软件这个企业平台上创建小米的根本原因。

最近我关注到两个领域，一个是中国的水泥行业，一个是玻璃行业，都是工业经济时代非常传统又处在行业过剩状态、整体下滑的产业领域。

整个水泥行业也都在推进数字化、智能化，但是我们没有看到一家具有代表性的水泥行业产业数字化企业涌现出来，因为它们都局限于原有企业的数字化转型，从原企业生产、加工、服务、销售环节研究数字化、智能化。而从事数字科技的企业只是将数字化解决方案销售给水泥企业，这是一个甲方乙方的关系，没有超越工业化生产方式。

玻璃行业和水泥行业相似，我就在玻璃行业看到一家冉冉升起的企业，它就是浙江的聚玻网。这家企业的创始人不是从事数字科技的，他曾经是玻璃企业的 CEO，在玻璃行业干了多年之后，离开玻璃企业，用数字化思维创建了这个行业的一家数字原生企业，目前企业有

200 多人，可以创造数千亿元交易，超过 300 亿元收入，覆盖中国玻璃行业 25% 的企业，而他自己的企业一寸玻璃都不生产。虽然这家公司目前还不是上市公司，但我相信它上市之后，其创始人一定会成为远远超过曹德旺的新一代不生产玻璃的“玻璃大王”。

（三）数字化价值投资选择标的还存在较大难度

由于上市公司数字化价值创造进程还处在早期阶段，数字化价值定性、定量趋势和量化分析还需要时间和数据积淀，这个阶段可以选择的数字化价值投资企业的难度相对较大，可选择的数量也不会太多。

我们以寒武纪为例，在我们 2022 年评价的时候，寒武纪作为人工智能芯片研发生产企业，被我们评为 10 大未来之星企业之一，评价这家公司的时候，它的股票价格在 45 元左右，后来不到半年，股票价格涨到了 200 元以上。但是在 2023 年评价期间，出现创始股东全部卖掉股票事件，这在市场上掀起了轩然大波。从时间维度来看，虽然是数字化时代，但是我们还是要遵循价值投资长期主义的基本逻辑，需要看一家公司价值创造的长期性、持续性。创始人都把持有的股票卖了，就会让投资者怀疑这家公司的长期价值，而芯片产业企业同样需要长期持续地研究、创新、领先于市场，才会有未来。

从目前评价来看，数字产业化领域可能会有比较清晰的价值投资选择目标，一方面看数字科技企业技术创新和研发能力，另一方面通过评价发现它们在传统产业或者数字中国领域的渗透能力，可以发掘出数字产业化领域的价值投资目标企业。

（四）资本市场对数字化价值投资尚不敏感

不管是证券公司还是机构投资者，总体上受数字经济定义方向的影响，没有从数字经济形态及数字经济时代价值创造和价值投资的角度理解上市公司数字化进程。

比如对于中国移动、中国联通、中国电信三家上市公司，资本市场对这三家上市公司的解读和定位还是电信运营商。如果站在工业经济的角度，这三家企业毫无疑问是从电信运营商开始的，由于电信行业的垄断特征，中国只允许它们拥有电信运营资质，只给它们颁发经营牌照。

但是我们从这三家上市公司的《年报》可以看到，基础电信运营业务已经饱和，各家公司已经开辟第二、第三微笑曲线。它们纷纷从个人电信运营走向通过云计算平台搭建，为企业提供云服务，从通信行业跨入云计算服务；同时，它们在数字化基础设施领域也进入智能算力投资经营领域，同时还投资参与互联网应用终端业务，已经很难用基础电信运营商定位这三家企业。2023 年，中国移动曾经一度市值超过茅台酒，成为市值领头羊，但是，它最终还是没能站在市值第一这个位置上。一家代表数字经济未来的上市公司居然不能领先于古老而传统的酿酒企业。

主要原因在于目前从中国到全球，提出数字化价值投资理论和方法的只有我们，我们的前瞻性观点并没有引起中国乃至全球的共识，也许是因为目前只有我们是站在经济数字化角度在解读数字经济，也许也只有我们是站在资本市场的角度在理解资本市场的数字化。这里用一个非常有意思的案例来分析。

这个奇特的案例就是深圳怡亚通供应链股份有限公司（以下简称怡亚通）。我们在 2022 年和 2023 年的评价中，对怡亚通的评价并不高，它没有进入 100 强名单，但是很奇怪的是，它居然进入了分类组合评价名单中食品、物流、零售三个组合 20 强中。但是在我们完成评价之后，在持续跟踪过程中发现，中国第一家供应链上市公司怡亚通在 2023 年 6 月 21 日通过“自愿性信息披露公告”，正式对外发布公司定位战略调整，发布之后市场反应平淡，没有掀起任何波澜。而且我们看到公司股票价格反而从发布之日的5.29元，跌到10月20日的4.42元。市场投资者并没有对怡亚通的公告做出积极回应。

怡亚通发布的最新战略定位是“整合型数字化综合商社”，我相信对于这样一个企业定位，100 位投资者中有 90 位回答不清楚。为什么怡亚通会从一个供应链上市公司定义成为“整合型数字化综合商社”？从数字化价值投资角度如何评价这个定位呢？

我们从传统工业经济时代的企业分类或者企业定位来看，按照这样一个定位，怡亚通是一个什么样的公司呢？很显然，它已经不仅仅是一家从事供应链业务的公司了，现有的所有行业分类不管是大类、中类还是小类，都没有这样的定位。它是从事工业化服务的企业吗？是服务贸易企业吗？同样不是。

那么什么是整合型？什么是整合型数字化？什么是综合商社？这三者结合到一起是什么关系？整合型、数字化、综合商社之间的内在逻辑又是什么？

总之，怡亚通发布这个定位之后不久，公布了半年报，上半年销售收入增长，但是，净利润同比还是下降。于是，股票价格并没有因为它发布新的定位而上涨，反而因为净利润下降导致股票价格下跌。

我们根据怡亚通多年的发展历史和董事长周国辉先生对“整合型数字化综合商社”的视频采访发现，如果按照 D12 数字化价值创造模式来解读，这是我们在国内上市公司 5 300 多家中看到的第一家符合 D12 价值创造模式的产业数字化企业，其业务进程已经发展到 D7 步骤“D7——数字整合”，这是我们看到中国 5 300 多家上市公司中第一个进入 D7 这个数字化价值创造阶段的公司。发布至今，我们没有看见整个市场中有一个机构或者分析师对怡亚通这个全新的定位有全面、系统的评价。

D12 数字化价值创造模式的基本思路是发掘、培育和创造未来 10 年、15 年中国乃至全球最大的企业，D12 设定的未来中国全球最大的企业将主要来自产业数字化平台企业，它们有机会创造数万亿元、数十万亿元的企业市值。

怡亚通几乎是我们目前看到的从定位上可以实现那个未来目标的唯一一家企业。

怡亚通已经不是一家新公司，从早期创业做报关业务到供应链业务，它在成为上市公司的路上已经走了 20 多年。它在中国经济从工业化向数字化转型这个特殊时代，以企业资产、业务、资源为基础，创新性地提出“整合型数字化综合商社”定位，可以理解为一个把握历史大势的战略性选择。如果是从零开始创办的企业提出这样的定位，可能给人的感觉是痴人说梦，但怡亚通毕竟有成功的历史，也有过失误的教训。

怡亚通的定位是一个没有价值天花板的战略定位。迄今为止，我也不知道这个定位是大股东深投控提出来的还是董事长周国辉提出来的，抑或是哪个国际管理咨询公司给出的建议，如果经过 10 年、20 年，它能够不折不扣地按照这个定位做下去，在国际国内经济政治环境支持配合下，这个定位下的公司市值是没有天花板的。

以下介绍的怡亚通是我们这两年从几千家上市公司中发掘出来的第一家符合 DVI 评价逻辑的未来产业数字化价值投资平台企业。

中国上市公司中产业数字化平台型企业已经有国联股份、广联达、深圳华强集团等。国联股份是过去做资源行业信息化的互联网公司，号称是中国第一个产业互联网上市公司；广联达是中国建筑行业的第一个产业数字化平台企业，其战略也是要打造成为这个行业领域的产业数字化平台。深圳华强集团的主要业务是通过数字化交易平台，把各种电子元器件和电子终端产品集成，将上游的元器件生产商和下游的电子产品终端企业，整合到产业互联网平台。但是我们为什么推荐和评价怡亚通？我们认为怡亚通有可能从中国 5 300 多家上市公司中脱颖而出，成为第一个走向产业数字化平台企业的先锋。

怡亚通是一家什么样的公司呢？大家首先想到的是它是中国第一家供应链上市公司。1997 年创办，2007 年创业板上市，从创业至今已经 27 年。2018 年引入深圳国资委旗下企业深投控，成为第一大股东。模式类似于新加坡的淡马锡私人控股有限公司。深投控进去之后并没有把国有资本强大的意志带进去，在股东会、董事会治理结构上，没有贴上强势的国有资本标签。

在深圳，国有资本在管理方面比较务实开放，能够学习和借鉴国际上发达国家的先进经验。所以，虽然深投控成为怡亚通的大股东，但它并没有改变公司治理结构上的市场化机制。董事长、创始人周国辉还是主导着怡亚通的战略制定、战略决策、战略执行。

怡亚通的供应链业务收入每年都在增长，2020 年为 682.6 亿元，2021 年为 702.5 亿元，2022 年为 854.0 亿元，预计 2023 年超过 1 000 亿元人民币。

其他各项财务指标相对稳定。目前的缺点是净利润比较低，2022 年销售净利率仅为 0.28%，2023 年第三季度净利率为 0.15%。公司资产负债率徘徊在 75%~80% 区间。周国辉董事长最新要求怡亚通制定新战略之后，重点就是三件事：第一，降负债；第二，提高净利润；第三，保障现金流。

从 DVI 的角度评价和推荐怡亚通，是因为我们在两年评价过程中，并没有发现怡亚通有过人之处。它虽然进了上市公司综合数字化价值投资 100 强的名单，但是排名靠后。之所以在 5 300 分之 1 的概率中推荐怡亚通，是因为在 2023 年 6 月 21 日，公司采用自愿披露性原则发布了上市公司新定位。

公司新的战略定位就是“整合型数字化综合商社”。定位发布之后，市场并没有积极回应，股票从 5.06 元一路跌到 4.46 元（截至 2023 年 11 月 2 日）。当整个市场都不配合这个定位的时候，DVI 评价出怡亚通是非常值得推荐的公司。

如果按照工业化时代的价值投资理论，怡亚通的价值是被高估的，因为其 2022 年《年报》公布的净利润只有 2.56 亿元，目前为 110 亿元左右市值，也有 42.9 倍市盈率。

按照传统的估值体系和工业化价值投资，它是被高估了，那如果说我们按照数字化价值投资，或者按照公司新的战略定位，股票价格就是被严重低估。

按照 D12 步骤对怡亚通进行如下对照。

D1——价值发掘：怡亚通的价值被低估了。

D2——产业系统架构：怡亚通已经创建了从供应链到产业链的系统架构。它已经开始创建代表未来的供应链、产业链系统数字化架构。

D3——数字化转型：怡亚通不仅自身的数字化转型做得好，它还把数字化当成自身的生产力，创建了怡通天下这个产业互联网平台。通过平台的终端，消费者、合作伙伴、供应商都有不同的入口，需求者可以进系统去找到想要达到的目的。如何将怡通天下与怡亚通所有节点形成数据资源与链接，还需要不断进化。

D4——公司上市：它本来就是上市公司。

D5——组织创新：怡亚通到现在为止有什么组织创新？

第一，产业化的扁平化组织创新。上市公司只在这些新成立的公司里占 25% 的股份，不控股、不并表。这个组织创新，是把工业经济时代的资本的垂直性的、控制性的组织模式，用资本的扁平化模式来创建。占有 75% 的投资人一起通过投资创建这个平台，形成投资和业务生态，投资人拥有参与怡亚通的产业投资机会。

第二，从工业化到数字化的这个扁平化组织创新是让新成立的公司组织结构适应互联网的组织结构，有了公司组织扁平化，才有数字化链接的扁平化，才有利于链接，让链接来实现投资和投资的赋能、投资者和投资产业企业之间的相互赋能。

D6——产业互联：怡亚通的怡通天下产业互联已经创建并开始上线运营。

D7——数字整合：怡亚通“整合型数字化综合商社”战略定位的“整合型数字化”与 D7 的“数字整合”完全吻合。这不是巧合，而是数字化未来的必然。

D12 总体上可分为三段：D1—D6 是第一段；D7—D9 是第二段；D10—D12 是第三段。从 D1 到 D6，都是投入，都是布局，都是打基础。那么真正开始是从 D7 到 D9 进入创造价值、产生利润、高速发展阶段。

“数字整合”正好和怡亚通“整合型数字化综合商社”一致。这就是数字化的整合方式和资本市场整合方式结合。整合能够让产业链、供应链更加科学，能够让供应链和产业链协同，能够让资本和数字化去创造更好的价值关系。

D8——数字金融：在数字整合的基础上，用好数字化时代的金融工具和技术。

D9——数字全球：这是数字化的全球化。最近中国提出“一带一路”的新互联互通，在传统的通航、通海路、通高铁、通公路、通物流、通信息基础上，还要通网络、通数字。

怡亚通已经走到 D7、D8 阶段，是我们对 5 300 多家上市公司研究评价之后发现的唯一走到这一步的公司，这也是我们推荐怡亚通的理由。在这个观点上，我们是受到 2021 年巴菲特在股东大会上的演讲影响的，他的观点是：1990 年，世界 20 强公司名单中没有一家还在今天的世界 20 强名单上，二三十年之后，世界最大的公司和今天相比，也会面目全非。

怡亚通是 1997 年创建的，到现在为止已成立 26 年。它为什么会在 26 年之后提出创建“整合型数字化综合商”这样的战略定位。如果说它没有经历这样的历程，突然说要创办一家公司，投资十亿元，投资百亿元，或者投资一千亿元，要打造成“整合型数字化综合商社”，我们会认为它是在忽悠。因为没有历史，没有过去 26 年在中国供应链这个江湖奋斗的历史，也就没有遍布全国的供应链平台。

到底什么叫“整合型数字化综合商社”？

第一，怡亚通是中国第一家供应链的上市公司，作为中国供应链的“黄埔军校”，怡亚通具有非常丰富的供应链经验和教训。走过弯路，也吃过亏、上过当、犯过错误，但是它一直在不断地探索，不断地创新，不断前进，逐渐从消费品供应链进入消费品产业链的供应链。

通俗地讲，就是从海关报关，然后从海外进口商品之后，搬运到哪里，存放在哪里。简单地说就是搬运工和仓储，挣的是搬运的钱、物流的钱。

第二，供应链市场竞争激烈了，价格下降，成本上升，怡亚通开始进入消费品生产要素供应链。从消费品产品供应链到消费品生产要素供应链是一次附加值升级，利润递延。从消费品的供应链到了消费品的产业链就是不光是去搬运、仓储消费品本身，还要做消费品生产环节的原材料、生产资料物流。怡亚通的供应链就包括生产资料供应链，规模做大了，利润就会提高，这是一个重要的升级。

第三，从消费品产业供应链进入消费品产业链，以及再从消费品产业链进入工业生产供应链。用供应链去做大规模，用产业链提高效率，提高附加值和盈利方式。通过几次的升级，才敢于提出“整合型综合商社”这个新的定位。既然是从供应链做到产业链的供应链，还要做产业链的价值重构，不仅挣供应链的钱，还要挣产业链的钱，挣产品的利润，这就需要整合。

什么叫整合？这是资本市场的一个专业用语。所有收购兼并完成之后必须整合。整合就是不管用现金去收购，还是两个企业之间合并，用一个股东去控制另外一个企业，完成交易之后，新的股东要去对原有企业从产品和产品之间、技术和技术之间、市场和市场之间、资产和资产之间、品牌和品牌之间、团队和团队之间的若干要素进行深度的整合。整合不好，收购可能就会失败。

怡亚通在这里的整合不是以资本为核心，通过收购、兼并去进行整合，而是把资本纽带的整合和数字化结合，通过链接之后改变整合逻辑和整合模式，除了整合与被整合之间的供应链、产业链的关系，还有数字化链接的关系。在这个过程当中去研究整合逻辑，所以说怡亚通提出来的整合型数字化，和 D12 模式中 D7 的数字化整合是异曲同工的。

这个整合超越了工业经济时代的整合逻辑，D12 所设计的创新模式终于看到第一个实实在在的案例，这就是我们推荐怡亚通的非常重要的一个原因。

什么叫“整合型数字化综合商社”呢？我们设计 D12 的时候认为，如果日本的综合商社采用数字化进行再组织，那么全世界最大的商业组织很有可能建立在日本综合商社基础之上。

如果说日本的综合商社能够科学地运用好现代通信技术、互联网技术、云计算技术、人工智能技术或者区块链技术、物联网技术，日本的几大综合商社将成为世界最大的商业组织。可惜的是，今天日本企业的数字化、产业数字化解决方案已经落后于中国，它们也不会请中国的数字科技公司去给它们设计综合商社数字化运营方案。

中国企业中没有一家是综合性商社组织，怡亚通如果要创建日本传统商社模式几乎是不可能的。但是，它提出创建“整合型数字化综合商社”有可能成功，主要是因为它不是采用传统方法去创建综合商社，而是创建“数字化综合商社”。全世界的主流商业组织，主要是以美国为代表的有限公司和股份有限公司。股份有限公司的核心逻辑是资本为纽带，资本通过垂直控制的纽带关系，以资本市场为配置手段，形成跨国公司，通过资本的链接和驱动构建了全球的产业链和供应链，创造了美国经济的奇迹。

中国于1993年7月1日开始实施《中华人民共和国公司法》，1993年以前中国没有真正的有限公司。日本也没有公司，其企业组织叫株式会社。日本通过明治维新脱亚入欧的时候，没有全盘接受西方的公司制度，而是沿用了日本的企业组织制度，把诚信、儒家文化与现代公司制结合起来，设计了日本的株式会社与综合商社结合的体制。企业和企业之间，除了具有业务上的产品合作、服务合作、金融合作、贸易这些关系之外，它们用供应链的协同关系和金融、资本相结合的关系融合在一起，不是用资本来控制，有的相互之间完全没有股权关系。我们2019年考察日本住友商社时发现，住友商社旗下几百上千家企业都叫住友，但是并不是都有股权关系，而是靠人际关系、靠文化、靠儒家文化来构成它们的商业关系和商业信用。

综合商社里有金融机构，包括保险公司、银行、投资公司、基金，形成财团，如此庞大的产业组织体系是多年形成的，中国学不了。

怡亚通并不是学习传统的日本综合商社，而是要用综合商社这个体制和整合型数字化结合起来，靠数字化的链接、数据、智能加上资本的方式、供应链的方式、产业链的方式来形成怡亚通综合商社，这是一个非常了不起的创举。周国辉董事长反复说，中国没有这样的模式，其实全球也没有。

怡亚通的整合型数字化综合商社提出实行“1+n”，怡亚通这个综合商社平台是“1”，通过若干个产业载体去培育三大产业，形成“n”个载体，与“1”构成生态关系。三大领域就是三大价值空间：第一是“大消费”；第二是“新能源”；第三是“大科技”。

怡亚通发布这个新的战略定位之后，没有在市场上引起特别大的反响，大家总体上读不懂这个定位，这个定位完全不符合工业经济时代对传统企业和产业的定位逻辑。怡亚通又不是互联网公司，我们也不能按照数字产业公司或者互联网公司解读怡亚通。为了验证这个定位，我们对怡亚通做了一定的调研和访谈，同时，也通过项目进行验证。其中一个项目就是亿美博数字液压公司。

亿美博是杨涛和他父亲两代人用了四十年时间研发出来的液压数字化技术创新项目，他们的研究成果已经达到世界先进水平，目前正在进行产业化和市场化推进中。液压作为工业领域的传动器件，被称为“工业的肌肉”。中国的液压，尤其是高端液压器件一直被日本、德国、美国等发达国家垄断，杨涛和他父亲两代人从液压的基础原理到液压技术的数字化，都有颠覆性创新，有很多成功案例并获得了国家很多的奖励。

我们观察到怡亚通董事长到浙江参与液压项目投资，觉得很新奇。

做供应链的公司怎么去做液压生产制造。如果怡亚通仅仅是一个供应链公司，那么它不会参与液压项目投资；如果怡亚通确实按照“整合型数字化综合商社”定位发展，那么它就有可能选择亿美博这样的合作伙伴，因为它们之间有天然的整合关系。亿美博数字液压完全符合怡亚通“大科技”发展方向。没想到，它们之间已经相互认识到这个战略关系，亿美博已经和怡亚通旗下液压技术投资企业签署战略投资合作框架协议。

这个合作验证了怡亚通的确就是按照“整合型数字化综合商社”战略定位在实施。它们的合作很重要的逻辑是怡亚通不是去收购兼并亿美博，而是按照“整合型数字化综合商社”这套逻辑和定位来和亿美博合作，形成资本、供应链、产业链、数字化多重协同关系。如果说用并购的模式，怡亚通一年完成两个、三个交易就非常不容易，就会带来怡亚通战略管理的难度，那么用现在的合作方式，怡亚通和亿美博互不控股，相互赋能，协同发展，再加上“降负债、提高利润率、保障现金流”三原则，怡亚通的公司财务会非常健康，业绩会非常稳定，从而实现高速增长。

作为一个“整合型数字化综合商社”，难点在哪里？

第一个难点是价值观。怡亚通的战略定位价值观不仅仅是董事长的价值观，而是需要整个体系、管理团队、核心成员坚定不移地去按照这个价值观执行下去，按照这个战略执行下去。

第二个难点是系统架构的水平。系统架构能不能支持整个综合商社逻辑，这是对公司的考验。但是我相信风险点和过去不一样了，过去要靠高负债、资本、收购兼并去控制，现在风险大大降低了。

从成功的可能性来分析，最新定位 2023 年 6 月才开始，要见到成效，需到一两年或两三年之后。但是如果完全利用传统资本驱动的方式，不是数字化的、智能化的、平台化的，是资本整合的综合商社，就会非常困难。资金压力很大，负债杠杆很高，而且管理难度大。

以我们对怡亚通的初步调研，怡亚通内定的目标会在 2030 年达到 10 000 亿元人民币的销售收入，按照目前的销售利润率，也只有几十亿元的净利润。如果净利率能够做到 3%，就会有 300 亿元人民币的净利润。从整个上市公司平均利润水平来看，仅仅做供应链达不到，没有那么高的净利率，而参与到产业链，就有可能做到这个规模的同时，销售净利润能达到 300 亿元人民币。如果净利润达到 300 亿元人民币，公司市值就会达到 10 000 亿元人民币规模。

对于怡亚通的“整合型数字化综合商社”这样一个开放的合作平台，中国“大消费、大科技、新能源”领域具有非常多的备选目标企业，对怡亚通来说，不存在市场的障碍。怡亚通已经在白酒产业领域尝试了从供应链到产业链再到价值链的整合，打通了白酒品牌从供应链到产业链的关系。对于中国来说，符合怡亚通目标的中小型白酒企业就有数千家。既然有了一个案例，就可以在这个领域拓展，比如我们准备向怡亚通推荐泸宜遵白酒企业。

泸宜遵是著名的白酒品牌泸州老窖前董事长谢明先生创建的。泸宜遵创建了中国“固态原酒”标准，以打造泸州、宜宾、遵义产地白酒为己任，通过高水平调酒赋能泸州、宜宾、遵义三个白酒主产区基酒生产企业，形成了独特的酿酒模式。这个创新就和怡亚通的资本优势、供应链优势和数字化形成天然的协同关系。泸宜遵就可以在不失去控股权的情况下通过与怡亚通平台整合形成协同优势，迅速发展。泸宜遵的短板会被怡亚通补齐，行业上也满足了怡亚通“大消费”的大方向。类似的合作机会可以由 D12 规模化、高效率地提供给怡亚通。

DVI 将展开对怡亚通的长期、深度跟踪研究，不断将研究成果分享给怡亚通以及投资者，形成独立客观的研究分析报告。当然，作为一个特殊的产业数字化平台企业，怡亚通会进入 DVI 多个数字化分类投资组合，成为多个 DVI 指数的成分股。

DVI 对怡亚通的持续、深度的研究报告会把怡亚通的价值信息提供给国际国内著名的机构投资人，让怡亚通的客观资本价值能够在资本市场通过市值得到真实反映，可以形成怡亚通的资本价值信用。国际上著名的资本市场指数公司如 MSCI、道琼斯、富时罗素都可能会把它纳入它们编制的成分股，这就非常有利于整个怡亚通的发展。

我们对怡亚通“整合型数字化综合商社”系统的理解如下。

首先是综合商社。综合商社是日本的商业组织，在日本也被称为财团。众所周知，日本的经济主要由三井、伊藤忠、住友、丰田、丸红等大型综合商社构成，这基本构成了日本经济的命脉。如果怡亚通成功打造出一家综合商社，就一定会是一个难得的企业；综合商社实际上是根据产业链、供应链以及信息流、资金流与产业协同、金融协同、资本协同相结合的一种非常复杂的商业组织生态，融合了西方现代产业理论和现代公司制度与资本市场的纽带关系，同时又没有放弃东方文明的人文社会作为文化内涵，既有品牌的统一性、价值观的统一性，还有业务之间的相互赋能。

日本的综合商社是日本在明治维新之后结合日本的历史文化以及商业文明和商业组织的特点，引进西方资本主义现代公司制度创建的以供应链关系整合产业链和金融服务而打造的生态型商业组织，既有资本作为纽带，但又不完全通过控股来实现商业主体之间的紧密联系，这样的商业组织非常古老也非常先进合理，把商业和文化以及文明深深地融合在一起，区别于西方市场经济体系和完全以资本为纽带的投资组织。没有深厚的文化和人文支撑，综合商社不可能形成。

20世纪七八十年代，日本的商社几乎就是全球最大的企业组织。

其次是数字化综合商社。我在研究设计D12模式的时候，曾经也考虑过，如果日本的综合商社要按照数字化来进行系统架构，它们有可能再次创造并且超越20世纪七八十年代的奇迹。现有的日本商社是在工业经济时代以供应链、产业链为核心创建的产业生态组织体系，它们是一个统一的财团，但相互之间并不是资本连接的控股关系，在全球也只有日本和韩国能够创建这样的商业组织，在工业经济形态下这样的商业组织能够有这么高的效率和规模，体现了人类社会在商业组织设计上的智慧，如果再将今天日新月异的数字科技如互联网、人工智能技术和这些商社深度融合，这个世界会出现数字经济时代最伟大的商业组织。D12的终极形态其实就是现代商社与数字化的深度融合。

最后是整合型。我不知道怡亚通怎么解读它的整合型。整合型有多重含义，一种含义是怡亚通需要通过产业链、供应链这样的资源和要素整合来实现数字化综合商社，另一种含义是在创建数字化综合商社进程中不断采用各种整合技术来达到综合商社的目的。传统的整合主要是指产业整合，通过资本、供应链、产业链、产业组织之间的关系重组来实现整合目的，成为产业资源优化、产业价值优化的价值创造方式。而数字经济时代的整合方式就要在传统产业整合手段基础上，与数字科技组织结合的整合方式，这是一个更高维度和更高难度的整合方式，过程要求高，但是结果会非常轻松。

传统的资本市场有一个经典的观点就是并购容易整合难，而数字化是整合困难，但是整合之后非常容易。

怡亚通如果要做成传统的综合商社非常困难，中国商业环境和商业文化很难实现，中国重庆就有一家商社集团，它曾经学习借鉴日本商社模式，但是完全不是真正的商社，目前就是一家国有企业。但是，如果怡亚通以数字化综合商社作为终极目标，不是采用传统商社创建方式，而是通过数字科技采用数字化手段创建数字化综合商社，这是完全有可能的。

日本的商社经历了百年历史甚至几百年历史的演变，而创建一个数字化综合商社，也许在怡亚通现在的基础上，只需要 10 年、20 年时间。

这里分析的聚玻网也好，怡亚通也好，都是数字经济时代企业价值创造方式的革命，评价这些企业的价值完全不能用传统的价值评价方式，而怡亚通提出“整合型数字化综合商社”这样的定位之后，市场评论和股票价格没有强烈的反响，这说明目前资本市场的投资环境还没有真正认识到产业数字化平台企业带来的价值创造魅力。

这说明什么问题呢?

第一，传统价值投资理论已经看不明白怡亚通的价值创造方式，没有给出应有的估值观点。

第二，市场上又不会把怡亚通当成数字原生企业或者是互联网、数字科技企业来看，很多数字原生企业和数字科技企业上市之后，亏损多年的股票市值还猛涨，但是对怡亚通这样的产业数字化平台企业，大家反而忽略了它的数字化价值。

以目前怡亚通所披露的“整合型数字化综合商社”战略定位的内容来看，我们还需要关注它的一些关键点，包括它提出的聚焦“大消费、大科技、新能源”三大领域。从传统产业来分析，或者工业经济价值投资逻辑来分析，一家公司要从事这么多业务就是“主营业务不突出”，不会被看好。同时它提出依靠供应链做规模，依靠产业链做利润，始终把握“提高净利润、降低负债率、保证流动性”这样的原则。

如果从工业经济角度来看，我坚决不相信怡亚通要做综合商社，因为中国没有综合商社诞生和生存的土壤，但如果把综合商社的生态关系从传统的关系改变为数字化关系，我就相信了。

由于我本人并没有和怡亚通董事长周国辉先生以及深投控进行交流，完全是从专业的角度对他们进行的分析和观察。“整合型数字化综合商社”的定位是不是我们分析的那样，需要用时间去验证。

我们用四年时间研究数字经济，用两年半的时间设计D12模式，用两年时间创建DVI体系，终于在5 300多家上市公司里面，看到了一家代表未来产业数字化的平台企业从夹缝里脱颖而出，我们感到非常欣慰。

DVI的目的就是要通过独创的评价体系来重建数字化价值投资评价体系。我们坚决相信，一大批产业数字化平台企业正逐渐走在路上，渐渐成为数字经济时代企业形态的主流。

我们更加希望看到更多的怡亚通横空出世。

怡亚通这样的公司从国家统计局行业统计分类看，属于什么类型呢？没法分类。从中国证监会的分类来看，怡亚通目前主营业务收入贡献最多的是供应链，如果未来产业链收入超过供应链收入之后，又属于哪一类呢？

如果我们按照工业经济时代价值投资估值方式去给怡亚通估值，完全不会得出一个好的估值，但是，如果按照DVI的估值方式，怡亚通很有机会在10年时间之内，进入万亿市值俱乐部。

但是，这个模式里面隐藏了一个非常致命且不易被察觉的问题，那就是平台价值最大化和股东价值最大化的问题。以资本作为纽带的公司制的最大的价值取向就是“股东价值最大化”，而数字化综合商社平台将会是“平台价值最大化”，股东价值最大化将会体现出公司市值，而平台价值最大化除了股东的资本价值之外，还有少数股东权益以及数据要素资源和数字资产权益，这些权益不都是怡亚通股东的。

第三节 DVI对上市公司的意义

上市公司的数字化进程是数字经济时代的大趋势，通过两年的评价和创建 DVI 体系以及连续两年对数千家上市公司数字化进程的评价，我们对上市公司的数字化进程有了全方位的深度了解，随着我们持续性地把上市公司数字化作为一个全新的研究内容和一项科技成果推进下去，我们将这些成果转化为各种知识产品，必然形成我们对于上市公司数字化以及数字化价值投资的巨大数据资源以及专业性、权威性、实时性。

通过 DVI 对上市公司的持续评价，DVI 必然会创建持续的上市公司数字化评价数据，给社会各界提供了认识上市公司、理解上市公司数字化价值的一个渠道，其实也是帮助上市公司理解自己、了解自己并研究分析同行数字化进程、数字化方法的渠道。因此，DVI 对上市公司存在以下意义。

（一）DVI 的评价报告让上市公司了解自己的数字化进程

目前，DVI 在评价报告中尚未提供所有上市公司数字化进程的评价报告，只是按照数字化分类组合评价了 23 个分类组合，但是 DVI 将会逐渐将各种分类组合持续研究推进下去，所有上市公司的数字化进程都将会被 DVI 所覆盖。届时，所有上市公司都有机会从 DVI 了解到自己的数字化进程。

由于 DVI 创建的上市公司评价体系是基于对所有上市公司数字化

进程和各种丰富多彩的解决方案进行持续不断的研究分析，会对所有上市公司逐渐建立数字化进程的动态数据系统，对上市公司的数字化认识和解读甚至比上市公司自己理解更深。

DVI 在评价中发现，用工业经济时代的行业分类方式已经很难定义上市公司分类了，在工业经济时代，如果一家上市公司行业分类不清晰，或者拥有多个行业主营业务，市场和投资者对这家公司的估值肯定不高，我们评价一家优质上市公司的时候经常有一句话叫“主营业务突出”，数字经济时代因为互联网、大数据和人工智能已经改变工业经济时代的经营方法，行业边界被互联网打破，离散经营活动被数字化连接起来，上市公司也需要第三方评价机构从市场整体角度知道自己的地位和关系。

（二）DVI 对上市公司数字化的核心内容评价

上市公司自身会通过企业数字化战略或者数字化进程规划设计数字化解决方案，也将会关注和重视数字化与公司价值的关系。但是，上市公司自身关注的重点主要还是企业数字化与企业数字化需求的关系，从数字化价值投资视角来看，企业数字化不是企业的重点，也不是企业擅长的角度。而 DVI 可以通过多种评价视角，研究分析企业数字化和价值投资的关系，这可以让上市公司从 DVI 的视角反思、了解数字化的战略。当然，DVI 也同样可以和上市公司配合，帮助上市公司采用 DVI 对上市公司数字化价值进行深度评价，让市场更加客观、科学地了解上市公司的数字化价值。就像怡亚通一样，自己发布了“整合型数字化综合商社”这样的企业定位，但是企业自己不能王婆卖瓜，自己对自己的数字化战略定位进行全方位的评价分析，而是需要第三方来进行解读、评价。DVI 就可以成为这样的上市公司数字化价值投资评价工具。

DVI不是做排行榜，也不是通过评价去给上市公司颁奖，而是代表数字化价值投资的视角，从投资者角度分析和评价上市公司数字化价值，这个价值解读和市场上机构投资人和分析师的视角完全不一样，这可以帮助上市公司自身客观地认识自己的价值，以及股票价格与公司数字化价值之间的关系。

从2024年开始，DVI需要创建一个新的评价视角对上市公司数字化价值投资进行评价，那就是根据“上市公司＋资本＋股票”关系原理，评价上市公司数据资源，这有利于帮助上市公司发掘数据资源。潜在的数据资源发掘有可能重构上市公司数据资源价值，从而重构上市公司价值。

（三）可以帮助上市公司客观掌握中国上市公司数字化进程

DVI的上市公司数字化价值投资评价报告是针对中国所有上市公司所做的评价，这是目前中国唯一进行这个方向评价的资讯平台，上市公司可以通过这个报告了解中国上市公司数字化进程的全貌，数字产业化领域的上市公司可以通过报告看到产业数字化领域上市公司对数字科技的应用和需求变化；产业数字化公司也可以通过数字产业上市公司了解到数字科技和数字化解决方案的最新进展；尤其是上市公司可以通过DVI的分类组合创新和报告，分析自身分类关系，通过分类组合，研究同行上市公司数字化价值投资关系，发现自身优点和不足。

（四）可以帮助上市公司发掘数据资源

从上市公司数字化进程到上市公司数据资源的发掘是一个新课题。从以往来看，上市公司通过产品数字化、企业全要素数字化、产业数字化进程，改变了企业价值创造方式，但是我们都没有重视另外一个价值空间，也就是根据上市公司产品、企业、产业场景数字化链接和数字化平台创建，必然创造出新的资产形态，那就是数字资产，就是把上市公司潜在的数据资源开发成为数据要素资产。逐渐通过数据要素资产的发掘，重构公司价值。

（五）通过 DVI 以及 DVI 指数的 ETF 创建数字化信用

DVI 已经确定 2024 年主动评价对象重点是军工产业数字化、人工智能产业数字化、芯片产业数字化、新能源产业数字化和数据要素资产化五个重点分类组合。DVI 已经创建了这五个分类组合上市公司名单和初步分析评价名单。接下来 DVI 会将这五个分类组合名单进一步评价之后创建分类投资组合名单。分类投资组合名单将在每个名单中创建 20 个到 50 个不等的评价样本，从而构成 DVI 数字化价值投资分类投资组合成分股指数。

分类投资组合本身已经具备资管产品价值，将通过渠道进入国内外资管渠道，提供给机构投资者参与投资。这对进入成分股的公司来说是一个资本信用提升的机会。而一旦进入 DVI 指数，就会逐渐出现各种跟踪和绑定的资金投资于这些成分股，再次形成这些上市公司的信用。当基金管理公司将这些指数设计为 ETF 进入资本市场交易的时候，这些成分股就会通过基金交易形成上市公司资本价值的参考值，直接有利于上市公司持续融资以及重组并购对价。

第四节　DVI对资本价值的意义

DVI 评价上市公司数字化价值，通过上市公司数字化进程和数据资产的创造来重估上市公司价值。DVI 的估值行为不仅对于理解数字经济时代上市公司价值有意义，还对于上市公司的资本价值和资本运营有意义。

一家公司自成立之日起就具有了资本价值，哪怕是注册资本只有一元钱。对于上市公司来说，资本完全可以被理解为是可以进行独立运营的工具和手段，经验丰富的企业家或者投资者，都具有将上市公司资本作为运营工具的长袖善舞的本领。

上市公司资本运营通常是指上市公司利用资本市场配置资本的功能，将企业产品、资产、品牌、技术、市场、渠道等要素，与资本以及资本所形成的能力、信用、杠杆在符合资本市场规则的状况下，进行的运行方式。资本的一端链接公司，形成供应链、产业链，从而通过资本的链接、融合、投资融合、分配方式形成了价值链；另一端，资本与股票和投资人链接，形成资本的控制、分配、交易机制。资本是组织、整合、配置所有生产要素（技术、土地、人力资源）的核心，是资本市场的核心，也是资本主义的生产力基础。

（一）DVI 研究、分析、创建数字化价值投资评价体系，对资本和资本运营具有创新的意义

通过发现和研究评价所有上市公司和数字科技的关系，分析上市公司数字化价值创造规律，可以让管理者关心上市公司资本价值的同时，关注数字化对公司资本价值带来的变化，可以影响资本拥有者对数字化的投资决策。所以，上市公司数字化进程以及采用什么样的数字化解决方案，不再是上市公司 IT 部门的事情，而是管理者尤其是资本控制者的事情。

（二）数字化影响资本价值

数字资产成为生产要素，形成与资本的二元价值结构。数据要素作为生产力要素之一，将会形成与资本的特殊关系。土地、房产、人力资源、科技成果都可以作为生产力要素参与资源配置、创造公司价值，市场上也有土地交易市场、房地产交易市场、劳动力市场、科技

要素市场，那么作为全新列入生产要素的数据和数字资产同其他生产要素为什么不一样呢？

首先，数字化进程不是一个简单的科技成果在公司中的应用，而是将逐渐改变上市公司创造价值的方式，从而整体影响上市公司的资本价值。

其次，数字科技采用综合性、系统性、协同性数字技术，将互联网、人工智能、云计算、数字孪生等非常复杂的系统工程运用于公司的所有经营行为并且链接所有要素节点，全流程、全生命周期参与公司行为的时候，将创造和生产海量数据，这些数据不仅能够生成、创造数据价值，还能够和企业所有要素深度融合，创造出各种资产的数字化价值。这些价值对资本价值产生非常重要的影响，甚至直接决定资本价值的大小。

最后，数据要素或者数字资产价值虽然同样可以表现为资本价值，但是由于数字科技的发展，尤其是人工智能的发展，自身可以通过和所有生产力要素之间形成对价、支付结算关系，甚至可以和资本本身进行各种协同和对价，数据要素的特性比资本要素更有优势，数据要素资本化从而超越、取代资本也不是不可能的。

我们可以回顾一下人类经济的生产要素迭代的基础规律。农耕文明时代的主要生产要素是土地，但是人类进入农耕文明之前，土地早就存在了，土地成为真正的生产要素一定是可耕种土地，耕种土地规模形成才能形成农业经济；同样，资本的出现也是这样伴随着工业革命的发生，但是资本真正作为主要生产要素，也是经历了上百年时间的积累。数据要素成为超越资本要素的生产要素，同样需要很多年。

（三）数据要素和资本的价值协同

数字科技、数字化解决方案、数字资产也是和企业的资本以及其他要素共同协同所生产、创造的，数字要素资产和资本之间具有协同性，也各有不同的功能。没有资本不可能创造数据要素，同样数据要素也会提高资本的价值。资本和数据要素的协同可以创造更多的、更大的资本价值，同时，数据要素也可以吸引更多的资本参与。数据要素还可以大大节省资本的运营成本，提高资本的运营效率。AIGC 的大流行就是非常清晰的案例。

目前在香港以及海外市场兴起的利用新一代互联网技术 Web3 技术作为底层技术支撑，将公司的资产通过 Web3 技术形成 RWA，进入市场流通、交易，同样可以理解为数据要素资产和资本之间的协同。

DVI 可以通过对上市公司数字化、数据要素价值的发掘，让上市公司充分认识到数据要素以及数字资产与资本的关系，有利于上市公司通过数字化和数据要素资产的运营，与资本运营相结合，创造出更有利于发展的经营模式。

第五节　DVI与股票投资生态的意义

DVI 的创建不仅仅是创建一个数字经济时代的价值投资评价体系，作用于上市公司数字化价值创造与价值评价，作用于上市公司资本与数字化、数据要素资产的关系，DVI 还可以结合全球股票市场发展的最新动态和数字经济作为一个新的经济形态下，参与一个全新的股票市场投资生态，以适应股票市场发展的趋势。

股票市场发展的最新趋势是什么呢？主要是投资者的变化及投资方式和资产管理方式的变化。

100 年前，投资者都是自己直接投资股票，经历 1929 年股灾之后，一直到 20 世纪 60 年代，股票市场的主要投资者还是散户，散户占据投资者的 90% 以上，其他各类机构投资者包括养老基金、退休基金、保险资金所占的比例不到 10%。这叫主动投资时代。

经过漫长的发展和演变，个人投资与机构投资关系发生了很大的变化，个人投资者逐渐从投资中分立出来，把自己的个人投资行为转化为机构投资行为，机构投资人占比超越了个人投资者。目前全球主要发达国家机构投资者比例达到 70%。这是被动投资时代。

在我刚刚进入资本市场的时候，我们在 1993 年就开始和全球资本市场专业人士及机构打交道，那个时候我们见到世界著名的投资银行和基金管理公司，看到他们管理资产都超过千亿美元的规模就已经觉得不可思议，30 年后，目前世界最大的资产管理公司管理资产已经超过 10 万亿美元，30 年间增加了 100 倍。发生这样的变革主要有以下几个原因。

1. 资本市场经过多年发展之后，股票市场股票价格涨跌的规律成为专业知识和经验，由此出现了专业投资人与个人投资者的分工；很多个人愿意把自己的钱交给专业人士来打理，专业化的资产管理发展成为职业和生意；这是资本市场在工业化高度发展和进化之后出现的投资者与管理者的第一次分工。

2. 股票市场出现非常丰富的投资分析理论和方法。股市诞生几百年，产生了各种各样的投资理论和方法技巧，包括零和博弈、估值理论、投资组合、图形分析、道氏理论、波浪理论等，这些理论和技巧虽然不能保证投资股票都可以赚钱，但是凝聚了这个时代人们的智慧，也汇聚了大量的市场资金，其平均收益率肯定高于个人投资者，风险也大大降低。这些专业和技术创新让资本市场投资与管理的分立进一步加剧。

3. 股票指数体系的发展。自从1884年道琼斯股票指数创建以来，全世界每一个股票市场都创建了基于不同股票市场的各种指数，这些股票指数有的是综合股票指数，有的是大行业分类综合指数，也有很多各种细分行业的成分指数。各种指数的大规模出现，系统性地创建了股票市场的投资秩序，掌握巨大资金的资产管理者由于管理资金规模巨大，依靠自身选股很容易给资金带来风险，于是这些机构投资者纷纷选择与指数研究、设计和发布机构建立跟踪和绑定合作关系，建立与指数挂钩的一揽子投资策略，以此来降低投资风险，分散投资。以目前全球著名的三大指数公司为例，截至2021年，道琼斯指数公司、富时罗素公司、MSCI公司绑定和跟踪的资金规模分别为18.9万亿美元、16.7万亿美元、18万亿美元，合计53.6万亿美元。

如果说最早的股票指数是由财经记者创办，由财经媒体负责传播，股票指数主要是反映资本市场的整体表现，作为经济的晴雨表，用于对经济政治社会各种需要进行分析的话，那么过去的指数创建和编制主要是传媒和证券交易市场创建的指数公司所为，包括富时罗素指数是由伦敦交易所集团拥有，日经指数是由《日本经济新闻》所有，中国的中证指数是由深交所、上交所合作创建等，在此期间一个异军突起的指数公司改变了股票指数的性质。

这个公司就是MSCI，是摩根士丹利国际公司的英文缩写，中文翻译为明晟。这个公司成为全球指数体系的搅局者，它第一个改变了指数公司都是由证券交易所和传媒创建的生态，成为第一个由金融机构、金融家独立创办的指数编制公司，它成为全球资本市场指数秩序的颠覆者，把股票指数的功能从客观反映股票市场总体趋势的参照物和经济的晴雨表改造成了商品。MSCI更在意把股票指数编制和投资交易价值联系起来，这迎合了数字科技的发展趋势和ETF的崛起。

4. 数字科技的发展。如果说资本市场投资体系创建从个人投资分工进入机构投资时代的话，最近 30 年又进入一个新的时代，那就是数字科技的竞争和大数据、人工智能带来的创新时代。

过去的机构投资者、共同投资基金、股票指数设计发布机构对投资产品的分析主要是通过证券分析师个人、团队以及规模化的专业团队所创建的各种行业分析方法、股票分析方法以及上市公司分析方法来决策投资的话，随着信息技术、通信技术、互联网技术以及大数据、人工智能技术的发展，过去的分析方法借助数字科技效率大大提高，依靠个人和机构或者明星基金经理也无法达到技术分析和软件分析的水平和能力，除了对投资标的的分析之外，各种数字化量化模型的创建，形成各种量化技术，创建了各种量化工具和量化基金，可以杜绝人为投资的个性化局限，相信随着生成式人工智能技术的推广和应用，资本市场投资秩序将会被彻底重构。

数字科技给资本市场秩序的重构带来了两个革命性的变化：一是研究、分析、评价上市公司价值的工具发生了变化，可以借助数字科技工具创建各种不同的股票指数体系，不断创新股票指数编制组合；二是将大数据、人工智能编制出来的股票指数所创建的 ETF 指数基金量化为用大数据和人工智能编制设计的软件，设计成为量化模型，开展量化交易。

这就是数字科技在金融资本市场最本质的应用，因为这些工作不是由数字科技专家主导的，他们都是服务于金融家、金融机构和机构投资者，所以我们从数字科技经济化的视角是看不到这些变革的。

按照中信证券《金融指数编制专题研究报告》的观点：“指数编制事关资本市场话语权，影响市场资金流向和上市公司发展，本土指数公司和全球巨头必有一战。从全球看，随着市场有效性的提升，被动投资逐渐取代主动投资占据主导地位。指数作为被动投资产品的构建基础，是资本市场的话语权的体现，将影响本土资本市场的定价逻辑和发展方向。”

中信证券这份报告的观点极其有分量！

中信证券认为，从发达国家指数发展历史沿革看，指数的过去是产品化，现在是平台化，未来是生态化。为什么会出现这样的发展变化呢？

20世纪90年代，ETF的诞生让指数体系进入一个新的里程碑。在ETF诞生之前，指数仅仅是一个投资评价体系，是各种投资机构和个人投资参考的一个标准和依据，ETF的出现直接把指数当成了产品，当成了投资标的。最近十年时间，ETF的高速发展给指数生态创造了优良的环境。但是，当ETF又被大家掌握的时候，ETF竞争也进入白热化，同质化竞争异常激烈，ETF同样会进入一个新的瓶颈期。

DVI诞生在这样一个历史时期，面对的是发达成熟的资本市场体系，DVI有机会、有能力生存吗？ DVI有自己的生存空间吗？

通过两年的评价和研究，我们认为，这就是DVI应运而生的天赐良机。

如果DVI同样在全球资本市场这个如此发达成熟和剧烈竞争的市场去找一个立锥之地，万无可能，但是我们迎来了人类历史上一次经济和文明迭代的数千年未见之大变局。这就是数字经济。

我们要感谢中国政府，感谢我们能够身处这样一个特殊的国度与时代的交织阶段。

第一，数字经济正在全球范围以摧枯拉朽之势，颠覆着农业经济几千年、工业经济几百年的秩序。中国政府在全球第一个提出：“数字经济是继农业经济、工业经济之后的主要经济形态。”这意味着，农业经济、工业经济几千年、几百年创建的秩序、规则、方法都有可能重构。

第二，创建于工业经济时代的资本市场从规则、秩序到方法，已经发展到了巅峰。只有数字经济才有机会实现对数字经济时代资本市场秩序、规则、方法的重建。

第三，DVI 首先是基于对数字经济作为一个独立经济形态的高度共识和深刻理解，具有对数字经济知识理论体系的独特认识；DVI 创始者率先提出了数字经济时代各行各业价值创造方式的观点和方法，设计了数字经济时代价值创造方式。

第四，在 D12 基础上，我们通过全面研究和过去的实践，在非常认同工业经济时代价值投资理论的基础上，传承、创新数字经济时代的价值投资方式，提出了数字经济时代数字化价值投资理论和方法，并且创建了 DVI 体系。

通过这样的观点，我们发现发达国家的价值投资评价标的发生了变化；目前全球的工业化行业分类体系发生了变化；工业化投资组合创建的指数体系的基础也发生了变化；工业经济时代资本市场创建至今的规则、秩序和方法，包括最新的 ETF 对于正在创建的 DVI 体系，完全不是一条赛道。DVI 完全有机会在学习、继承工业经济时代资本市场发展、发达历史的基础上，在数字经济形态驱动下，建立全新的上市公司评价体系、上市公司分类组合体系、上市公司数字化价值投资组合体系、上市公司数字化价值投资指数体系，让中国乃至全球资本都有机会重新跟踪和绑定 DVI 创建的这些新的指数体系，创建基于 DVI 的 ETF 指数基金。

虽然数字经济在全球同步发展，但是，由于数字科技的特殊性，数字科技在全球范围对应的实体经济内容和场景完全不同，各国的数字经济发展方式和数字经济所体现出来的产业形态也完全不一样，发达国家发展数字经济的方式和形态有别于中国，发达国家在数字经济方面的特点、优势、方法已经难以指导中国数字经济的发展方式，而中国在数字经济领域的形态主要由中国自主创新、自主运营，DVI 所创建的数字化价值投资评价体系就不需要在发达国家找到对标的方法，成为数字经济时代原创的体系和方法。这就和发达国家的工业经济资本市场体系和数字经济时代的资本市场体系，不在一条赛道。

DVI 经过两年的基础研究，在数字化价值投资分类组合方向，已经发现了多种分类组合方法，这些方法可以完全区别于目前全球所有股票指数公司设计指数的成分股评价方法。2024 年我们已经从前期研究的分类数字化组合中选定军工产业数字化、人工智能产业数字化、芯片产业数字化、新能源产业数字化、数据要素资产化五个分类组合，我们再按照这五个分类组合进一步设计数字化价值投资产品组合模型，采用多种评价因子，从而评价出来数字化价值投资分类投资组合菜单，第一期预计 100 个左右，这 100 家上市公司就可以作为我们第一期推向市场的投资产品。这五个数字化分类投资组合产品也可以编制成为五个成分股指数，与指数公司合作对外发布，同时，再将这些组合授权给基金管理公司，设计成 ETF 投入市场应用。

以上五组产品级成果仅仅是一个开始，随着我们的持续研究，我们还会发现更多在数字经济时代通过数字科技与实体经济深度融合之后形成的新业态、新模式、新产业，通过每年对所有上市公司的数字化、智能化研究分析，可以不断推出新的数字化分类组合以及数字化分类投资组合。

反观全球资本市场，由于资本市场投资秩序的重构，从个人投资到机构投资，再到指数体系与 ETF 的发展，市场行为成熟有效，指数编制与指数产品进入高度同质化竞争阶段，费率持续下行。基于工业经济形态的透明化编制规则使指数公司编制公司之间的产品类别高度类似，很难有差异化优势。作为一个全新的理论体系、知识体系，DVI 结合中国数字经济形态进程研发的基础工作，完全可以构建长期的、持续的、不断创新的数字化价值投资组合。

通过这样的机制创建，DVI 与上市公司、DVI 与传播媒体、DVI 与金融大数据平台、DVI 与机构投资人、DVI 与指数公司、DVI 与 ETF 将建立全面的生态体系关系。这也是 DVI 的核心竞争力。

DVI 与投资生态关系及传媒、交易所创办的股票指数生态关系还有一个重大区别，那就是可以和价值投资理论相结合，通过股票指数、ETF 形成以指数为核心的投资生态关系。这个关系的一端是指数的成分股，需要创建和成分股上市公司的服务关系，必须每时每刻关注上市公司经营数据；另一端就是基金管理者和投资人之间的关系。通过深度的融合与服务、赋能，形成 DVI 与投资者之间的生态闭环。

第六节　DVI的传播价值

DVI 的工作开始于 2022 年初，已经完成了 2021 年、2022 年上市公司《年报》的评价工作。DVI 还将通过大数据、人工智能尤其是已经创建的预训练大模型，从传统行业分类入手，又从传统行业分类脱离出来，逐渐形成数字经济时代的数字化价值投资分类体系，这个分类体系纵横交错，传统的行业分析方法和人力资源完全无法开展这样的工作。从每家上市公司数字化价值投资评价解构，再到数字化分类组合，再进行数字化分类价值投资组合产品设计和开发，再到数字化价值投资分类成分指数创建以及未来的指数跟踪、指数基金，DVI 必将创建庞大的知识体系和理论体系以及海量的数据和数字资产，伴随而来的也是庞大的财经信息，存在着巨大的传播需求和传播资源。

说到 DVI 的传播，我立刻想到奥马哈，一个因为价值投资和股神巴菲特而出名的城市。奥马哈位于美国内陆内布拉斯加州，即使是这个州最大的城市，也不过就 39 万人，在中国就是一个大一点的县城的规模。但是，奥马哈有一个重要的角色就是这里是美国著名的基金伯克希尔·哈撒韦公司的注册地，同时也是巴菲特出生的地方和目前居住的地方，当然，这里还是一年一度巴菲特股东大会举办的地方。

按理来说，世界上最著名的投资家巴菲特应住在纽约，就像中国做资本市场的人几乎只住在三个地方，那就是北京、上海和深圳，可巴菲特居然在奥马哈这个中部小城一住就是 50 多年，并没有因为不住在纽约而影响他成为世界投资大师。

巴菲特把价值投资理论和方法推向了投资领域的顶峰，也让奥马哈成为世界“投资圣城”，每年的伯克希尔·哈撒韦股东大会都会有来自世界各地投资界成千上万的人趋之若鹜地涌向奥马哈“朝圣”。到底是为什么呢？绝大多数人是因为对价值投资及巴菲特、芒格的尊敬和信仰，虽然通过线上也可以直接观看他们的演讲，就像世界杯，可以选择看电视转播，但是人们还是希望选择到现场感受气氛。总的来说，还是巴菲特以及他创建的价值投资理论和方法给投资界带来的影响具有巨大的传播意义和价值。

基于这个观点，我也希望将 DVI 打造成为数字经济时代具有传播意义和价值的符号和标识，成为数字经济时代价值投资的著名 IP。

DVI 和价值投资以及巴菲特的投资理论有一个共同点，都是价值投资。DVI 是工业经济时代价值投资的传承者，也是数字经济时代价值投资的探索者。

巴菲特通过每年的《年报》向投资者分享价值投资案例和价值观，把一个公司的股东大会开成了一个引起全球关注的事件。而 DVI 每年也会在完成上市公司数字化价值投资评价报告之后，对外公开发布，让市场分享 DVI 发布的内容。DVI 已经于 2022 年 12 月 12 日和 2023 年 9 月 21 日连续两年分别在北京和上海举办了“上市公司数字化价值投资峰会”，DVI 也希望一年一度的发布逐渐成为引领中国上市公司数字化价值投资进程的一个影响力事件。

除了和价值投资的关联之外，DVI 和伯克希尔·哈撒韦公司还有一个重大的区别。伯克希尔·哈撒韦公司毕竟是公司行为，而 DVI 是面向整个资本市场和所有数字化上市公司的公共行为。DVI 是一套评价体系，作为一个从评价体系到数字化价值投资体系和生态的平台，DVI 有一个很重要的功能就是希望把每年的评价结果以及评价报告的持续性价值向市场全面呈现，让更多的人知晓，这就是 DVI 的传播属性。也就是说，DVI 还具有道琼斯功能。

众所周知，世界上第一个股票指数是道琼斯股票指数，而这个指数的创建者不是投资家，而是三位传媒人士，1884 年他们创建和发布道琼斯股票指数的时候，也是无人知晓的，他们也不知道道琼斯未来会成为全世界关注的股票指数。道琼斯公司创建了《华尔街日报》，而《华尔街日报》也因为道琼斯指数的传播价值成为具有传播价值的商业财经报纸。

DVI 已经成为数字经济时代的一个数字化价值投资评价体系，也具有完全区别于现有工业经济时代财经资讯的内容，也完全有条件在不断开发中成为数字经济时代数字化财经资讯价值内容的创建者。

一、DVI 的评价数据价值

DVI 每年评价出来的结果首先就会成为中国乃至全球财经媒体的关注内容。虽然 DVI 刚刚创建两年时间，数字经济也是刚刚开始成为影响上市公司数字化价值的内容，DVI 的评价也才刚刚起步，一边研究，一边创建评价模型，又一边发布评价结果，这本身就是一项长期持续的科研行为、科研过程，但是 DVI 的价值会随着时间的推移而逐渐体现出其价值。

数字科技越发展，数字经济就会越强大，也会呈现出更加丰富的场景和价值创造方式，带来不一样的知识和理论，创造不一样的数字化价值。

二、日益丰富的知识理论体系

工业经济时代创造了庞大的宏观经济知识理论体系及各种经济学知识和理论，随着数字经济的发展，工业经济时代创造的很多知识体系和理论体系也会过时，成为被时代抛弃的东西。数字经济作为独立的经济形态，目前关于它的知识理论体系还在形成中，而同样地，从数字经济理论到数字化价值投资以及数字化分类组合，DVI 也会在评价过程中创造海量的数字化价值投资知识体系和理论体系，这些体系会非常有利于指导社会各界尤其是经济领域、教育领域、科研领域的研究。

三、通过数字化进程产生巨大的数字化财经信息

当年，《华尔街日报》之所以能够成功创办并成为全球财经新闻传

媒领域最著名的报纸，也是因为道琼斯公司发布道琼斯股票指数之后，越来越多的人希望通过道琼斯股票指数获得更多的财经信息。

一百多年来，全球诞生了许多财经报纸。中国在 1990 年创办证券市场之后，陆续也诞生了《中国证券报》《上海证券报》《第一财经》《21 世纪经济导报》等大量的财经报纸和期刊。时至今日，中国也好，全球也好，所有的财经媒体都是工业经济时代跟随工业化而生的，主要报道工业经济以来的各种经济信息，资本市场的报刊也主要是报道工业经济领域的资本市场信息，虽然这些财经媒体也在报道各种数字经济的内容，但是，它们的所有基因都是从工业经济财经传媒中生长出来的，作为刚刚才被确认为“是继农业经济、工业经济之后的主要经济形态”的数字经济，同样适合创建新的媒体对数字经济进行全方位报道。而目前，我们还没有看到一个独立的、全方位报道数字经济的财经媒体。就像国内的教育部门一样，综合性大学基本上都有自己的经济学院，目前已经有大学开始创办数字经济系、数字经济专业等，但还没有一所大学创办数字经济学院。而 DVI 的创建是因为创建者不仅创建了 DVI 这样一个可以比肩道琼斯指数的内容，还创建了数字化价值投资知识体系、理论体系和投资体系，本身就具有巨大的信息量，即 DVI 本身就具有巨大的传播价值。我们期待中国第一家从事数字经济的传播媒体的诞生。

由于 DVI 的评价对象是中国的上市公司，是评价中国所有上市公司的数字化进程，而中国上市公司是中国经济力量的底座，是中国经济高水平、高质量发展的楷模，所以上市公司的数字化也代表了中国数字化的水平和质量。上市公司本身会关注自己的数字化评价结果，各行业也会关心上市公司数字化进程，各地方政府需要了解上市公司数字化进程来掌握地方数字经济发展动态；所有大小投资机构也需要关注数字经济、数字化与上市公司投资价值的关系；科研机构需要通过上市公司数字化评价来研究上市公司与数字科技的关系；教育机构也同样需要通过上市公司数字化进程和个案去关注中国数字经济发展给教育领域的启发，总结各种案例用于教育科研和教学。同样，中国宏观经济决策部门以及中央各部委包括最高领导机关也同样需要通过上市公司数字化进程去掌握中国数字经济发展质量和存在的问题。

只有以上市公司作为契机，全面、系统传播上市公司的各种数字化信息和动态，披露所有上市公司的数字化进程，就可以推进整个中国经济领域对数字经济的全面理解和关注，就可以真正找到数字经济的各种解决方案，让更多人、更多机构从经济学视野去了解数字经济，让数字经济真正发展成为既独立于农业经济、工业经济，又赋能农业经济、工业经济的经济形态。

在本书写作过程中，价值投资巨头之一、伯克希尔·哈撒韦公司副董事长查理·芒格先生没有等来他的百岁生日便安详地离开世界，引来全球对芒格的追忆和哀思。芒格的几十年搭档巴菲特对芒格做了很高的评价："如果没有芒格的灵感、智慧和参与，伯克希尔·哈撒韦公司不可能发展到现在的地位。"很多人将芒格视为投资界的"上帝"。

在这个时刻，我不得不将价值投资和数字化价值投资之间的关系进行一个解读。

首先，两者都是价值投资。数字化价值投资首先是价值投资。我们欣赏价值投资三巨头格雷厄姆、巴菲特、芒格给我们创造的价值投资伟大理论和方法，更重要的是他们带给我们的价值观，这是一种永远不会消失的思想和精神财富。

其次，两者都是价值投资的传承者。尽管我们对价值投资的理解和领悟远远达不到一个更高的维度，但是我们认为，价值投资的理念、原则都是我们必须坚持、必须遵守的。

最后，数字经济价值投资是价值投资在数字经济形态下的传承与创新。数字经济价值投资以及 DVI 体系不是对价值投资的抛弃，而是在价值投资基础上叠加或者丰富了新的内容，是我们在价值投资基础上对数字科技和数字经济认知之后的重构。我们希望把格雷厄姆、巴菲特、芒格的价值投资思想、精神、方法在数字经济时代发扬光大。

第十二章
股票投资进入ETF时代

我们研究 DVI 体系的初衷是希望创建数字经济时代的价值投资理论和方法，经过两年的评价和研究，我们以为这个目的已经达到，于是我们就想沿着数字化价值投资理论和方法去把我们的模型进一步深化，形成我们的评价体系支持下的数字化、智能化评价系统以及以这个评价系统为底层逻辑的商业模式，让我们的评价工作从科研转化为可以市场化的投资产品，呈现给市场。

阴差阳错的是，我们在研究数字化价值投资的过程中竟然看到了股票市场发展的一片柳暗花明。通过两年的分析评价和研究，我们看到了 DVI 体系延伸出来的另一片天空，DVI 完全有机会从数字经济基础理论研究、D12 模式研究、DVI 理论和方法研究，发展到对于数字经济形态下上市公司数字化分类组合创新和分类投资组合创新，从而顺应了全球资本市场近几年来最大的热点——ETF 的快速崛起的大趋势。由此，我们看到股票市场投资已经进入 ETF 时代。DVI 有机会推动 ETF 成为中国乃至全球资本市场秩序重构的重要力量。

第一节　ETF的发展逻辑

我们在推进 DVI 的过程中，从数字经济这个经济形态底座开始，一路从数字经济形态下各行业企业价值创造方式到上市公司数字化价值投资体系，再到数字化分类组合、数字化分类投资组合，然后探讨创建数字化价值投资指数体系和 ETF，从宏观到微观，又自下而上地纵贯了经济形态的全部内涵。从数字科技到产业经济，再到上市公司，然后再到资本市场，专业和知识跨度非常大，那么这就需要反过来从资本市场的角度给大家分享资本市场规则、秩序和基本方法。

ETF 是什么？ETF 和 DVI 有什么关系？ETF 又和价值投资、数字经济有什么关系？这让本书增添了更大的知识跨度。从 DVI 到 ETF 是我们在资本市场秩序规则重构中的重大发现。

ETF 是指交易型开放式指数基金，通常又被称为交易所交易基金，是一种在交易所上市交易的、基金份额可变的开放式基金。ETF 和成熟的机构投资共同投资基金最大的区别是共同投资基金主要是由基金管理者主动决定投资什么产品，这对基金管理者要求很高，由基金管理者决定投资产品，承担投资责任和风险。而 ETF 则是基金管理者直接投资挂钩的股票指数或者其他产品指数，把过去跟踪和绑定的指数关系，改变为指数产品，风险控制、投资收益不取决于基金管理者，而是取决于指数成分，能否成功取决于指数的编制。

ETF 的出现第一次改变了股票指数从晴雨表到金融产品的功能。

这是一个非常重要的价值观重构。从最早的道琼斯指数诞生到今天，股票指数有一个重要的功能就是作为股票市场的晴雨表，也是经济运营的晴雨表，比如世界著名的道琼斯指数、英国的《金融时报》指数、美国的富时罗素指数、日本的日经指数等。多年来，各类机构投资也主要通过跟踪或者绑定市场发布的各种指数作为参考，用于大型机构投资者进行被动投资。但是，从1990年开始，加拿大多伦多证券交易所推出了第一个ETF产品，名叫TIPs，即指数参与份额，这个产品允许投资者通过一个交易所买卖的基金，间接持有整个市场的股票组合。这个创新和突破相当于股票市场多年来的指数编制从主要反映股市和经济状况的晴雨表变成了金融产品。

对于二级市场的基金我是不陌生的。作为中国最早的资本市场参与者之一，我早在1993年就在深圳参加了中国第一次共同投资基金研讨会，只是后来一直从事投资银行业务，重在一级市场，没有参与二级市场基金发起设立和交易业务。

交易型开放式指数基金属于开放式基金的一种特殊类型，它结合了封闭式基金和开放式基金的运作特点，投资者既可以向基金管理公司申购或赎回基金份额，又可以像封闭式基金一样在二级市场上按市场价格买卖ETF份额。由于同时存在二级市场交易和申购赎回机制，投资者可以在ETF市场价格与基金单位净值之间存在差价时进行套利交易。套利机制的存在，使得ETF避免了封闭式基金普遍存在的折价问题。

根据投资方法的不同，ETF可以分为指数基金和积极管理型基金，国外绝大多数ETF是指数基金。国内推出的ETF也是指数基金。ETF指数基金代表一篮子股票的所有权，是指像股票一样在证券交易所交易的指数基金，其交易价格、基金份额净值走势与所跟踪的指数基本一致。因此，投资者买卖一只ETF，就等同于买卖了它所跟踪的指数，可取得与该指数基本一致的收益。通常采用完全被动式的管理方法，以耦合某一指数为目标，兼具股票和投资基金的特色。ETF 能否成功，能否获得投资者的青睐，取决于 ETF 股票指数的设计，一个永恒的真理就是，什么时候 ETF 不好了，不代表 ETF 本身有什么问题，关键是 ETF 所对应的这个股票指数或者是 ETF 所对应的资产。

ETF 的崛起是证券投资基金行业的一次迭代和升华，是基金行业领域的一次革命。

ETF 有什么优点呢？首先是可以分散投资，同时可以分散风险。符合被动投资超越主动投资大趋势。ETF 可以帮助小额投资者获得投资一篮子股票的机会，就像水果店摆满了琳琅满目的水果，少量的钱不可能什么水果都可以买到，但是你可以用少量的钱买一个水果拼盘。水果很多，你可以任意设计这个拼盘，同样，股票也很多，你也可以任意设计股票指数这个拼盘。

ETF 兼具股票和指数基金的特色：（1）对普通投资者而言，ETF 也可以像普通股票一样，在被拆分成更小的交易单位后，在交易所二级市场进行买卖。（2）赚了指数就赚钱，投资者再也不用研究股票，担心踩上地雷股了；结合了封闭式与开放式基金的优点；交易成本低廉，投资者可以当天套利、透明性高，增加了市场避险工具。

ETF 有许多不同的种类，每种都有不同的投资策略和目标。以下是几种常见的 ETF 类型。

1. 行业 ETF：这种 ETF 重点投资特定的行业，如金融、能源或科技。

2. 国家或地区 ETF：这种 ETF 的目标是特定的国家或地区，例如美国、日本或中国。

3. 小盘股 ETF：这种 ETF 重点投资小公司的股票。

4. 大盘股 ETF：这种 ETF 主要投资大公司的股票，例如 S&P500。

5. 债券 ETF：这种 ETF 投资债券市场，包括国债、企业债和高收益债券等。

6. 商品 ETF：这种 ETF 主要投资商品市场，如金属、能源和农产品等。

除了这些分类之外，ETF 还可以对应综合指数设计宽基指数基金等。另外，在虚拟数字资产市场，ETF 也被派上了用场，出现了虚拟资产 ETF。

虽然 ETF 存在多种类型，但主要还是股票 ETF，占到所有 ETF 市值的一半以上。

从 1884 年第一个指数诞生到指数基金的创立，经历了将近 100 年时间。1975 年诞生了第一只指数基金，但真正的 ETF 直到 1993 年才出现。我们在关注了各种各样的关于 ETF 的介绍之后发现，所有讨论 ETF 的专业文章都讲清楚了什么是 ETF，ETF 有什么优点，ETF 有哪些种类，如何投资 ETF，等等，但是，我们几乎没有看到一个关于 ETF 为什么会在诞生几十年之后的最近几年异军突起的原因分析。

在全球范围内，几乎所有发达国家资本市场 ETF 都得到快速发展。2021 年，全球 ETF 资产规模超过 10 万亿美元，同比增长 25%。国内第一只 ETF 是 2005 年发行的上证 50ETF（510050），到 2002 年，中国也只有 45 只 ETF，2 000 多亿元资产规模，到 2023 年 6 月底，境内已经有 779 只 ETF，资产规模达到 15 585 亿元。仅仅从 2022 年到 2023 年一年时间就增加了 45 只，增量资产达到 2 195 亿元。近五年，中国 ETF 增长率达到 47%。

我们注意到，这些年来全球资本市场秩序出现了很大的变化，主要有以下几个特点。

（一）主动投资比例持续下降，被动投资比例持续上升

主动投资和被动投资是指个人直接投资股票的比例和机构投资股

票的比例。在全球范围内，个人直接投资股票的比例一直在下降，越来越多的投资人选择通过投资共同基金或者私募基金来间接投资股票；20 世纪 50 年代，美国机构投资人持股只有 2%，而目前在 70% 以上。目前，中国的这个比例是 20% 的资金由 80% 散户提供，80% 的资金由 20% 左右的机构投资人拥有。所以在中国经常听到的抱怨就是在中国炒股票怎么都不赚钱，于是就连《环球时报》前总编辑也成为炒股票的“网红”，成为一个热点事件。虽然中国从创办资本市场开始就一直提倡发展机构投资人，提高机构投资者的比例，但是直到现在，中国的散户投资者的比例在全球还是最高的。

（二）资管领域被动管理资产比重不断上升

主动投资和被动投资的另一种概念是在全球资产管理领域，机构投资者是直接选择股票投资还是根据市场提供的指数或者投资组合进行被动投资。从这个概念来看，2021 年全美国资产管理第一次出现被动投资超过主动投资比例，被动指数基金占到美股市值的 16%，而同期主动型基金的市值占比为 14%。全球范围内，被动型产品占比由 2003 年的 9% 上升到 2020 年的 21%，2025 年可能提升到 25%，而主动型产品的占比已经从 2003 年的 90% 下降到 2020 年的 75%。

这个趋势的出现代表什么呢？早期的主动投资减少、被动投资增加的基本逻辑是认为专业的事情交给专业的人来做。非专业人士投资跑不赢专业投资者，非专业人士愿意支付管理费，把钱交给专业投资者打理，于是出现了资产管理的一次分工。

（三）ETF 的出现让投资者的投资行为更加灵活，降低了对于金牌基金经理人的依赖，降低了交易成本和风险

在市场发展过程中，投资单一的股票风险越来越不可控，共同投资基金也同样存在选股问题，于是指数得到快速发展，尤其是 MSCI

这样的指数公司不是诞生于媒体行业，不是主要通过媒体发布指数引起人们对媒体的关注，而是由金融机构创办的指数公司，用金融家的眼光设计指数产品提供给投资者，他们根据股票市场的变化设计了数千只指数产品推向市场，导致市场机构投资人大量跟踪和绑定这些指数，从而获得大面积的风险规避机制。仅仅 MSCI、道琼斯、富时罗素三大指数公司跟踪和绑定的资产规模就超过 53 万亿美元。巨大的跟踪和绑定呈现出来的大数据给 ETF 的创建和快速崛起建立了良性的市场逻辑。

以上三点分析足以说明 ETF 的发展动机。但是，我们认为这还不是 ETF 发展的真正原因，因为这些真正的原因不是来自资本市场和金融界，而是来自数字科技、大数据和人工智能的发展。从更高的维度来理解，那就是数字经济对于资本市场秩序的重构。

ETF 之所以能够真正成立，关键是我们创建和设计 ETF 指数基金的指数设计能力，这个能力不可能来自个人投资者，也不可能来自基金经理，在数字化的今天只有可能来自大数据和人工智能。如今，有了 AIGC 这样的生成式大模型，就一定会出现根据这个大模型而创建的、针对股票市场设计的、专用的指数分类设计模型。

第二节　ETF与数字科技

数字经济是数字科技与工业经济以来所形成的工业经济形态的所有内容的深度融合。目前，全球范围对于这个深度融合的内容和方式的研究分析还是很少的，原因就在于它对知识和经验的要求太高，从事数字科技的机构都在做数实融合，包括华为、腾讯、阿里巴巴这样的机构，无论它们多么强大、多么具有投资能力，它们的本质还是站在它们自认为拥有的技术、平台、人才和资金的角度向实体经济渗透去卖它们的软件、硬件、系统、解决方案，它们没有力量从经济的本质、资本市场的本质、金融的本质和第一性原理去发现和解决资本市场数字化、金融数字化、经济数字化问题。我们研究数字经济时代的价值投资理论和模式，研究主动投资和被动投资演变的规律以及量化交易、ETF 的崛起时发现，最终还是资本市场、金融市场从业者在数字科技、大数据、互联网、人工智能推动下，发现了技术与经济融合的规律产生的进化与适应。

工业经济时代中后期为什么会出现个人投资者向机构投资者集中的现象呢？主要在于第二次世界大战之后，工业经济和第二次全球化秩序的建立，形成了资本驱动的第二次全球化经济秩序，在这个秩序之下，企业创造价值能力提高，给投资者带来了巨大的回报，更多的钱回流到资本市场，形成了专业投资者与个人投资者的分工，大量机构投资者涌现，几次全球并购浪潮推波助澜，一般的投资者确实越来越难以看懂有价值公司的股票，巴菲特管理的伯克希尔·哈撒韦公司等机构投资者的崛起吸引了大量的散户投资者的资金向它们管理的基金集中。20 世纪 90 年代初期，我和华尔街那些知名的投资银行机构打交道的时候，看到它们的机构介绍，好多机构管理资产都在百亿美元、千亿美元的规模，令人赞不绝口。它们的成功依赖的是资产管理规模、团队研究能力所形成的垄断性力量。

最近 30 年，市场悄然发生变化。首先是资本市场交易的最核心产品——股票市场的股票背后所代表的上市公司。1990 年，世界最大的市值 20 强企业，今天没有一家还在 20 强的名单上。这些公司的变化使得对上市公司的估值方式发生变化，传统的依靠金牌基金经理人的主动型权益基金也难以判断最近这些年数字科技形成的公司价值，传统的依靠行业分析的方式渐渐失灵，各种投资组合被设计成为股票指数，大量传统基金也不再进行个股分析，而是通过给指数公司支付服务费，跟踪和绑定股票指数。

那么股票指数是怎么设计出来的呢？主要是股票指数公司多年积累的大数据，采用机器学习、自然语言处理这样的人工智能技术取代传统的行业分析和行业分析师方式来获得分析方法和分析结论。过去的行业分析报告都是依靠多少个行业分析师大量的调研工作分析的，而人工智能的机器学习可以把指数公司多年积累的数据快速分析成为指数产品进行发布。基金管理者不仅降低了人工成本，还大大提高了机构投资者的效率。这样一来，资本市场渐渐形成了数字科技带来的资本市场秩序的重构。

从这个角度理解，我们可以把数字科技对资本市场秩序的重构分为几个阶段。

第一阶段：大量来自通信、信息、人工智能、互联网领域的上市公司，包括微软、苹果、谷歌、亚马逊、特斯拉、阿里巴巴、腾讯等，它们的价值创造方式和针对它们的价值投资方式都发生了变化；投资标的出现了根本性变化。个人投资者在那个时代怎么可能看懂这些科技公司呢？其实传统的基金经理也看不懂，这就导致传统的分析方法难以分析解读这类公司。

第二阶段：指数公司发现个股难以解读，只有去研究股票市场的组合规律，通过研究组合规律，呈现各种投资组合，再将这些通过大数据跑出来的投资组合设计成为各种指数，提供给投资者，减少机构投资者的主动权益管理行为，这就让 MSCI、富时罗素、道琼斯大行其道。研究、设计这些指数都不可能由传统的行业分析师、证券分析师完成，都是由人工智能完成。

第三阶段：虽然机构投资者跟踪、绑定了层出不穷的各种指数，但是，这些指数也不会帮助它们实现交易，机构投资者面对这么多的投资组合产品，怎么展开交易呢？最后还是通过软件系统设计各种交易模型，创建量化交易平台，开展量化交易，减少基金经理的个性化分析判断，采用计算机进行直接交易。

第四阶段：当第三阶段发展非常成熟的时候，ETF 让市场看到了新的机会。由于机器学习、自然语言处理能力的提高以及大数据的充分运用，指数开发和设计变得相对容易，完全对应指数成分股创建的量化交易模型成本低廉，这就可以重新吸引市场资金主动参与被动投资，让个人投资者从复杂的传统封闭或者开放式基金里面解放出来，给投资者创造个人选择的乐趣。ETF 理所当然地就成为这个时代最新潮的投资趋势了。同样，一个成功的 ETF 从指数创意、指数编制、指数成分股构成都需要大数据、人工智能，ETF 的运营管理也需要智能技术，ETF 交易同样需要量化技术。

当然，这个趋势还会随着数字科技的不断迭代升级带来新的变化，尤其是最新的人工智能技术突破。生成式人工智能技术会迅速地被资产管理机构所采纳，用于设计指数，管理指数成分股数据以及帮助设计 ETF 量化交易模型并且进行量化交易。交易规模会更大，交易速度会更快，交易成本也会更低，从而导致传统的交易结构、交易秩序被彻底颠覆。

也就是说，没有数字科技，资本市场就不会发生这么巨大的秩序变化，而今天的 ETF 没有数字科技也不可能获得规模化发展从而成为市场趋势。

把数字科技的推进和 ETF 联系起来还是不够的，我们还可以看到一个更加丰富的想象，那就是“股票 ×ETF”。“股票 ×ETF”是什么意思呢？

就是当数字经济与资本市场全面融合之后，数字化将进入资本市场的每一个环节。公司数字化带来公司价值创造方式的变化，从而改变价值投资，创造数字经济时代估值体系；数据要素资产化改变资本价值关系，构成资本和数字资产之间的融合；数字科技带来的指数编制创建的 ETF 和股票投资链接，改变股票市场投资趋势和投资行为。

第三节　DVI与ETF

在创建 DVI 的进程中，我们原来的设计就是以数字经济作为经济形态，通过数字经济时代所有上市公司数字化价值创造方式来发现数字经济时代的价值投资理论和方法。

我们设计了三个方面的层次。第一个层次就是通过大数据和人工智能技术，创建一个评价模型，给所有上市公司数字化进程进行价值重估，把重估结果面向市场进行发布；第二个层次就是进一步将我们创建的数字化分类组合设计成为数字化分类投资组合，使投资组合与机构投资者开展合作，创建数字化分类投资组合生态；第三个层次就是进一步利用人工智能尤其是生成式预训练大模型来设计数字化价值投资分类组合指数，与基金管理和资产管理机构合作，不断推出数字化价值投资数字化分类投资组合 ETF。原来的这个计划至少两三年后才会进入第三个层次。当 2023 年评价结果出来之后，我们猛然发现，DVI 与 ETF 存在天然的融合基因关系，而且对 ETF 的发展带来更加丰富的想象空间。

（一）DVI 可以丰富 ETF 的内容

目前，所有的以股票为标的的 ETF 还是基于工业经济时代对上市公司的行业分类逻辑，所创建的股票指数也都是按照工业经济形态的行业分类逻辑设计的。因为创建 ETF 的基金管理公司不是指数公司，股票指数是指数公司创建的，包括宽基指数和成分股指数。

DVI 完全是站在数字经济形态下研究上市公司，第一个提出了数字化分类组合方式，在大数据和人工智能支持下，设计出来的投资组合完全区别于目前市场上的所有指数。

（二）DVI 创新了数字化价值投资理论和方法

和目前所有的 ETF 不一样，DVI 的创新来自对数字经济时代上市公司数字化价值创造方式的独特理解，同时，这也是由于中国独特的产业结构和独特的经济结构以及处在全球工业化中后期向数字化转型阶段，这个阶段使得中国上市公司与世界各国上市公司存在区别，具有中国上市公司的独特性。DVI 将把这种研究通过每年的数据积累形成长期的数据分析规律。

（三）DVI 的指数构建空间可以无穷无尽

得益于强大的中国经济总量以及中国对数字经济的高度重视和对数字科技基础设施的巨大投入，DVI 拥有非常好的市场环境来创建独特的数字化分类组合。DVI 可以从多个角度创建数字化分类组合，一个角度是数字科技上市公司。数字科技上市公司和以往科技领域上市公司完全不一样，数字科技上市公司由于是数字技术本身由多种基础科学原理延伸出来的各种应用技术之间相互协同、链接、赋能而形成的，很难用工业经济时代的行业分析方法去研究分析数字科技上市公司。这就包括各种数字基础设施企业、各种软件、硬件企业、各种互联网应用企业、各种人工智能相关企业以及将数字科技应用到经济、政治、社会、文化、生态领域的企业。

第二个角度是将数字科技的软件或者硬件，抑或区块链、物联网技术与经济社会中各行业深度融合，创造出用数字科技实现传统产业产品、组织、产业链、供应链关系重构的新兴企业。

第三个角度就是传统工业经济时代的各类企业通过数字科技从产品、服务、企业管理、人力资源、生产制造、供应链、产业链等角度，不断采用各种数字技术从事经营活动，从而转型为产业数字化企业或者产业数字化平台。

虽然总体看起来有以上三大类型，但是在实际操作过程中，这三者相互之间没有边界，相互融合产生各种各样的新产业、新业态，完全打破了传统工业经济行业的分类关系。同时，按照传统的上市公司估值分析方式不仅难以全面评价一家企业的数字化价值，更难以分析上市公司与上市公司之间通过数字化链接和数字化的组织创新形成的业务关系。

DVI 在 2023 年通过人工智能和大数据技术对 23 个行业共计 5 000 家上市公司的数字化分类组合进行了分析，最后评价出来的上市公司数量超过 580 家，一家上市公司可能同时出现在多个分类组合名单里。如果按照工业经济时代的评价方式，一家上市公司如果涉及多个行业就会被理解为多元化经营上市公司，而这类公司在工业经济时代是完全不被看好的。

我们以军工产业数字化分类组合为例，这个分类组合通过大数据分析出来的 A 股就有 209 家上市公司，而这 209 家上市公司有的是从事数字科技的军工企业，有的是生产制造军事装备的企业，还有的是从事航空航天的企业。如果要设计出一个军工产业数字化投资组合产品，就需要对这 209 家上市公司从几百上千的参数去进行分析处理，最后设计出来军工产业数字化投资组合名单，再根据这份名单设计为指数产品，完成指数产品设计之后还需要进行指数回测，回测的时候还需要对每个成分股的历史数据进行分析，这样分析出来的结果才有机会被设计成为 ETF。在 ETF 运行过程中，还需要进一步持续跟踪这些指数成分股的各种数据的变化规律，实时调仓，再结合军工产业以及宏观经济和全球经济政治秩序、地区安全不断维护指数的表现。

如果仅仅是这样设计军工产业数字化 ETF，DVI 的功能和价值就远远没有发挥出来。目前的 209 家军工产业数字化上市公司还仅仅是军工产业数字化的定义，DVI 还可以根据军工产业数字化的进一步分解，分析军工产业数字化的更多内在规律，分析军工产业数字化最大的市场空间和价值空间在哪些领域，然后把这些领域的分类组合关系挖掘出来，就可以再进一步开发出军工产业数字化分类组合指数的第二个、第三个组合产品和指数。

DVI 在 2023 年第一个真正意义上的产品级分类投资组合产品来自能源行业。我们开始分析的时候，发现第一组数据是能源行业产业数字化分类组合，没想到分析名单一出来就有超过 1 000 家上市公司和能源有关，占到中国上市公司 5 300 家的 20% 左右，这个比例相当大，可以想象能源在中国经济结构中的重要性。

第二轮我们重新定义为新能源产业数字化上市公司价值投资分类组合，这个名单分析出来的上市公司数量也很惊人，达到 607 家。我们设计了评价模型之后，输入各项因子，再次评价出来的上市公司数量有 242 家。我们再设定了一些淘汰因子，评价出 129 家上市公司，再通过个案分析之后，我们存了 100 家左右上市公司的资产数据。到了这个时候，100 家左右上市公司，基本上就是一个产品级资产池。这也成为 DVI 的数据资源。这个数据资源基本囊括了中国新能源领域上市公司产业数字化最优质的资产，我们可以根据这些资产设计不同的股票指数组合，这些指数就可以设计为ETF，授权给具有ETF发行权的国内国外专业机构。这样的指数设计方法是过去依靠基金经理，依靠证券公司行业研究部门不可能完成的工作。

按照这样的理论逻辑，DVI可以针对目前的5 300多家上市公司以及还将新增加的上市公司开发出无穷无尽的数字化分类组合以及数字化分类投资组合产品。这就从数字经济理论、数字化价值投资、数字化分类投资组合等多个维度底层逻辑出发，在大数据和人工智能的支持下，向市场提供源源不断的、完全是个性化的分类因子，也可以构成综合指数的宽基因子的指数产品。

按照这样的逻辑，股票投资者完全不用再去打听消息、去研究个股，或者去设定一些组合产品把钱放进篮子里成为“韭菜”。DVI设计出来的ETF不是让我们变得有多专业、多尽职、多聪明，而是让我们能够在这个领域用好最先进的数字科技，用好AIGC这样的大模型。

（四）DVI创建的ETF给资本市场秩序带来的影响

可以试想，如果按照这样的计划推进下去，会给资本市场带来什么影响和变化呢？

首先，对于上市公司的影响。几乎所有优秀的上市公司都有机会进入各种数字化分类组合，同时也将会有许多优秀公司成为一个甚至多个数字化分类投资组合成员，成为多个指数的成分股。这些上市公司未来将在千亿级参数与关联关系的生成式预训练大模型的支持下，将与上市公司相关的数据分析得淋漓尽致，凡是进入数字化ETF的上市公司将会获得更多投资者的投资，从而提高其信用与定价基础，有利于上市公司持续融资以及开展资本运营业务。

其次，有利于上市公司的市值管理。上市公司的经营者更注重上市公司自身的经营和管理，以及如何在自身的经营范围内去创造价值，但是，上市公司除了自身经营之外还有一个被投资人认可的资本价值，这个资本价值和企业的经营价值息息相关，但是对于企业在资本市场的价值往往企业自己是无能为力的，那是投资人对企业价值的认可。DVI 作为一个数字化、智能化的价值投资评价平台，通过挖掘丰富的企业数据和市场数据，可以帮助企业从多个维度认知自身价值，丰富企业认识自我价值的路径。

（五）DVI 的进一步发展可以实现资本市场秩序从工业化向数字化的重构

随着工业经济形态的不断发展和创新，其实资本市场的秩序一直在重构中，按照专业机构的研究分析，目前已经进入第三阶段，通俗地说就是从个人炒股票到基金管理，再到软件和人工智能炒股票阶段。其实进入第三阶段已经是资本市场从工业经济形态进入数字经济形态前期的一个过渡。DVI 的出现和发展代表着数字经济时代重构资本市场秩序的一个全新的力量。

一方面，在中国乃至全球的 ETF 产品体系面临同质化、竞争激烈的背景下，DVI 可以给 ETF 带来全新的指数编制创新空间，让 ETF 的竞争进入一个全新的秩序；另一方面，DVI 的推进也可以让资本市场的投资者更加深刻地理解和解读数字经济时代的价值创造方式、价值投资方式带来的对于整个市场估值体系的变化，从而让投资者从多角度探讨数字经济时代资本市场秩序全面重构的方法。

（六）DVI 制造的 ETF 愿景

如果说 ETF 是工业经济时代股票市场投资秩序的创新，那么通过中国资本市场公司数字化和资本数字化创新相结合，DVI 还将创造出将上市公司分类组合发掘出来的 ETF 产品以及上市公司数据要素资产化生产出来的数据资产组合与 ETF 链接，通过这个链接可以将上市公司在各种场景中的数字资产生产方式和交易方式与股票价格挂钩，如果在海外市场，还可以和虚拟数字货币及 RWA 数字资产权益产生联系。这样的持续创新在大模型时代完全可以实现，这样就可以成规模地向投资者不断推出数字经济时代的 ETF 创新产品，让广大的散户投资者完全不用再直接投资股票，改为投资各种风险偏好的 ETF 组合产品。

我们希望通过 DVI 创建的 ETF 股票市场投资生态，所有股票投资者不会再成为“韭菜”，而股票可以成为收益稳定、风险下降、安全边界扩大、可以分享数字经济高速发展红利的最佳投资选择。

第十三章
DVI与中国股票市场

中国资本市场从1990年创办至今已经30多年了，我从它创办开始就一直参与其中，并且走到现在，我已经从当年的小兵，成为这个市场剩下的不多的还在继续参与这个市场建设的专业人士。作为资本主义市场经济这个私有制下最核心的市场机制，资本市场能够在中国这样一个社会主义公有制为主体的制度下创办和生存并且发展成为世界第二大市场体系，已经是一个奇迹。虽然存在“橘生淮南则为橘，生于淮北则为枳”的困惑，但是，站在历史的长河来看，同样也存在“枳”变的可能。

中国当年之所以要借鉴资本主义这个市场机制，也是由于改革开放的国策以及抱着试试看的心态，因为中国人的聪明才智，几十年之后不仅把资本市场创建起来了，还没有改变中国的公有制主体，中国资本市场还为中国经济快速发展成为世界第二大经济体做出了不可磨灭的贡献。

与此同时，中国发展资本市场几十年来，在性质上、逻辑上，当下的“不争论”隐患一直没有消除，包括在2024年春节前撤换证监会主席。从2023年下半年到2024年春节前，学术界、专业人士从各个角度对中国资本市场的奇特现象发出了各种声音，最终还是以换人的方式来转移视线。其实，我们大可不必遮遮掩掩，完全到了可以从本质、逻辑、理论上针对中国资本市场的性质、功能、作用讨论清楚的时候。

目前，从全球范围来看，数字经济正在对工业经济带来深刻变革，发展了几百年的传统金融市场受到来自数字经济的全面影响，不管是货币形态、信用形态、结算形态、支付形态还是资产形态，都处在前所未有的颠覆和创新进程中。由于各国经济规模、结构、水平、质量的不平衡，全球经济正在从工业化的全球化向数字化的全球化重构，这必然带来世界各国在数字化进程中差异化的发展与竞争，中国必须做出自己的选择和战略规划。

我们认为，在数字经济时代，全球资本市场会在 1792 年创建的基本规则、1884 年以来创建的投资交易秩序、1934 年以来创立的价值投资理论以及各种规则和方法基础之上，逐渐发生根本性变革，规则、秩序、方法都会被重构。美国数字时代的金融和资本市场绝不是中国数字经济形态下的金融与资本市场。难道我们就不可以实现从以“橘”为中心到以“枳”为中心，实现“枳”的巨变吗？

通过两年的研究，我们渐渐形成了自己的主张。

第一节 《梧桐树协议》开启的辉煌

1792 年 5 月 17 日，美国纽约最南端的哈德逊河边上的曼哈顿区华尔街的一棵梧桐树下，24 位从事股票经纪业务的经纪人，依次在这里签署了一份协议，这份协议的主要内容是所有股票交易行为都必须经过这 24 位股票经纪人买卖才有效，这就是证券交易最早的经纪人制度，成为证券市场最早的规则。这 24 位经纪人自己也没想到，他们创建的这个基本规则会影响全球，成为 240 年来全球证券市场最基本的规则。

这个规则的基本内容是："我们，在此签字——作为股票买卖的经纪人庄严宣誓，并向彼此承诺：从今天起，我们将以不低于 0.25% 的佣金率为任何客户买卖任何股票，同时在任何交易的磋商中我们将给予彼此优先权。"这份协议最重要的内容就是确定所有股票交易行为必须通过股票经纪人进行买卖交易。这就是影响全球的最早的资本市场规则。

这份短短数行的《梧桐树协议》，最终在 1817 年 3 月 8 日促成了纽约证券和交易委员会（New York Stock and Exchange Board）的诞生，如今它已成为全球最大的证券交易市场——纽约证券交易所（New York Stock Exchange）。

从 1792 年开始的这个规则到 25 年后的 1817 年，从露天交易市场到进入室内交易场所创办纽约证券交易所，再到 1933 年美国第一部比较现代和完整的《证券法》实施，证券市场的基本规则形成，包括股份有限公司设立和上市的基本规则、股票发行和交易的基本规则等。

《梧桐树协议》的基本内容奠定了资本市场规则的基础，资本市场规则从简单到复杂。全世界所有资本市场都有自己的一套证券发行、交易、流通、支付、结算规则，每个国家都有基于这些规则的监管框架和法律，规则也在不同时期有过不同的修改和调整，但是，都没有离开工业经济时代的基本规则。

而恰恰规则发生比较大的变化也是由于科技的变化。比如对于上市公司上市条件的规定，在早期主要是以发行主体过往的财务和经营业绩作为基础，判断它是否符合上市条件，而纳斯达克证券市场的出现，是对传统资本市场规则的一个重要的创新，传统产业的企业价值评价方式由于新技术的出现而发生变化之后，传统股票市场的规则就不能适应这个变化，于是出现了新的市场规则引领下的股票市场，这就是 1971 年诞生的“全美证券交易商协会自动报价交易系统”——纳斯达克。纳斯达克市场的诞生对传统股票市场规则进行了一次颠覆性创新，包括创建不同的上市条件，采用高效的电子自动报价交易系统，实行股票交易商组成的做市商制度，创建保荐人制度、交易价格交易报告制度等。

看起来是纳斯达克对于资本市场规则的调整，但是背后的逻辑实际上是由于科技技术的快速发展，尤其是电子信息技术、半导体技术、计算机技术，科技企业和传统的工业企业存在很大的区别，一些新科技创造的潜在价值可能会远远高于已经上市的公司，但是，股票交易所的规则只能把这些公司拒之门外。比如，1968 年创办的英特尔公司，就凭芯片处理器在纳斯达克成功上市，包括后来的苹果、微软都因为科技成果带来的巨变改变了资本市场的规则。

资本市场的规则改变适应了科技企业的需求，同样，科技创新以及科技企业的发展也改变了资本市场的规则，没有这个相互适应和变革，就没有今天美国资本市场的强大和科技的强大。

农业经济向工业经济的迭代改变了这个世界的生产力、生产关系和生产方式，资本市场的诞生就是工业经济时代生产力、生产关系、生产方式和经济形态的创造，资本市场的创建和规则是工业经济时代的产物，那么数字经济时代呢？

资本市场的规则是资本市场能够持续生存和发展的基础，除了规则之外，资本市场在两百多年的发展进程中，也渐渐构建了资本市场的秩序。资本市场的秩序主要由公司上市的进程、市场相关机构相互之间的生态关系构成，包括投资银行、会计师、律师、监管机构、投资机构等。

1882 年 11 月，查尔斯·亨利·道（Charles Henry Dow）、爱德华·戴维斯·琼斯（Edward Davis Jones）和查尔斯·密尔福特·伯格斯特里瑟（Charles Milford Bergstresser）三人合伙创建了道琼斯公司。同年，他们开始通过报纸来报道股票市场的信息。1884 年，他们推出了一项包含十一种股票的指数，以此来跟踪股票市场的规律性信息，这是世界上第一个股票指数——道琼斯股票指数，当时没有人会把这个指数的建立和资本市场后来的秩序创建联系起来。

1889 年，《华尔街日报》诞生，道琼斯将其股票指数通过《华尔街日报》进行发布，连同报纸和股票指数都成为世界级现象。

股票指数和资本市场的秩序有关系吗?

通常大家都认为，股票指数就是反映股票市场行情，是股票市场价格和趋势的量化指标。同时，由于股票市场上市公司都是一国最精华的企业上市的地方，股票价格也体现整个国家经济社会和政治状况，所以股票市场也是一个国家经济的晴雨表。但是，从人类第一个股票指数发布到现在已有 140 年，今天的股票指数已经远远超越了当年的功能，成为构成股票市场重要的秩序。主要原因是股票市场早期创建的时候都是个人投资者投资股票，后来逐渐出现了股票的专业投资人和股票投资咨询机构以及股票投资基金。随着专业人士和机构投资人加入，开始出现股票基金和股票指数之间进行绑定，也因此开发设计出各种各样的成分股指数，这些指数都和基金挂钩。

股票指数和股票指数基金的发展让越来越多的投资人选择放弃主动投资股票，转而购买股票基金，这就形成了主动投资和被动投资的关系，到目前为止，全球范围主动投资所占比例已经被被动投资超过。

被动投资除了各种机构投资人之外，主要是过去的散户投资者被近年兴起的大量交易型 ETF 所吸引，使得股票指数发布数量随着机构投资者和 ETF 的增加越来越活跃。以世界主要的三大指数公司道琼斯指数、富时罗素指数、MSCI 指数为例，这三家指数公司所有指数背后跟踪和绑定的资本总额超过 53 万亿美元。各种成分股指数的发布囊括了资本市场各种类型的上市公司，各种指数又被各类机构投资人绑定，指数成分股直接影响到上市公司的资本信用与股票流动性，这就形成了以指数为核心的、绑定资本流动性和上市公司信用的资本市场新秩序，股票指数的功能发生了很大变化之后，股票指数发布商的商业模式也跟着发生了功能性的变革，难怪著名指数上市公司 MSCI 经营业绩不断提高，股票市值也一再突破高位，超过400亿美元。而10年前，这家公司股票价格也就仅仅 1 美元多一点，十年时间涨了 500 倍。单纯从股票投资的角度看，如果十年前同时投资 MSCI 和苹果股票，虽然都可以获得巨大的回报，但是，投资不太为人所知的 MSCI 股票的回报率竟然高过大名鼎鼎的苹果。

华尔街这些年在秩序和规则方面的创新和变化同样传播到了中国。当年在创办中国资本市场的时候，我积极参与了国内很多资本市场论坛、研讨会。早期香港的专业人士来北京推荐香港资本市场的时候就告诉大家，香港股票市场最早的买家是一些大爷大妈，他们上午到股票市场买股票或者卖股票，中午顺道去菜市场买菜，然后回家做饭。后来买家变成了机构投资者。中国大陆早期也和香港一样，证券交易营业部的客户都是大爷大妈，现在数字化转型之后，大爷大妈没有了，营业部也没有交易大厅了。

中国机构投资人比例虽然没有发达国家的大，但也从早期的不到 10% 增加到目前的不到 50%。但是从开户数来看，仍然超过 1 亿户，散户交易资金还在 60% 以上。在 2023 年到 2024 年初的大讨论中，仍然有不少专家学者认为散户直接交易股票比例大，这是中国国情，应当鼓励。我认为这些全是不尊重规律的误导。

美国的 ETF 快速发展之后，在全球掀起了 ETF 热浪，中国虽然有些滞后，但还是在快速增长，ETF 资产很快突破 1.8 万亿人民币。

我们看到，美国的数字经济建立的基础和中国有着巨大的区别，美国数字经济形态和中国数字经济形态也必然成为中美经济发展分蘖的不同样本。经历工业经济形态下从 1792 年开始的资本市场驱动的美国经济模式发展巅峰之后，数字经济时代的美国资本市场走向有以下几个。

第一，作为资本市场的底座，上市公司决定资本市场未来。在相当长的时间，美国资本市场本身不会有太大的规则和秩序变化，美国资本市场是一个全球化的，全世界的好公司都在美国上市，全世界的资金流向还会继续以华尔街作为资本配置的平台。

第二，数字科技上市公司将成为美国资本市场主流。由于美国在通信、半导体、软件、互联网等领域的技术领先优势，美国新增上市公司还将主要来自全球数字科技领域的上市公司，包括各种数字科技、数字原生企业。传统产业数字化在美国不会成为主流，因为美国传统产业的产业链和供应链都已经没有多大的优势，数字科技更多成为它们的企业应用。

第三，美国资本市场将受到来自数字资产市场的冲击。自从 2008 年比特币诞生以来，虚拟数字货币在美国也成为热点，美国也成为全球虚拟数字货币最活跃的市场。但是，虚拟数字货币由于去中心化，缺乏实体资产支持信用，脱离主权金融机构监管，与贩毒、洗钱、走私等活动关联而一直存在争议，但是除了比特币之外，虚拟数字货币还是在很多国家合法存在。美国国会也曾经专门通过听证会讨论虚拟数字货币问题。

数字世界并没有停留在比特币和区块链这么一个固化的定义上，数字金融也在不断演化。RWA 的出现开始优化数字化与传统资产之间的关系。我们完全有机会将虚拟数字货币与 RWA 结合，让现实世界中的各种实体资产通过评价体系，转换到区块链上，并通过 Token 进行定价确权，形成数字化资产和信用，如果放到 DoFi 进行流通、交易，将会形成巨大的虚拟数字资产分布式交易平台和交易市场。交易标的包括各种金融资产，甚至股权。

资产数字化市场一旦培育发展起来，这个世界必将会诞生一个可能比股票市场更容易交易的金融市场，除了股票将会成为数字资产交易平台的可交易产品之外，上市公司资产也有可能成为数字资产交易的对象。由于数字资产交易市场的分布式架构系统，交易的支付结算更加容易，也有可能对传统公司组织构成比较大的冲击，而相对于股票市场所对应的公司、股票发行交易规则，数字资产市场更加简单、快速，资本市场和数字资产市场的关系可能在美国会有比较大的变化。

而这一切将历史和现实、将工业化与数字化融合到一起的终端产品，最大的可能性就是 ETF 化，让 ETF 像存款一样普遍和容易。

第二节　资本市场和数字化

前面各章全面介绍了我们这两年对所有上市公司数字化进程进行的研究分析和评价，不管是数字产业化还是产业数字化，上市公司全面推进数字化已经成为不可逆转之势，这为中国资本市场推进全面数字化奠定了基础。

通过 DVI 的评价体系我们发现，上市公司数字化创新不仅仅是上市公司自身经营问题，我们除了关注上市公司通过数字化改变其商业模式、盈利模式、价值创造方式之外，还需要高度研究和关注上市公司数字化给公司价值、股票价值带来的变化，以及上市公司估值体系、估值方式给资本市场秩序、规则、方法带来的变化。如果我们仅仅关注上市公司数字化给上市公司带来的降本增效这样的问题，忽略上市公司作为资本市场生存和发展最重要的内容，那么我们对整个资本市场数字化就缺乏更深的理解。

资本市场在信息化进程中是非常领先的，信息技术在资本市场的应用彻底改变了证券市场的交易方式、交割方式、支付结算方式以及监管方式，大大提高了市场交易的效率和监管水平。但是，信息化和数字化具有本质的区别，信息化是工业化发展的高级阶段，也是数字化的技术基础，没有信息化也不可能有数字化。但是，数字化和信息化最本质的区别是：信息化水平再高，也是工业化的产物，数字化是一个新的经济形态的崛起，资本市场不能用信息化的眼光和方式看待数字化，而是应该根据数字化的规律和方式，研究资本市场整体的数字化解决方案。

从目前来看，中国资本市场还处在以资本市场各自要素为基础开展数字化工作，并没有将数字化作为资本市场整体数字化去思考和创新。从目前状况来看，上市公司数字化没有和发行、审核、交易、重组、并购、估值联系起来；证券公司仅仅是推动了自身业务体系和运行的数字化，包括数字安全、交易数字化、管理数字化、业务流程的系统化数字化等；各中介机构包括律师、会计师也都是在业务流程、业务工具范畴开展数字化；中国证监会多次对外发声，包括 2023 年

10 月 12 日，中国证监会科技监管局副局长蒋东兴在关于证监会将推进资本市场数字化转型的公开演讲中表示："证监会将继续推进资本市场数字化转型，增强金融服务实体经济能力。证监会积极组织行业协会研究制定证券期货业数字化能力成熟度指引，提出以数字化治理、数据管理、数字化基础设施建设、经营管理数字化、产品和服务数字化、运营数字化以及合规风控数字化等为核心的数字化能力成熟度模型，成熟度等级分为萌芽级、基础级、发展级、优化级、引领级等。目前，已初步完成证券期货业数字化能力指标体系框架优化及成熟度初步定级工作，并处于起草小组内部广泛征求意见阶段。"

从这个最新表述我们可以看到，中国证监会还是主要在推进整个市场各方面的数字化能力和基础设施建设，而没有上升到数字经济时代资本市场数字化的本质规律认识理解高度上。

我们认为，中国证券市场应该站在数字经济作为一个独立的经济形态的高度全面认识刚刚开始的数字经济和数字化进程，从推进上市公司数字化着手，研究中国资本市场的数字化发展架构主要有以下几个方面。

（一）充分发掘、研究上市公司各种数字化进程和创新解决方案

上市公司是资本市场的基石，DVI 从上市公司数字化价值创造和数字化价值投资角度研究上市公司数字化之后认为，上市公司数字化刚刚开始，在逐渐走过前期的数字化转型阶段之后，走向各行业数字化创新经营阶段，我们必须将探索创建具有中国特色估值体系与上市公司数字化进程结合起来；一定要看到上市公司数字化对于上市公司资本价值带来的重估机会和方式、标准。

资本市场这个庞大的生态实际上最重要的是两端，一端是上市公司，没有上市公司就没有资本市场；另一端是投资者，同样，没有投

资者，资本市场也创建不起来。上市公司与投资者两端必须平衡和协同，如果出现严重不平衡和不协同，这个市场就会出现危机。首先是上市公司这个端口，工业经济时代的上市公司和数字经济时代的上市公司相比，正在开始发生迭代式的、革命性的变化，整个市场的基础和底层逻辑已经开始发生巨变，从上市公司到投资者这个端口的所有东西都必须变化，而目前整个市场逻辑并没有对此产生全面的关切，而是在链接上市公司和投资人之间的这个生态体系中研究数字化，这是一个方向性问题。搞不好，就是一个方向性错误。

（二）充分认识上市公司数字化进程是工业化和数字化的分水岭

上市公司数字化进程有可能成为整个中国衡量数字化水平的标志，也有可能成为中国数字经济发展水平的标志。由于中国和世界发达国家进入数字化的时机和阶段不同，中国经济的数字化表现形式及数字经济的内在构成和发达国家完全不一样，尤其是中国是全世界最大的制造国，整个制造行业的数字化所形成的数字经济在产业链、供应链、数字链的内在表现将超越全球任意一个发达国家，按照这样的上市公司构造，我们应该建设综合指数的编制模型，重新编制综合指数和成分股指数，让数字化成为代表中国经济的晴雨表，脱离工业化的估值体系和方式，这对于中央提出的“活跃资本市场，提振股市信心”具有重大意义。

（三）打造数字化中介服务体系

当我们弄清楚上市公司这个资本市场基础设施已经在发生本质性改变的时候，就已经处在构建资本市场规则秩序的生态体系中，就需要沿着数字经济规律对资本市场进行规则重构和秩序重构的思考、研究、设计，包括我们对上市公司的评价、估值、信息披露等的变化。比如，数据要素可以入表，这就需要上市公司建立数据要素披露规则。资本市场经营者和市场监督者就需要根据上市公司数字化进程创建全新的市场生态来重构上市公司，并通过股票和投资人建立全新的生态。

站在资本市场数字化秩序重构的角度，我们希望中国证券市场最重要的证券公司重新理解数字经济与资本市场的关系，在发掘IPO（首次公开募股）目标上及推进和保荐IPO进程中，加大数字化权重，将数字化水平和数字化商业模式、盈利模式、价值创造方式作为重要推荐目标。律师、审计师、评估机构等中介机构都应该从各自专业加大对于发行主体数字化内容的关注力度。

（四）重新审视上市公司数字化给投资者带来的价值传递规律

上市公司全面数字化推进必然大面积改变上市公司的估值逻辑，需要引领所有机构投资人从上市公司数字化研究分析、智能系统的分析模型创建来全面研究分析上市公司价值创造与股票价格运行规律，编制各种创新的指数体系，为ETF市场提供更多丰富的产品。

建议证监会专门针对上市公司数字化进程，要求上市公司在《年报》中对其数字化进行专项披露，不管是采用什么数字化解决方案、上了什么云，还是在数字科技领域有多少投入、企业生成了多少数据要素资产，都和投资决策息息相关。

（五）加大上市公司数字资产研究

2024年开始，将是中国资本市场数字化的一个重要里程碑。根据财政部数据要素入表的相关规定，从2024年开始，企业的数据要素可以作为资产列入财务报表，这不仅是企业资产数字化的重构，可以改变企业资产结构，重构资产价值，改变企业负债结构，同时还有利于上市公司对数据要素资产开展信用经营和数字资产交易。数据要素资产化迅速成为一个热点，甚至一些观点认为数据要素资产化有可能成为替代土地财政的一个重要转型，市场专家们估计中国数据要素至少有 60 万亿元的价值。

同样的问题是，由于对于数字经济的定义是数字科技的经济化，目前对资产数字化这么一个巨大的市场空间，我们仅仅定义了数据要素资产化，也就是仅仅把通过互联网、大数据平台、数据中心、云计算这些基础设施开发数据资源生产出来的数据要素解读为数字资产，严重忽略了经济数字化可能生产出来的巨大的实体资产数字化的价值。即使大家的关注重点在数据要素资产这个环节，但在操作上，业内的重点也是相对孤立地去认识数据要素资源，数据要素基础设施，数据要素生产，数据要素的确权、估值、交易以及数据要素的安全，数据要素治理等数据要素产业链，同样忽略了数据要素产业链、资产链与生成数据要素资源的关系，数据要素与场景的关系。

DVI 会根据财政部的安排，在 2024 年的评价因子中加入数据要素这个因子，研究分析上市公司数据要素生成状况，评价列表数据要素资产上市公司，DVI 不仅关注上市公司数据要素资产资源、价值、交易，更在意数据要素和上市公司产品、企业、产业、市场、科技等的关系，关注数据要素价值与企业盈利能力的关系，将企业产品价值、企业价值、资本价值和数据要素价值结合起来。

DVI 非常清楚，中国目前开启的仅仅是数据要素的资产化，等到时机成熟的时候，RWA 这样的实体资产数字化一定会出现在中国企业的经营活动中，实体资产数字化和数据要素资产将构成中国资产结构创新和调整的重大市场机遇，中国资本市场完全有机会通过这样的创新结束我们总是借鉴发达国家、跟随发达国家资本市场的历史。我相信 Web3 这样的新一代分布式数字技术基础设施以及创新应用一定会崛起，这不仅代表了新一代互联网，更重要的是，Web3 是一个全新的商业组织，全新的生产关系。在这样一个生产关系之下，一定会形成实体资产以及传统金融交易行为通过分布式、权益化的自主 Web3 互联网平台，巨大的实体资产和经营行为数字化所形成的数字资产，将会远远超过我们今天推进的数据要素资产，这个资产规模将会达到百万亿级。

第三节 数字化畅想

资本市场数字化和数字经济时代的资本市场是两个不同的概念。资本市场数字化主要还是像今天大家理解的一样，首先是上市公司数字化，通过上市公司数字化来重新建立上市公司的估值方式和估值体系，形成数字化价值投资体系，创建更加科学的基于大数据和人工智能的评价分析系统，创建综合性的指数体系和数字化分类组合体系，从而构建投资者关系、投资关系和“上市公司—指数体系—资产组合（ETF）—投资者”生态。传统企业通过重组并购实现数字化改造，发展数字化创新业务等，投资银行、证监会对此进行支持鼓励，推动新增 IPO 来增加数字化领域各类拟上市公司的上市机会，逐渐形成高水平的数字化上市公司主体。这是资本市场数字化最重要的基础建设。

在这个基础上，创建资本市场新秩序，包括引领证券公司加大数字化拟上市公司培育力度，引领各种私募股权投资基金投资数字化领域的各种创新企业。但是这些远远不够，我们要从数字科技的不断演进、创新进程中，看到数字经济时代资本市场创新的未来。

一、上市公司数字化的未来

按照D12模式的发展逻辑，未来10年之后，上市公司（拟上市公司）通过12个步骤，尤其是产业数字化领域的上市公司在经历“组织创新（D5）、产业互联（D6）、数字整合（D7）、数字金融（D8）、数字全球（D9）、平台整合（D10）、数字智能（D11）”这些阶段进入数字化的市值管理（D12）之后，我们认为，上市公司数字化会进入一个和今天完全不一样的状态。

（一）上市公司不仅仅是一个股份有限公司

上市公司完全有可能通过和物联网、产业互联网、产业互联网平台、Web3等数字化商业载体的深度融合，形成多种商业组织的融合关系。

（二）上市公司的经营活动和经营内容将发生巨大变化

目前的上市公司主要还是通过上市公司的有形资产和无形资产以及企业团队的经营管理活动提供有形产品和服务产品获得收入，扣除各种可变成本与不变成本从而获得经营利润，保持企业的持续运营并且给股东带来回报。未来会出现除了公司产品和服务在各种渠道经营销售之外，股票在股票市场上市交易，而数据要素资产、数字资产可能在其他交易平台上市交易。比如，上市公司旗下的门店产生的现金流也会在滴灌通平台上进行交易，上市公司的实体资产产生的数字化权益在其他资产数字化交易平台交易，上市公司数据要素在数据交易所挂牌交易。

这些交易结构的变化虽然都会通过企业净利润反映到上市公司财务报表，与今天没有多大变化，但是，由于资产结构的改变、资产价值的改变、资产信用带来的权益变化、传统的有形资产和无形资产的权益和负债关系也将发生改变，上市公司通过资本市场配置资产的方式也会发生改变。企业资本运营会伴随企业数字资产运营、数据要素资产的运营协同起来，由此带来法律意见书、会计审计的变化以及投资银行业务功能的改变。

企业不仅要追求资本回报率，还需要研究资本和数字资产、数据要素资产的配置关系，投资者不再仅仅投资公司股票，而是有可能通过数字资产市场投资公司数字资产，甚至出现将股票和数字资产、数据要素作为衍生金融产品来设计 ETF。

（三）上市公司的资产构成发生变化

目前上市公司的主要资产包括有形资产和无形资产，流动资产和非流动资产，但这些资产构成还是工业经济时代的资产定义和资产形态，从 2024 年开始，上市公司将迎来一个里程碑式的资产形态，这就是数据要素资产。数据要素资产通过数字基础设施，对数据资源进行生产、开发、存储、确权、定价，从而具有对价能力和交易属性，也可以成为上市公司的信用。这是上市公司商业模式、盈利模式、估值模式的一个新的开始，数字资产比重超过有形资产和无形资产的公司可能很快就会出现。

除此之外，随着 Web3 的技术成熟，加密的分布式互联网的出现又会形成 Token 化的数字资产，这是实体资产数字化的另一种表现形式，规模可能比数据要素资产还要大。

（四）从数字化转型到数字化原生上市公司成为主流

现在 5 300 多家上市公司中除了 1 200 家左右数字基础设施和数字化应用这样的数字产业上市公司外，主要就是产业数字化上市公司。

从 2024 年开始，上市公司的商业模式或者是上市公司的生存形态将开始发生巨大的变化。

首先，随着对数字化场景需求的不断增加，数字产业化上市公司的数量还会逐渐增加。

其次，产业数字化上市公司通过创建数字化战略，从根本上意识到各行业在数字经济时代的生存逻辑，同时也因为 AIGC 大模型的推波助澜，大量上市公司走向怡亚通这样的产业数字化平台企业生态体系，一改企业数字化转型思维，重构企业数字化战略。这类企业总体意识比较慢，管理者不容易站到这个高度，很多企业将在不知不觉中被淘汰。

最后，产业数字化数字原生企业和基于 Web3 的产业数字化平台企业崛起。2024 年将是这类企业的崛起之年，原因如下。

（1）这类企业的创建基本在前 5 年。由于 AIGC 的推动，这类企业的生存逻辑获得颠覆性机会。

（2）当 Web1、Web2 触摸到天花板之后，数字化就会向工业经济的产业纵深渗透，这个渗透的结果就是产业数字化平台企业向行业垂直领域的深度渗透，从消费品到向生产资料领域发展。这类企业的创建基于大模型的专业小模型和专业模型，采用 Web3 作为系统架构，吸纳海量的中小微企业进入各个生态，重构中小微企业在 Web3 时代的生存逻辑，实现传统产业在数字空间和元宇宙空间的深度融合，逐渐实现从初级消费品生产制造到所有产业体系的数字化、智能化重构。

二、投资银行的功能变化

在探索创建 D12 模式的时候，我就提出创建数字投行。数字投行和传统投资银行有一个比较大的区别，传统投资银行仅仅是配置资本，通过资本的生成、投资、融资，以及股票的发行和交易提供投资融资、资产管理、资本运营业务。由于上市公司数字化进程的加快，上市公司资产、资本和数据要素资产、数字资产构成新的生产力，新的生产经营要素。投资银行需要具备资本运营的能力的同时，要把企业数据要素、数字资产结合起来运营，帮助上市公司实现利益结构的改变，价值创造方式的改变，同时也实现数字投行商业模式、盈利模式的创新，增加数据要素、数字资产的盈利能力。而目前，国家在推进数据要素资产化的时候，仅仅从数据要素这一个价值链的角度，通过数据要素市场产生数据要素资产经纪商，作为数据要素市场的生态之一，这显然是没有从经济数字化角度推进数据要素资产化。

传统从事资本资产配置的投资银行需要和数据要素、实体资产数字化相结合，创建数字投行。传统投行不仅可以通过向数据交易所申请数字经纪商资质，还需要将数据交易和资本运营结合。

习近平总书记在2023年中央金融工作会上第一次提出要“做大做强投资银行”。我认为，中国应当赋予国家数据局金融功能，尽快让数据生产与资本兼容，着力打造“数字投行”，让数字投行成为资本与数字资产的配置工具。

三、传统金融业态的变化

从DVI对上市公司的评价中我们可以看到，没有一家上市公司不利用传统的金融工具，包括银行、信托、财产保险、融资租赁或者金融租赁、证券公司、信托投资公司等。随着数据要素资产化，资产经营数字化产生数字资产，未来还将大规模使用数字货币，数字经济时代的传统金融向数字化金融转型，上市公司的金融行为也将出现诸多创新和颠覆。债权债务、应收应付、有形资产、无形资产都有可能形成数字资产从而改变上市公司的金融业务形态，改变和金融机构的关系。

肉眼看得见的变化就是虚拟数字资产市场带来的金融机构各种金融产品的 RWA 创新。数字化和银行、保险、金融租赁、信托的结合使得传统金融业务几乎走向全面数字化。

四、数字科技对上市公司生存生态的影响和改变

基于大模型的 AIGC，上市公司的商业模式和盈利模式会发生巨大改变，大量的生产制造完全由智能制造控制，生产制造成本会大幅降低，C2M（Customer-to-Manufacturer，用户直连制造）成为各种生产制造企业的常态，类似于怡亚通这样的产业数字化平台企业从产业链、供应链、数字原生企业领域脱颖而出，企业战略管理、经营管理、市场管理、渠道建设、营销模式都会被颠覆。公司组织、互联网组织、互联网平台和平台之间，G2B2b2c 之间相互融合，数字化的全球化链接可能会形成资本价值与数字资产价值之间的相互转化，资本价值最大化将会被节点交易价值和数字资产价值取代，也许还有很大市值的上市公司，但是，股票价值不再是衡量公司组织、互联网组织的唯一价值。

五、股票交易与 ETF 的融合对现有股票交易的影响

上市公司数字化分类组合以及 AIGC 对股票市场的最大影响主要有以下几个方面。

1. 开发基于大模型的数字化分类模型分析智能平台，可以从上市

公司基本面、数字科技应用、数字资产、数字化分类组合、股票价值投资等若干维度创建股票分类模型以及量化投资模型，这样选出来的分类投资组合会超过所有散户以及所有基金经理。

2. ETF 穿透股票交易，让直接股票交易被淡化，股票被 ETF 链接到一揽子投资组合中，股票二级市场交易成为一个数字化、智能化、规模化资产管理市场。

资本市场三个核心要素的“公司 × 数字化”—“资本 × 数字资产”—“股票 ×ETF”变化，让资本市场秩序和规则全面重构。

这些展望很遥远吗？我觉得很近。这些变化会带来整个资本市场秩序和交易规则的巨大变化，资本价值被数字化的资产价值取代不是天方夜谭。

就像资本市场鼎盛时期一切皆可资本化一样，数字经济的到来也会出现一切皆可资产数字化。

后 记

书写到此还是意犹未尽。关键是一切都在迅速变化。

数字科技对资本市场的秩序、规则、方法的融合和颠覆才刚刚开始，一切都在发生，再过一段时间，不知道又会有什么新鲜的东西出现，从而改变我们的认知。

在这个不断发生巨变的时代，我们每天都被碎片化的知识和信息包围，这是一个不可阻挡的趋势，也是数字化的负效应，使得我们越来越少地去创建系统的、科学的知识和理论系统。通过连续两年对上市公司数字化进程的研究和评价，我们不仅获得了中国上市公司数字化的第一手数据，同时也有很多惊人的发现和知识理论的创新。

就像 1934 年本杰明・格雷厄姆写作的《证券分析》一样，它奠定了价值投资最早的理论基础，我们也希望本书成为中国数字经济领域数字化价值投资知识体系和理论体系的奠基之作。

本书分为三个部分。第一部分是我们对数字经济的形成、数字经济的定义、价值投资理论及数字化价值投资理论的梳理。通过梳理，我们看到资本市场公司、资本、股票三者之间的关系在悄然发生变化。而“公司 × 数字化”是一切变化的基础。上市公司的根本变化是从数字化转型的量变到数字化生产方式的质变。第二部分是我们对 2021 年、2022 年《年报》分别披露的 4 677 家上市公司、4 953 家上市公司所进行的数字化进程的解读和分析。这部分内容不仅让我们了解到上市公司数字化的演变逻辑和数字化价值投资，还让我们看到上市公司价值创造方式的变化所带来的资本价值的变化。资本作为工业经济时代的生产要素叠加了数据生产之后，使得资本市场的结构开始动摇。第三部分是我们通过创建数字化价值投资理论、数字化分类组合体系、数字化分类投资组合与指数体系、数字化价值投资评价模式（DVI），对资本市场从公司到资本再到股票市场这三个核心节点在数字经济时代可能出现的变化从秩序和规则上进行了探索、创新和展望。我们提出了“公司 × 数字化”—“资本 × 数字资产”—“股票 ×ETF”秩序和规则重构演进的方向。从这个方向演进下去，股票市场的投资逻辑、投资规则、交易秩序都将发生重构。

本书由王世渝主笔，王宏、何滟、陈真、吴鹏、陈伟增、李小兵、沈欣、谢尔曼、樊东平等参与评价体系创建和研究分析，是本书的共同作者。

真诚感谢以下个人和机构（排名不分先后）：熊焰、卢朝琪、苏彤、贾东明、伊迪、钱焜、王彬、梅波、王峥、王奕、于洋、夏维、王静、章霞、左子奇、张洪涛、韩靖、柏秋、刘东、吕培力、寇迎，以及新华网、中国网、中新经纬、第一财经、《经济》杂志、北京亿欧网盟科技有限公司、弯弓 Digital、国家数字出版基地、融量数据科技（上海）有限公司、中译语通科技股份有限公司、太和智库、上海长三角区块链产业促进中心、上海区块链技术协会、D12 数字春秋社群等。感谢他们在 DVI 体系研究发布中提供各种帮助和支持。同时，非常感谢中译出版社社长乔卫兵先生对本书的大力支持以及各位编辑的辛勤工作。

附　表

附表 1-1　数字化价值投资上市公司 100 强（2022）

序号	企业名称	股票代码	所属行业	所属地区	主营业务
1	海康威视	002415	制造业	浙江	数字技术
2	海尔智家	600690	制造	山东	家用电器
3	云南白药	000538	制造业	云南	大健康
4	美的集团	000333	制造业	广东	智慧家居
5	正泰电器	601877	制造	浙江	电器
6	神州数码	000034	批发零售	广东	数字技术
7	徐工集团	000425	制造业	江苏	工程机械
8	用友网络	600588	信息	北京	软件
9	顺丰控股	002352	运输仓储	广东	供应链
10	深圳华强	000062	零售	广东	数字产业化
11	邮储银行	601658	金融	北京	银行
12	宝通科技	300031	信息技术	江苏	数字化
13	中集车辆	301039	制造	广东	车辆
14	国联股份	603613	信息	北京	产业互联网
15	广联达	002410	信息技术	北京	数字技术
16	平安银行	000001	金融	广东	商业银行
17	中国人寿	601628	金融	北京	保险
18	格力电器	000651	制造	广东	多元化
19	中联重科	000157	制造业	湖南	工程机械
20	圆通速递	600233	物流	辽宁	快递
21	招商港口	001872	运输仓储	广东	港口
22	东易日盛	002713	建筑业	北京	家装
23	九州通	600998	服务	湖北	医药物流
24	广电运通	002152	制造业	广东	数字技术
25	拉卡拉	300773	信息	北京	金融科技

续表

序号	企业名称	股票代码	所属行业	所属地区	主营业务
26	新奥股份	600803	能源	河北	燃气
27	海晨股份	300873	服务	江苏	物流
28	石头科技	688109	制造	北京	工业机器人
29	汤成倍健	300146	制造	广东	保健品
30	中兴通讯	000063	制造业	广东	通信信息
31	神州泰岳	300002	信息技术	北京	数字技术
32	国电南瑞	600606	制造	江苏	电力设备
33	红日药业	300026	制造业	天津	医药
34	中铁工业	600528	制造	北京	铁道设备
35	金山办公	688111	信息服务	北京	软件
36	三诺生物	300298	制造	湖南	生物医疗
37	京东方	000725	制造业	北京	数字技术
38	索菲亚	002572	制造业	广东	家居
39	中信银行	601988	金融	北京	银行
40	拓尔思	300229	科研	北京	人工智能
41	华扬联众	603825	科技	北京	数字技术
42	华数传媒	000156	文化传播	浙江	数字传媒
43	怡合达	301029	制造	广东	通用设备
44	太极股份	002368	信息技术	北京	数字技术
45	比亚迪	002594	制造业	广东	汽车
46	蓝色光标	300058	服务	北京	信息
47	国网信通	600131	信息	四川	电力数字化
48	亚信安全	688255	服务	江苏	数字技术
49	特变电工	600089	制造	新疆	电气设备
50	汉得信息	300170	科研	上海	软件
51	华设集团	603018	服务	北京	咨询
52	上海钢联	300226	服务	上海	大数据
53	拓邦股份	002139	制造业	广东	智能制造
54	中远海科	002401	信息技术	上海	数字技术
55	电科数字	600850	信息	上海	数字技术
56	招商积余	001914	房地产	广东	物业管理
57	中科曙光	603019	计算机	北京	数字技术

续表

序号	企业名称	股票代码	所属行业	所属地区	主营业务
58	宗申动力	001696	制造业	重庆	机械
59	尚品宅配	300616	制造	广东	家居
60	新天科技	300259	制造	河南	智能仪表
61	科锐国际	300662	服务	北京	人力资源
62	九号公司	689009	智能技术	北京	机器人
63	思创医惠	300078	信息	浙江	医疗
64	启明星辰	002439	信息技术	北京	数字技术
65	晨光文具	603899	文化	上海	文具
66	洲明科技	300232	制造	广东	电子器件
67	启明信息	002232	信息技术	吉林	数字技术
68	易事特	300376	制造	广东	新能源
69	迈瑞医疗	300760	制造	广东	医疗设备
70	北纬科技	002148	信息技术	北京	数字技术
71	三旺通信	688618	通信	广东	互联网
72	爱尔眼科	300015	医疗	湖南	眼科
73	虹软科技	688088	制造	浙江	智能终端
74	新乳业	002946	制造	四川	乳业
75	中国能建	601868	建筑	北京	能源建设
76	力合微	688589	制造	广东	芯片
77	万达信息	300168	科研	上海	软件
78	稳健医疗	300888	制造	广东	医疗设备
79	新希望	000876	制造	四川	饲料
80	东航物流	601156	服务	上海	物流
81	创维股份	000810	制造业	四川	数字化服务
82	森马服饰	002563	制造业	浙江	服装
83	北汽蓝谷	600733	制造	北京	汽车
84	九阳股份	002242	制造业	山东	家用产品
85	中钢国际	000928	工程建筑	吉林	钢铁行业
86	芯海科技	688595	设计	广东	芯片
87	新致软件	688590	信息	上海	软件
88	振德医疗	603301	医疗	浙江	服务
89	合众思壮	002383	制造业	北京	数字技术

续表

序号	企业名称	股票代码	所属行业	所属地区	主营业务
90	锦江酒店	600754	服务	上海	酒店管理
91	格灵深瞳	688207	科研	北京	人工智能
92	浙文互联	600986	科技	浙江	数字技术
93	孩子王	301153	制造	江苏	母婴产品
94	我爱我家	000560	房地产	云南	服务
95	中国中免	601888	零售	北京	免税商品
96	寒武纪	688256	制造	北京	电子设备制造
97	恒玄科技	688608	信息	上海	智能音频
98	良品铺子	603719	零售	湖北	食品
99	岭南控股	000524	服务	广东	旅游
100	浙江美大	002677	制造业	浙江	智慧家居

注：排名不分先后。

附表 1-2　数字化价值投资上市公司 100 强（2023）

股票简称	股票代码	所属行业	所属地区	主营业务
海康威视	002415	制造业	浙江	数字技术
海尔智家	600690	制造业	山东	家用电器
云南白药	000538	制造业	云南	大健康
美的集团	000333	制造业	广东	智慧家居
正泰电器	601877	制造业	浙江	电器
神州数码	000034	批发零售	广东	数字技术
徐工机械	000425	制造业	江苏	工程机械
用友网络	600588	信息技术	北京	软件
顺丰控股	002352	运输仓储	广东	供应链
深圳华强	000062	批发零售	广东	数字产业化
邮储银行	601658	金融业	北京	银行
宝通科技	300031	信息技术	江苏	数字化
中集车辆	301039	制造业	广东	车辆
国联股份	603613	信息技术	北京	产业互联网
广联达	002410	信息技术	北京	数字技术

续表

股票简称	股票代码	所属行业	所属地区	主营业务
平安银行	000001	金融业	广东	商业银行
中国人寿	601628	金融业	北京	保险
格力电器	000651	制造业	广东	多元化
中联重科	000157	制造业	湖南	工程机械
圆通速递	600233	运输仓储	辽宁	快递
复旦微电	688385	制造业	上海	集成电路
芯原股份	688521	信息技术	上海	集成电路
中芯国际	688981	制造业	上海	集成电路晶圆代工
紫光国微	002049	制造业	河北	集成电路
士兰微	600460	制造业	浙江	电子元器件
长电科技	600584	制造业	江苏	芯片封测
中微公司	688012	制造业	上海	半导体
北京君正	300223	制造业	北京	集成电路
圣邦股份	300661	制造业	北京	集成电路
晶盛机电	300316	制造业	浙江	光伏设备
大豪科技	603025	制造业	北京	电控系统
兆易创新	603986	制造业	北京	数字芯片设计
华测导航	300627	制造业	上海	卫星导航
宁德时代	300750	制造业	福建	动力电池
亿纬锂能	300014	制造业	广东	锂电池
拓普集团	601689	制造业	浙江	汽车零配件
先导智能	300450	制造业	江苏	锂电池
鹏辉能源	300438	制造业	广东	锂电池
华友钴业	603799	制造业	浙江	钴
明阳智能	601615	制造业	广东	风电整机
璞泰来	603659	制造业	上海	锂电池
赣锋锂业	002460	制造业	江西	锂电池
天齐锂业	002466	制造业	四川	锂化合物及衍生品
舍得酒业	600702	制造业	四川	白酒
青岛啤酒	600600	制造业	山东	啤酒
海天味业	603288	制造业	广东	调味发酵品

续表

股票简称	股票代码	所属行业	所属地区	主营业务
伊利股份	600887	制造业	内蒙古	乳品
东鹏饮料	605499	制造业	广东	软饮料
招商港口	001872	运输仓储	广东	港口
九州通	600998	批发零售	湖北	医药物流
广电运通	002152	制造业	广东	数字技术
拉卡拉	300773	信息技术	北京	金融科技
新奥股份	600803	能源	河北	燃气
海晨股份	300873	运输仓储	江苏	物流
石头科技	688169	制造业	北京	工业机器人
中兴通讯	000063	制造业	广东	通信信息
国电南瑞	600406	信息技术	江苏	电力设备
中铁工业	600528	制造业	北京	铁道设备
金山办公	688111	信息技术	北京	软件
三诺生物	300298	制造业	湖南	生物医疗
京东方	000725	制造业	北京	数字技术
索菲亚	002572	制造业	广东	家居
中信银行	601998	金融业	北京	银行
拓尔思	300229	信息技术	北京	人工智能
华数传媒	000156	文体娱乐	浙江	数字传媒
太极股份	002368	信息技术	北京	数字技术
比亚迪	002594	制造业	广东	汽车
蓝色光标	300058	商业服务	北京	信息
国网信通	600131	信息技术	四川	电力数字化
亚信安全	688225	信息技术	江苏	数字技术
特变电工	600089	制造业	新疆	电气设备
上海钢联	300226	信息技术	上海	大数据
拓邦股份	002139	制造业	广东	智能制造
电科数字	600850	信息技术	上海	数字技术
招商积余	001914	房地产业	广东	物业管理
中科曙光	603019	制造业	天津	数字技术
宗申动力	001696	制造业	重庆	机械

续表

股票简称	股票代码	所属行业	所属地区	主营业务
尚品宅配	300616	制造业	广东	家居
九号公司	689009	制造业	北京	机器人
启明星辰	002439	信息技术	北京	数字技术
迈瑞医疗	300760	制造业	广东	医疗设备
三旺通信	688618	制造业	广东	互联网
爱尔眼科	300015	卫生设施	湖南	医疗
新乳业	002946	制造业	四川	乳业
力合微	688589	信息技术	广东	芯片
万达信息	300168	信息技术	上海	软件
稳健医疗	300888	制造业	广东	医疗设备
九阳股份	002242	制造业	山东	家用产品
中钢国际	000928	建筑业	吉林	钢铁行业
芯海科技	688595	制造业	广东	芯片
安恒信息	688023	信息技术	浙江	数字安全
合众思壮	002383	制造业	北京	数字技术
锦江酒店	600754	住宿餐饮	上海	酒店管理
孩子王	301078	批发零售	江苏	母婴产品
寒武纪	688256	信息技术	北京	数字芯片设计
良品铺子	603719	批发零售	湖北	食品
完美世界	002624	信息技术	浙江	游戏
吉比特	603444	信息技术	福建	游戏
爱施德	002416	批发零售	广东	专业连锁
大族激光	002008	制造业	广东	智能制造

注：排名不分先后。

附表 1-3　数字化价值投资未来之星（2022）

企业名称	股票代码	所属行业	主营业务	所在地区
中钢国际	000928	钢铁行业	工程建筑	辽宁
神州数码	000034	批发零售	数字技术	广东

续表

企业名称	股票代码	所属行业	主营业务	所在地区
深圳华强	000062	批发零售	电子产品	广东
国网信通	600131	技术服务	电力数字化	四川
九号公司	689009	生产制造	机器人	北京
广汇汽车	600297	批发零售	汽车贸易	辽宁
寒武纪	688256	制造	电子设备	北京
芯海科技	688595	技术服务	芯片设计	广东
电科数字	600850	技术服务	数字科技	上海
海晨股份	300873	技术服务	物流	江苏

注：排名不分先后。

附表 1-4　数字化价值投资未来之星（2023）

企业名称	股票代码	所属行业	主营业务	所在地区
亿纬锂能	300014	制造业	未来产业（氢能、储能）	广东
明阳智能	601615	制造业	未来产业（氢能、储能）	广东
圣邦股份	300661	制造业	智能芯片	北京
北京君正	300223	制造业	智能芯片	北京
紫光国微	002049	制造业	智能芯片	河北
北方华创	002371	制造业	智能芯片	北京
闻泰科技	600745	制造业	智能芯片	湖北
长电科技	600584	制造业	智能芯片	江苏
泛微网络	603039	信息传输、网络	AIGC 大模型	上海
中航光电	002179	制造业	量子科技	河南
科华数据	002335	制造业	量子科技	福建
大族激光	002008	制造业	人形机器人	广东
拓普集团	601689	制造业	人形机器人	浙江
汇川技术	300124	制造业	人形机器人	广东
海康威视	002415	制造业	人形机器人	浙江

注：排名不分先后。

附表 1-5 数字化双重价值叠加上市公司 10 强（2022）

序号	企业名称	股票代码	所属行业	所属地区	主营业务
1	海康威视	002415	制造业	浙江	数字技术
2	顺丰控股	002352	运输仓储	广东	供应链
3	美的集团	000333	制造业	广东	智慧家居
4	云南白药	000538	制造业	云南	大健康
5	海尔智家	600690	制造	山东	家用电器
6	国联股份	603613	信息	北京	产业互联网
7	广联达	002410	信息技术	北京	数字技术
8	用友网络	600588	信息	北京	软件
9	邮储银行	601658	金融	北京	银行
10	徐工机械	000425	制造业	江苏	工程机械

注：排名不分先后。

附表 1-6 数字化双重价值叠加上市公司名单（2023）

股票简称	股票代码	所属行业	所属地区	主营业务
海康威视	002415	制造业	浙江	数字技术
顺丰控股	002352	运输仓储	广东	供应链
美的集团	000333	制造业	广东	智慧家居
云南白药	000538	制造业	云南	大健康
海尔智家	600690	制造	山东	家用电器
国联股份	603613	信息	北京	产业互联网
广联达	002410	信息技术	北京	数字技术
用友网络	600588	信息	北京	软件
邮储银行	601658	金融	北京	银行
徐工机械	000425	制造业	江苏	机械
宁德时代	300750	新能源	福建	新能源电池
亿纬锂能	300014	新能源	广东	锂电池
拓普集团	601689	汽车零部件	浙江	智能网联
东方电气	600875	新能源	四川	新能源设备

附表 1-7 数字化双重价值叠加上市公司运行情况（2022）

股票名称	股票代码	2022年收入（亿元）	2021年收入（亿元）	同比（%）	2022年4月29日股价（元）	2023年4月28日股价（元）	2022年净利（亿元）	2021年净利（亿元）
海康威视	002415	831.66	814.20	2.14%	42.49	37.75	135.57	175.11
顺丰控股	002352	2 674.90	2 071.87	29.11%	51.30	56.45	70.04	39.19
美的集团	000333	3 457.09	3 433.61	0.68%	57.09	56.78	298.10	290.15
云南白药	000538	364.88	363.74	0.31%	76.28	58.19	28.40	27.98
海尔智家	600690	2 435.14	2 271.06	7.22%	25.91	23.70	147.32	132.32
正泰电器	601877	459.74	390.33	17.78%	32.69	26.05	47.20	37.31
国联股份	603613	402.69	274.91	46.48%	96.25	60.13	13.46	7.06
广联达	002410	65.91	56.19	17.29%	45.97	58.00	10.12	7.19
用友网络	600588	92.62	89.32	3.69%	19.14	21.61	2.25	6.82
邮储银行	601658	3 349.56	3 187.62	5.08%	5.41	5.51	853.55	765.32
徐工机械	000425	938.17	1 167.96	−19.67%	4.96	6.86	42.95	82.64